I0321761

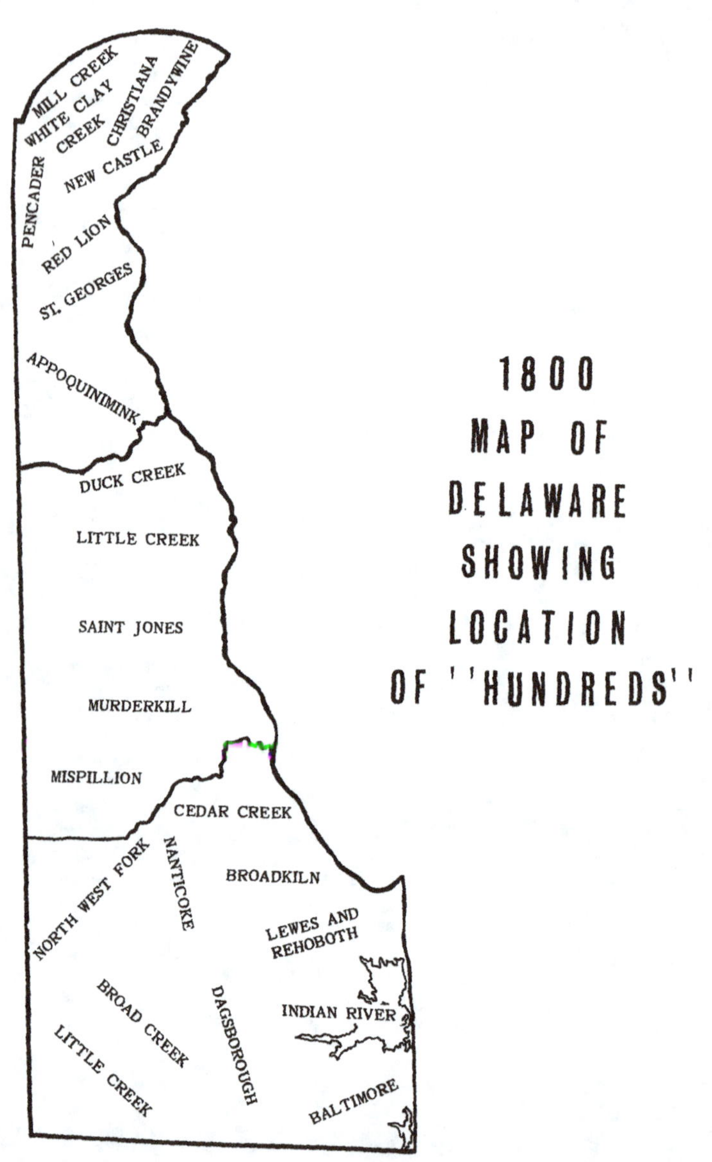
MILL CREEK
WHITE CLAY CREEK
CHRISTIANA
BRANDYWINE
PENCADER
NEW CASTLE
RED LION
ST. GEORGES
APPOQUINIMINK
DUCK CREEK
LITTLE CREEK
SAINT JONES
MURDERKILL
MISPILLION
CEDAR CREEK
NORTH WEST FORK
NANTICOKE
BROADKILN
LEWES AND REHOBOTH
BROAD CREEK
LITTLE CREEK
DAGSBOROUGH
INDIAN RIVER
BALTIMORE
1800
MAP OF
DELAWARE
SHOWING
LOCATION
OF ''HUNDREDS''

1800 CENSUS OF DELAWARE

Compiled by

Gerald and Doris Ollar Maddux

Originally Published
Montgomery, Alabama
1964

Reprinted
Genealogical Publishing Co., Inc.
Baltimore, 1976

Reprinted for
Clearfield Company, Inc. by
Genealogical Publishing Co., Inc.
Baltimore, Maryland
1992, 1996

Library of Congress Catalogue Card Number 76-3095
International Standard Book Number 0-8063-0232-1

CONTENTS

KENT COUNTY "HUNDREDS"

DUCK CREEK 1
LITTLE CREEK 10
SAINT JONES 14
MISPILLION 17
MURDERKILL 41

INDEX 51

NEW CASTLE COUNTY "HUNDREDS"

BRANDYWINE 61
CHRISTIANA 67
MILL CREEK 84
NEW CASTLE 90
WHITE CLAY CREEK 96
PENCADER 100
RED LION 105
SAINT GEORGES 107
APPOQUINIMINK 114

INDEX 123

SUSSEX COUNTY "HUNDREDS"

CEDAR CREEK 136
BROADKILN 143
NANTICOKE 151
NORTH WEST FORK 157
LITTLE CREEK 164
BROAD CREEK 170
BALTIMORE 176
LEWES and REHOBOTH 180
DAGSBOROUGH 184
INDIAN RIVER 188

INDEX 193

F O R E W O R D

This "first" census of the "first" state is compiled to help our fellow-researchers and repay, in some small measure, the many kindnesses extended to us by them. Since the 1790 Census was destroyed, perhaps this "first" census will be helpful.

A little time can be well spent by the reader in referring to books on Delaware such as the American Guide Series "Delaware, A Guide To The First State". The development of state and county boundries, immigration, and migration to the southern, middle western and western states can be useful in tracing family lines. For example, many Revolutionary soldiers from Delaware chose to take advantage of the Georgia Land Grants.

The original copy of this census reflects the interesting if confusing character of the census-takers of that day. The reader's first reaction in viewing this publication would be to question the ability of the typist to correctly transcribe. But a look at the original entries would reflect a great deal of phonetic spelling on either the part of the census-taker or the persons reporting to him. No attempt was made in this publication to correct the spelling or interpret the intent of the census-takers. An example (page 191) is the name Phoster which may well have been Foster. Another instance is the apparent omission of some letters in the name Ay (page 176). Where legibility was a problem, a question mark has been placed by either the surname or given name. THE RESEARCHER SHOULD CHECK ALL NAMES UNDER A GIVEN LETTER TO PROVIDE FOR THIS PHONETIC SPELLING OR LETTER OMISSION.

For persons with identical names but no "Sr." or "Jr.", the census-takers, in some instances, identified one individual with a trade or location which was meaningful to the census-takers but of limited value to the researcher. Another unfortunate limitation is the repeated use of "Mrs." or "Widow" in the place of given names.

The index for each "Hundred" includes the page location in the original census as well as this publication. This was done to help the researcher wishing to refer to the original document. The map of "Hundreds" was included to assist the researcher in establishing family proximities. This map was developed from one showing locations of "Hundreds" as of 1892. Through research, approximate locations were established for the "Hundreds" in existence in 1800.

Doris Ollar Maddux
Gerald M. Maddux
Montgomery, Alabama
June 6, 1964

K E N T

C O U N T Y

NAME	MALE UNDER 10	MALE 10/16	MALE 16/26	MALE 26/45	MALE OVER 45	FEMALE UNDER 10	FEMALE 10/16	FEMALE 16/26	FEMALE 26/45	FEMALE OVER 45
DUCK CREEK HUNDRED										
Hanghey, Levi		1	1	1		1			2	
Sanders, John		1	1	1			1	1		
Rees, David	1		2	1		2		2	1	
Moon, Joseph			3					2		1
Torbert, High				1		4			1	
Blackeston, Benjamin			1	1			3			
Wilds, Nathaniel		1	2	1		3		2	1	1
Forde, Jesse	1	1	2	1		3		1	1	
Carrol, Rachel	2								1	1
Smith, Benjamin				1		1	1		1	
Nowland, Daniel	1			1				2		
Booth, Abner	1				1	1			1	
Wood, James	2			1		1		1	1	
Wilds, John	1		2				1	1	1	
Hartshorn, George	2		1			1		1		
Watkins, William			1	1		1		1		1
Darling, Henrieta		1	2			2		1		
Forde, James		1			1	2	1			1
Forde, John	2			1	1				1	
Burrows, Richard					1			1		
Griffin, Mary	2	1					2	1		1
Jones, Enoch	1	1		1		3		1		
Wallace, Capt Josiah	1	1		1		1				
Lewis, Rhoda	1	1	2			1	1	1	1	
Nembey, Charles		1		1			1	1		1
Meredith, Frances	3	1		1			1			
Ringold, John Esq.	1	1			1	1	1		1	
Wilkinson, William	1			1		1			1	
Evan, Thomas	1			1	1				1	
Mellroy, Sarah	1									1
Vanwinkle, Benjamin	1	2	2	1		1				2
Wilkinson, Paris				2		1		1	1	1
Crippin, John	1		1	2		1		2		
Green, Elizabeth	2					2			1	
Truit, Boaz	2	1		1		1			1	
Porter, Joseph	1			1				1		
Hoffecker, John		1	2	1				1	1	
Hoffecker, Henry	1	2		1	1	1			2	
Henderson, John	1				1	1			1	1
Comerford, Thomas Capt	2	2	2	1		1		1	1	
Carty, David	1	1		1					1	
Raymond, James	1	2	2		1	1			2	1
Cummins, Timothy	1		1	1					2	
Raymond, John	1	1	1					1		1
Redman, Stewart	1			1		2			2	
Morris, James	2		1	1			2	1	2	
Snow, John	2	2		1				2	1	
Collins, William	1	1	1	1		2			2	
Bonwell, George				1				1		1

NAME	MALE					FEMALE				
	UNDER 10	10/16	16/26	26/45	OVER 45	UNDER 10	10/16	16/26	26/45	OVER 45
DUCK CREEK HUNDRED										
Cockrall, Abram			2				1	1		1
Jones, Elizabeth						1		1		1
Hill, Jacob Sr.		1	2		1	1	1		1	
Hill, Jacob Jr.		1	2			1		1		
Carney, Edward	1	2	1	1		2		1	1	
Lynch, Nicholas		1			1	1	2		1	1
Penington, Wheeler		1	2		1	1		3		1
Moon, Henry				1		1		1		
Drayton, William				1						
Hill, John			1			1		2		
Rolph (e), James	2			1					1	
Hill, James	3			1		1		1		
Murphey, Samuel		2	1		1	1	1	1	2	
Denny, James			1					1		
Hill, Joseph	1		2	2		2		1	1	1
Evans, John	2			1			1		1	
Thompson, Joseph				1		1			1	
Thompson, Mary	1						1		1	
Weeks, John	2			1						1
Smith, Jemima								1		1
Bacon, William	1	2		1		1	1		1	
Hainswart, Jonathan	1		1	1		3	2		1	
Hoofacre, Martin	2	1		1		1		2		1
Lewis, James	2	3		2		2			1	1
Taylor, Abram	1	1		1		2	1		1	
Pherbin, Thomas	1	2			1	2		1	1	
Vesy, Thomas				1		1			1	
Macy, John	1		1			1	1		1	
Robinson, Elizabeth	1					3	2		1	
Edenfield, John	1	1	1	1		2	1		1	1
King, Valentine			1	1				1		
Denny, Phillip	2			1					1	
Murphy, Thomas	2	2		1		1	1	1	1	
Moree, Reubin	2			1		3	1	1	1	
Denny, Francis, Sr.	1	1	1		1	1	2			1
Cloak, Nepemiah	3				1				1	
Downham, Ezekiel	1	1	1	1		1		1		
Denny, Robert				1		2		1		
Luill(?) William			1					1		
Wyatt, Soloman	3		1			1		1		1
Farrow, Benjamin	3			1		1		1	1	1
Snow, Clayton		1	1					1		
Cowgill, John	3			1		2			2	
Brown, John	2	1	2	1	1	1		2		1
Brown, Joshua			1				1			
Hoofecker, Phillip	1			1		1		1		
Jamison, Robert Dr.	1			1				1		
Harper, Jean							1			1
Calhoon, Samuel			1				1	1		

NAME	MALE UNDER 10	MALE 10/16	MALE 16/26	MALE 26/45	MALE OVER 45	FEMALE UNDER 10	FEMALE 10/16	FEMALE 16/26	FEMALE 26/45	FEMALE OVER 45
DUCK CREEK HUNDRED										
Denny, John Sr.					1			1		1
Jefferson, Elihu		3	2		1			2	1	
Brown, Elisha	3			1		2			2	
Shorter, Robert	1		1		1	3		1	1	
Taylor, Abram Sr.		1	1		1			1		1
Taylor, Isaac	1			1				1		1
Thompson, Mary	1					1			1	1
Thompson, Sarah	1		1			2		2		1
Thompson, Thomas				1		3	2		1	
Foster, Thomas	1	2		1					1	
Anderson, John	3	2		1			1	1		
Truan, William				1	1	1		1	1	
Jamison, John	1	1		1		2	1		1	
Morris, Richard	2			1		1	1	1	1	
Robinson, James					1					
Jamison, Joseph		2			1	2	2	2		1
Truan, Isaac	4		2	1		1	1	1	1	
Green, John	2			1				1		
Robinson, James Jr	1		1	2			2			2
Conner, Samuel	1		1					1		
Conner, Paddy	1	1	1		1	1	1		1	
Graham, Alexander			3			2				1
Jones, Samuel	1			1		1	1	1		
Denny, John	1		1	1		1	1	1		
Weldon, Elizabeth	1	1				1		1		1
Lacount, Elizabeth			(No Entries)							
Rutter, John	2	2		1		1	1		1	
Prettyman, Thomas			1	1			1		1	
Hawkins, Peter Capt	2		2	1		3		1	1	1
Hawkins, William	2		1	1				2		
Thompson, Moses Jr.	2			1	1	1		1		
Foreacres, John	1	1	1				1	1		
Macy, T homas	1	1		1		1			2	
Burchall, Richard			1			1		1		1
McKee, Samuel		2			1					1
Holliday, John	1		1					1		
Hawkins, Thomas		1			2		1		1	
Newman, Daniel	1			1			1		1	
Newell, Richard	3	1		1				2		
Severon, Robert			1	2		1	1	2		1
Philemon, Phillip		1		1			1	1	1	
Jamison, Thomas	2	1	1	1		1			1	
Severson, John	1	1		1		1	1		1	
Severson, Mary	2						1	1		
Barnett, Mary	1								1	
Morris, Daniel			1	1					1	
Price, David	1	1		1		2	1	1		
Robinson, William	1	2	1		1		2	1		1
David, James		3		2		1	2	1	1	1

NAME	MALE UNDER 10	MALE 10/16	MALE 16/26	MALE 26/45	MALE OVER 45	FEMALE UNDER 10	FEMALE 10/16	FEMALE 16/26	FEMALE 26/45	FEMALE OVER 45
DUCK CREEK HUNDRED										
Thompson, Moses Sr.	1	2			1	1	2	1	1	
Starling, John	2		1	1		1			1	
Morris, James					1		1	2	1	
Robinson, Robert	1	2		1		2			1	
Thompson, William	1	1		1		1			1	
Wills, James	1				1	1	1	1		1
Anderson, John Jr.			2			1	1	1		
Reed, Thomas		2		1		1	1		1	
Edwards, John	3			1			1	1		
Sherven, Jonathan		1			1		1	1		1
Norton, John	2			2			1		2	
Cole, Christopher	1				1	2	2	1	1	
Dobson, George		1			1	3	1		1	
Porter, Mary	1							1		1
Truan, John	3	1	1	1			1			1
Nail, John	1			1		2			1	
Hines, George	1		1		1	1	1			2
Shervin, Hannah	1		1			1	1	1	2	1
Morris, John (?)	3									
Rue, Michael		2	1	1				1	1	
Robinson, Elisha	2			1			1		1	
Rothwell, Thomas				1		1	1	1		
Vanpelt, George		2		1			1	1		
Dade, John				1					1	
Denny, Evan	1				1					1
Denny, Phillip of Jos.				2			1		1	
Barnett, James	3			1		1			2	
Farlow, John			1	1				2		
Ivy, Edward	1	1		1				1		
Denny, William	2			1			1	2		
Collins, William				1		2		2		
Peterson, Israel	2	1	3	1		3	1	1	1	
Brown, John	1			2		4			1	
Truan, Abram				1		1			1	
Patterson, Robert			1	1		2		1	1	
Taylor, Israel P.		1	1					1	1	
Nock, Joseph	2	1	2	1		2			1	
Truan, Mary			1					1	1	
Hale, Thomas			1	1	1		3	2		1
Rodgers, John	1			1		1			1	
Kennard, George	5		3	1		1		2	1	
Pearce, Abram	1			1		1	1	1	1	
Mitchel, Susana	1								2	
Park, Jean	1	2						2	1	
Pennington, Jacob	2			1		2	1		1	
Giddings (?) James		6		1		1		2	1	
Hale, William	1		1	1		1		1		1
Torbert, Peter	1			1				1		
Mull, William	1			1		1			1	

NAME	MALE UNDER 10	MALE 10/16	MALE 16/26	MALE 26/45	MALE OVER 45	FEMALE UNDER 10	FEMALE 10/16	FEMALE 16/26	FEMALE 26/45	FEMALE OVER 45
DUCK CREEK HUNDRED										
Keys, Richard	2	1		1		2			1	
Hall, Thomas	1			1			1		1	
Rodgers, Elenor		1				1	1		1	
Palmotry, John			1	1					1	
Spier, Samuel		2		1		1		1	1	
Hamford, Lewis	2		1	1				1		
Waitonberry, William	3	1			1		1		1	
Jordon, Rachel										1
Wells, Thomas			3	1		3	1	1	1	
Nail, George W.			2	2				2		
Mellen, David	1	1	1	1					1	
Freeman, Samuel					1				1	
Reed, Elizabeth						1				1
Dawson, Solomon			1		1		1		1	1
Beswick, Robert				1					1	
Murphy, Samuel	1			1		1	1		1	
Calhoon, Rebecca	2							1		
Dixon, Thomas	2			1		2			1	
Lawler, Daniel	2	2		1		1	1	2		
Faris, Alexander			1					1		
Wine, John	3	1			2				1	
Carey, Thomas	1	1		1		1			1	
Cole, John Esq.	1	1	2	2	1		1	1		1
Megear, Hugh	1	1		1		3	2		1	
Green, Charles	1	1	1	1	1	1	1	1	1	
Curry (?), Mollestan			2	3		2		2		
Kirkly, Jean	2					1		2		
Pearson, Aron	2	1		1		1			1	2
Ford, Sarah	1							1		
Stephenson, Henry			2					1		
Stephenson, James Sr.	3	1	2		1	2		1	1	
Cloak, Elizabeth	1	1					1		1	
Beaston, Moses	2		3	1		2		2		
Carty, Elenor		1							1	
Farrow, Elizabeth						1			1	
Maborow, Thomas	1	1	2	1		2		1		1
Walker, Ann								1		1
McDowell, James	4	1	2	1	1	2		1	1	
Brooks, Daniel	1			1		1		1	1	
Taylor, Major	2	1	3	1		2	1		2	
Morris, Mordeca			1					1		
Manlove, Mary			1					1		
Hickman, Noah		1	4		1		2			1
Hartshorn, James			1	1		1		1		
Shell, Richard					1		1			1
Vanwinkle, Simon		2	2	1			1		2	
Smith, Ann	1		2				1		1	
Riley, Sarah								2	1	
Cako, Phillip		1	1	1				1	1	

NAME	MALE UNDER 10	MALE 10/16	MALE 16/26	MALE 26/45	MALE OVER 45	FEMALE UNDER 10	FEMALE 10/16	FEMALE 16/26	FEMALE 26/45	FEMALE OVER 45
DUCK CREEK HUNDRED										
Nedham, Ezekial Dr.					1					
Bright, John	2			1			2		1	
Darrach, John		1	3		1		1	2		
McLaughlin, Edward				1		1		1		
Holiday, Robert					1		1			1
Gunn, Henry	1			1		2			1	
Daily, William	1				1	1		2		1
Murray, John			1		1	1		1		1
Farris, Elenor			1		1				1	
Lovegrove, Jean	1	1	1			1		1		1
Taylor, Anis	1							1		1
Williams, William	2		2	1		1	1	1		
Scott, Robert			2							
Fisher, ?					1			1		
Kesch, Nathan					1					1
Rees, Edward			1		1		2	1		
Dennedy, David	2	1			1	2		1	1	
Saston, James	2			1		2		1	1	
Denny, Joseph	1			1					1	1
Cook, Robert				2		1			2	
Smith, Ezekiel	1	1	1		1		5		1	
Smith, Samuel	1	1	1	1		2			1	
McWhorter, John	3				1	1				1
Hobson, John	1			1		3	1		1	
Dill, Thomas				1		1		1		
Griffin, Jabez	1	1		1		2		2	1	
Bracken, Frances			1	1			1	1		
Spruance, Presley	1	1	1		1	2	1		1	
Tibbot, James	3	1			1				1	
Jones, Levin	3		1	1				2		
Ford, William	1		1	1		1	2	2	1	
Griffin, Thomas			1	1		1		1	1	
Rees, David	1		2	1		2		2	1	
Henry, James Col.				1	1	1		1	1	
Lawler, Peter	1	1	2	2		1	1		2	
Mott, John		1		1					1	
Couch, Elizabeth			1				1			1
Foster, Peter	1		2	1		1		1		
Truman, Peter					1					
Blackeston, Ebenezer		1		1	1			1		1
Gregg, John			1	1		1	1		1	
McKinney, John	2	1		1		1			1	
Tenning, Eleazer	1	1		2			2		1	
Miffin, William	3	1	1	1		1	1	1	1	
Pugh, Rodger	1				1	1		1		
Waugh, John		1		1				1	2	
Corbet, Stricklin				1			1		1	
Manor, John				1					1	
Woodall, John	1		1			1		1		

NAME	MALE UNDER 10	MALE 10/16	MALE 16/26	MALE 26/45	MALE OVER 45	FEMALE UNDER 10	FEMALE 10/16	FEMALE 16/26	FEMALE 26/45	FEMALE OVER 45
DUCK CREEK HUNDRED										
Beck, Samuel		2		1		3	1	1	1	
Perry, John	1			1		2			1	
Nock, Susana			1			1		1		1
Nock, Daniel	1			1		2		1		1
Amos, Hannah	1		3			1	2	1		1
Hillyard, Elizabeth	2					1	1	1	1	
Hillyard, Lorani						1	1		1	
Moore, Sarah				1				1	1	
Wilson, Samuel	2	2	1	1			1	1		
Permiwell, William			1	1		2			1	
Stewart, John			1		1	2		1	1	
Foreacres, William			1	1					1	
Patterson, Thomas	1	1	2	2		1			1	
Wood, William		1		1		2		1	1	
Hawkins, Clayton	2		2	1		1		2		1
Wendolf, Ann										1
Denny, Phillip		1		1		2	1	2		
Green, Stephen	1			1					1	
Tibbet, James	3	1			1			1	1	
Jones, Enoch	1		1	1		3		1		
Jones, Lydia	1		1				2			1
Thornton, Thomas				1		3			1	
Darling, Rachel	1	1	1			2	1	1	1	1
Lyshee, James		1		1						1
Dicus, Henerita	1					1			1	
McKee, Robert	2		1	2			1	2		
Davis, Rachel	2								1	
West, Joseph	2		1	1		1		2		
Harper, Jean							1			1
Ayores, Mary	1	1							1	
Hazel, Sarah	1						1		1	
Crosley, Samuel	1			1		1	1			1
Denning, George	2		1		1			1	1	
Sutton, James		1	1	1			1		1	
Downs, Hawkins	1			1		1		1		
Barnes, Hannah								1	2	
Denning, George	1			1		1			1	
Clow, George	4	3	1	1				1	1	
Atter, Aquilla		2		1		2		1	1	
Holliday, Edward Sr.				1	1				1	
Sparks, Stephen			1					1		
Holliday, Edward Jr.	1			1		2			1	
Wheler, Danial	2				1		1		1	
Greenwood, James	2			1		1		1	1	
Denny, Widow	1	2					1		1	
Graden, Alexander	1		1			1		1		
David, Mary						3		1		
Graden, John	2		1	1				1	1	
Hillyard, Elizabeth	2		1			1	1		1	

NAME	MALE UNDER 10	MALE 10/16	MALE 16/26	MALE 26/45	MALE OVER 45	FEMALE UNDER 10	FEMALE 10/16	FEMALE 16/26	FEMALE 26/45	FEMALE OVER 45
DUCK CREEK HUNDRED										
Hawkins, Thomas	1		1					2		
Wilson, John	1			1		1		2	1	
Hill, John	2		1		1	2			1	
Keatch, Elisha	2	1		1			2		1	
Bedwell, James				1		1	1	1		
Watkins, Perry			1			1				
Lewis, John	1			1		2		1		
Blackeston, Ebeneazer	1			1		3	1	1		
Blackeston, Anna		2	1				2	1		
West, Samuel Col.	1		1	1	1	1		2		
Green, Sewell	1	1	2	1		2	1	1	1	
Boots, John	2	2	1	1		1	1	1		
Smith, George	1		1	1		2		1		
Buck, Richard	1	3		1		3	1		1	
Cleave, Joseph	2			1		1			1	
Chiffins, William	1	1		1		1	1		1	
Chiffins, James	3	1		1		2			2	
Chiffins, Margaret								1		1
Barett, James (?)	1			1		1			1	
Hazell, John		1	1	2			1	1	1	
Hazell, Benjamin	1		1	1				1		
Smith, Soloman			1						1	
Little, Margaret	1					1			1	
Little, John	1			1		2		1		
Swetman, Soloman	4		1	1			1		1	
Anderson, Jessie			1							1
Marsh, Edward		1		1		1			1	
Hurlock, William	1			1		1			1	
Whitby, Joseph		1		1		1			1	
Turner, Ebeneazer	1	1	1	1		1		1		
Loller, William				1					1	
Stanley, Retson				1				1		
Thorton, Thomas	1			1		1			1	
Tilghman, Matt. Fam.				1				1		
Hurlock, Ebeneazer		1	1	1		1	1	2		
Greenwood, William	2		1	1					2	
Catten, Alexander		1		1		1	1		1	
Green, Samuel	2			1		3	2		1	
Burris, William	2			1		2	1	1		
Boots, William	2	1	1	1		1	1		1	
Jones, Thomas		2	1		1		2		1	
Cloud, William		2	1	1		1		1		
Speer, John				1		1	1	1		
Anderson, Nathan	2			1				1		
Hope, John			1					1		1
Hart, John			1					1		
Manering, Priscilla	3	3	1			1		1	1	2
Anguish, William			1			3			3	
Martin, Simon	2	2	1		1				1	

NAME	MALE UNDER 10	MALE 10/16	MALE 16/26	MALE 26/45	MALE OVER 45	FEMALE UNDER 10	FEMALE 10/16	FEMALE 16/26	FEMALE 26/45	FEMALE OVER 45
DUCK CREEK HUNDRED										
Conner, Thomas	1	1		1		2			1	
Pennington, Daniel	2			1		1			1	
O'Neil, Felix				1						1
Barley, James		1	1	1				1		1
Maberry, John		2		1		2			1	
Porter, Joseph		1	1	1			1		1	
Dotson, Widow							1		1	
Webb, James	1			1		2		1	1	
Forde, Jesse	2	3		1		3	1	1	1	
Forde, John	2		1		1		1		1	
Forde, James		1		1		2	1		1	
Forde, Edward	2			1		1			1	
Griffin, William	1	2		1				2	1	
Hartshorn, Eorge	2			1				1		
Swift, Lambert	1			1		2			1	
Ruth, James	2	1			1	2	1		1	
Denny, Phillip	2	1	1			1	1	1		
Jefferson, Joshua	1			1		2	1		1	
Farlow, Jessie		1		1			1		1	
McWhorter, Andrew			1				1			
Wilson, Mary	1		1					1		1
Hawkins, Thomas	1		1			1	1	1		
Denny, Mary	2		2				1		1	
Wilkinson, Thomas		1	1			1		1		
Farsons, John	4	2	2		1	1	1		1	
Clark, William	4		1	1			1	2	1	1
Speer, James	3	1		1	1	2	1		1	
Thorton, Thomas	1			1		2			2	
Jones, Abel	1	1	2							1
Copes, Martha	1								1	
Watkins, Perigrine		2	1			2	1		1	
Coleby, Sarah						2		1		
Collins, Soloman	1			1		2			1	
Griffin, George	2	1	1		1					2
Ward, Elizabeth		1	1			3	1			1
Walls (?) Berry	1						1			1
West, David			2	1		1		2		
Marley, Ebeneazer			2	1		1			1	
Burches, Ann						1			1	
Bas, Elizabeth						1			1	
Bassett, Elizabeth						1			1	
Barns, William				1				1		
Black, Samuel		1	2					1		1
Smith, Oliver	1		2	1		1				1
Smith, William	1			1				1		
Scotton, Elisha	1			1		1			1	
Watts, John	1	1			1		1		1	
Allee, Thomas			1	1				1		
Anderson, Anderson				1						

NAME	MALE UNDER 10	10/16	16/26	26/45	OVER 45	FEMALE UNDER 10	10/16	16/26	26/45	OVER 45
DUCK CREEK HUNDRED										
Bradley, Thomas				1						
Chicken, Daniel				1						
David, Presley			1					1		
Ferrill, William	1	1		1					2	
Green, Elijah	2				1			1		
Redden, Resdon			1					1		
Reed, Amos			2	1						
Reeves, Richard			2							
Saunde, William			1		1					1
Cummings, George Sr.	2			2					2	
Jones, James Dr.	1	1	1		1	2	2		1	
Layton, Elijah		2	4	2	1					1
Wheatly, Daniel			1							
Watts, James					1					
Watkins, William			2		1					1
Tucker, Thomas				2				1		
Truan, Benjamin				1						
Taylor, William			1							
Sipple, Waitman			1						1	
Elliot, Edward			1					1		
LITTLE CREEK HUNDRED										
Vorshall, William	2	2		1				2		
Stewart, Henry	1	1		1		3			1	
Barnett, Thomas	1			1				2	1	
Sowders, John	2			1		2	1		1	
Hutcheson, James	3				1	1			1	
Clark, Nicholas	1				1	2	1	1		
Mitchel, William	1			1		1		1		
Kirkly, John	1	1		1		2		1		
Mitchel, George	1	1		1		1	1	1	1	
Hines, John	1	1			1	1		1		1
Lynch, William			1					1		
James, Joshua		1		1		2		1	1	
Harper, William Jr.		1	3			1	2	2	1	2
Battle, James	4			1		1			1	
Husbands, John	3		1	1				1	1	
Brinkle, Peter	1			1		2		1	1	
Taylor, William	2	1	1		1	1	1		1	
Smith, Richard		1		1		2			1	
David, John	3			1		1			1	
Hickey, John		1	1		1	2			1	1
Legg, James	2			1				1		
McClain, Archibald	1	1			1	2			1	
Ruth, William	3		2	1		2	1		1	
Moor, John A. Capt.				2		1		3		
Craig, Joseph Capt.			3			1		2		
Lee, David C. Capt.			2	2		1		1		

NAME	MALE					FEMALE				
	UNDER 10	10/ 16	16/ 26	26/ 45	OVER 45	UNDER 10	10/ 16	16/ 26	26/ 45	OVER 45
LITTLE CREEK HUNDRED										
Buchanan, Stout	1			1				1		
Stout, Jacob				1		1	1		1	1
Harper, John	1		2	1		1		2		
Edenfield, Jonas	1	1		1		1		1		
Stout, Benjamin	2			1		1			1	
Hirons, William	1	1	2	1		2			1	
Legg, George	1			1				1	1	
Jackson, James	1		1	1		2	1		1	
Bennett, William				1		2		1	1	
Morgan, Daniel	4				1			1		
Tilton, James		1	2	1			1			
Truitt, Soloman	2		2	1		2			2	
Gould, William	2			2	1	2		1		
Collins, William Sr.	3	1	1		1	1				1
Robinson, James	1			1				2		
Harper, William	1	2	1		1		1			2
Ham, Susanna			2			2		2		1
Fowler, Thomas	1	2	2	1		1			1	
Dorman, Isaih	1		3				1	2		
Rees, Jeremiah	2	1		1		1	1		1	
Manlove, Vincent	1	1			1		1			1
Edenfield, Thomas				1			1	1		
Quillen, Daniel	1			1		2	1		1	
Swallow, Joshua	4				1	1	1	1	1	
Wells, Benjamin	2	1	1	1		2			1	
Gould, Benjamin	1			1		1			1	
Manlove, John		2		1		1		1		
Farrow, Joseph	1	1		1		2		3		
Hill, Robert	2	1	1	1			1	2	1	
Vorshall, John	3	3		1					1	
Naudain, Andrew	1	1	1	2		3		1	1	
Williams, Edward	1	2		1			2			
Taylor, Thomas				1						1
Moor, Abram	1	1	1		1	2	2	1	1	
Bennett, Alan	1			1		1			1	
Mattocks, John		1	1		1	2			1	
Shawn, Daniel		2			1	2		1		
Conaway, Levin	2	1			1		1	1		
Stanton, Rachel		1					1		2	
Jefferson, Richard	2			1			2		2	
Wrench, Jacob	1	1		1		2		1		
Cloke, Samuel				1		2	2		1	
Plumer, William					1	2			1	
Merritt, John	2			1		1		1	1	
Smith, William	3	3			1	2	1			1
Keith, Thomas		1	2							
Conner, Charles	2		2	1		1		4	2	
Hart, John		1	1	1		2	1	1		
Vantavoren, Corneilus	3	1			1	1	1		1	

NAME	MALE UNDER 10	MALE 10/16	MALE 16/26	MALE 26/45	MALE OVER 45	FEMALE UNDER 10	FEMALE 10/16	FEMALE 16/26	FEMALE 26/45	FEMALE OVER 45
LITTLE CREEK HUNDRED										
Emerson, Jonathan	1		1	2		1	1	2		
Palmer, Mary	1	1					1		1	
Ryan, John	1	2		1		2		1	2	
Wheelton, John	1				1		1			
Bell, Henry		1	1	1	1			2	1	
Frances, John	1			1	1	1		2		1
Mendith, Daniel	1			1			1	1	1	
Gray, John		2	1	2		2			1	
Condwright, Bard	1			1				1		
Buckmaster, Wilson	2	2	1	1			1	1	1	
Buckmaster, George	2	1	2		1	2		3		
Cross, John			1	1				1		1
Brady, John		1	2		1			1		1
Gray, William	1	1	1	5	1			1	1	1
Wynn, Elizabeth									2	1
Bush, Joseph			2					1		1
Homes, Daniel	1			2			1	1		
Jenkins, Jabez	4	1	2		1	1		1	2	1
Grewell, Thomas				1		1			1	1
Swany, Thimothy	3			1		2	1	1	1	
Perry, James	1				1	1	1			1
Vanhoy, John	2			2		1	2		1	
Bellach, John		1	1			1		1		
Condwright, Hillary			1	1					1	
Countes, James	1			1				2		
Black, John	1		1	1		2		2		
Collins, Richard		2	1	1		4	1		1	
Price, Samuel		1		3			1			1
Cowgill, Daniel					1		1	1	1	
Legg, Samuel	1			1		2		1		
Pleasonton, John		1		1		2		2		
Levick, William Sr.			1			1		1		
Milles, Stephen	1		2	1					1	
Black, David			1			1	1		1	
Hirons, Robert	3			1		1			1	
Collins, Edward			1	1				1		1
Follis, Martha									1	1
Humphries, Alexander		1		1		3	2		1	1
Emerson, Manlove				2				1	1	
Cowgill, Samuel			1					1		
Levick, William Sr.	1		2		1	2	1			2
Marim, John	1	1			1	3	2		2	
Black, Thomas	3			1				1		
Vantavoren, William	4	1	1		1		1		1	
Landman, Matthew	1			1		1			1	
Osband, James	1		1	1		2		1		
Burrows, Nathan	1			1		1		1		
Thomas, Benjamin	1		1	2		2		1		
Levick, Robert	3			1				1		

NAME	MALE UNDER 10	MALE 10/16	MALE 16/26	MALE 26/45	MALE OVER 45	FEMALE UNDER 10	FEMALE 10/16	FEMALE 16/26	FEMALE 26/45	FEMALE OVER 45
LITTLE CREEK HUNDRED										
Hall, William	3	2		1				2	1	1
Tanner, John	2			1		1	1	2		
Crippin, Joseph	1	1			1	2	2			1
Cowgill, Clayton	1			1		2		1	1	1
Cowgill, John				1				1		
Cowgill, Henry				1	1			1		
Thistlewood, James		1	1		1		1	3		1
Hopkins, Robert Capt.	2			1		3			1	
Alston, Mary	1	1	2			1	2	2		1
Phips, Nathan	2			1					1	
Tones, Bell	1	1			1	1	1			1
Barratt, Isaac				1		1		1		
White, John				1		1			1	
Dean, Thomas		1	2	1						1
Loyde, William					1					1
Frazer, John	1			2		1			2	
Landman, Daniel	2	2	1	2		2		2		
Peterson, Elemuel		1		1			1		1	
For, Peter	3	2	1	1		1	1	1	1	
White, James	1			1					1	
Pearson, Daniel	1		1				1	1		
Howard, John	3				1	2	2	1		1
Hazel, Isaac	1	2		1				1		
Fountain, Walter	1	1		1			2		1	
Scun, John			1					1		
Dale, Sarah		2				1	2	2	1	
Knoth, William	1	2		1			1	2		
Rigs, Esais		2		1			1		1	
Denny, Widow Mary	4	1				1	1	1	1	
Peterson, James	4	1	1	1		1			1	
David, Joseph	1	1	1		1	1	2		1	
David, William	3	2	2	1	1	2	1		1	
Wood, James	1		1					1		
McDaniel, Kathy			2							1
Richardson, Benjamin	1		2			1		1		
Colgill, Esan (?)	2			1					1	
Ferrell, Widow Mary	1					1			1	
Clark, Maskill	1	2	1	2		3			1	
Whitman, Jonothan	2		1	2		3			1	
Deshane, William	1		2	2				1		
Bishop, Risdon	2		1	1				1		
Flowers, James		1		1		1	1	1		
Hutcheson, John	1			1						
Strong, James				1		2		1		
Perry, William				1		1				·1
Griffen, Ezekiel		1	1			1		3		
Gormond, John	1			1		1			1	
Denny, Benjamin	3	1		1				2		
Halfield, James			2		1	3	2		1	

NAME	MALE UNDER 10	MALE 10/16	MALE 16/26	MALE 26/45	MALE OVER 45	FEMALE UNDER 10	FEMALE 10/16	FEMALE 16/26	FEMALE 26/45	FEMALE OVER 45
LITTLE CREEK HUNDRED										
Muncy, Ann	1								1	
Wilkinson, Joshua	1			1			1		1	
Goodwin, Edward	1			1					1	
Watts, William	1			1		1	1	1	1	
Numbers, William	2			1					1	
Anthony, Widow	1	2							1	
Cloak, John	1		1		1	1			1	
Standly, Jonas	3			1		2			1	
Steed, William	2		1	1		2			1	
Arthur, Lucria	1	1	1						1	
Lamb, Thomas	3	1	2	1		3		2	1	
Ford, Margaret				1			2			
Crosely, Samuel	1			1		1	1			1
Scotton, James Sr.		1	2		1					1
Nony, Valentine	1				1		1		1	
Forrester, Mary	1	1				1			2	
Green, John Hazel	1	1		1		1			1	
Crosly, Jacob	3	3			1	2	1			1
Belch, Nathan				1		3	1	1	1	
Powell, Jonothan	1			1					1	
Cooper, Thomas	1			1		2			1	
Wall, Nathaniel	2	2		1		1	1	1	1	
Burrow, Lewis			1					1		1
Holliday, Edward					1		1			
Sparks, Stephen	1			1				1		
Scotton, Elizabeth									1	1
Tanner, Ann		1							1	
Sipple, Ann & French, Letitia	1		2			1	1	2		
Courtney, Thomas					1					1
Ford, William		1	1	5	1					
Debender, Joseph				1				1		
SAINT JONES HUNDRED										
Taylor, William	2	1	1		1	1	1		1	
Smith, Richard		1		1		2			1	
David, John	3			1		1			1	
David, John				1					1	
Newman, Daniel Wright	3	2			1	2			1	
Smith, Daniel			3					1		1
Miller, John	2	2	2		1				1	
Clark, Ester								2		1
Eyler, Sarah							1			1
Dunafin, George	1			1					1	
Stanton, Ann	1					2		1		
Thomas, Thomas	2		2	1	1			3		1
Robinson, Jane		1							1	
Golt, Elijah	3			1		1			1	
Laws, Zodorvick	5	2		1					1	

NAME	MALE					FEMALE				
	UNDER 10	10/16	16/26	26/45	OVER 45	UNDER 10	10/16	16/26	26/45	OVER 45
SAINT JONES HUNDRED										
Hayes, Manlove	1			1		2		1		
York, Thomas			1			1			1	
Gorden, James			1		1					
Lafferty, James				1		2	2	1		
Craig, William		1			1		1			1
Hanson, Timothy				1				1		
Hanson, Sarah							1		1	1
Nedhan, Jonathan				1		1		1	1	
Ryan, Charles	2		1	1		1	1	1	1	
Walker, Daniel	1		2	1				1	1	
Faris, John			1		1		1		1	
Powell, William			1		1	2		1	1	
Hillyard, Charles	1	1	1	1		4	2		1	1
Norvill, James	2		1	1		1			1	
Fisher, Thomas	2	1		1					1	
Laws, William	1			1			1	1		
Speer, Henry	1			1		1		2		
Denny, Thomas	2		2	1		1		1	1	
Davis, Issac, Esq.	4		1	2		1			1	
Gano, Lewis	4		2		1				1	
Manlove, Vincent			1					1		
Wrench, William	1			1				1		
Wrench, John	2			1		1			1	
Richardson, Robert				1			1	1		
Collins, Risdon	1			1					1	
Wilkinson, Moses	2			3		1	1	1		
Rodes, James	1	2	1		1		1			1
Crockett, John	2	1	2	1		2	1	1	1	
Qullen (?) James		1		2		1			1	
Harden, Leak			1				2	1	1	
Crockett, Elenor								2		
Ford, Margaret							1	1	1	
David, John	3			1		1			1	
Meredith, Asa	2	1		1			1			1
Moffet, William	1			1			1	1		
Carson, Meier (?)	2	1		1	1	1		2	1	
Cockran, Charles	1			1		1			1	
Mansfield, Mary	1		3	1			2			1
Parker, Thomas			1		1		1	1		
Parker, Mary	1					2			1	
Kimoney, Joseph	1		1		1	1	1	1		1
Murphey, John			1					1		
Barber, Francis	1	1	3		1	1	1	1	1	
Barber, John		1	3		1	1	2	1	1	
Miller, Peter			2		1			2		
Taylor, Isac		1			1	2	2	1		
Warde, George		1		1		1		1		
Miller, Stephen	1			1		2		1		1
Sutten, William		1	1	1		2	1	3		

NAME	MALE					FEMALE				
	UNDER 10	10/ 16	16/ 26	26/ 45	OVER 45	UNDER 10	10/ 16	16/ 26	26/ 45	OVER 45
SAINT JONES HUNDRED										
Elliot, Robert	1		1	1			1			
Manin, Joseph	1	2		1	1	1	1	1	1	
Hendrix, Edward	1	1	1	1				1		
Chairs, Thomas	1			1		1			1	
Hayes, George	2			1				1		
Taylor, Elijah	2			1				1		
Jackson, Samuel	2		1	1					2	
Manering, John			1	1		2			2	
Boyles, Christopher		2		1	1		2		2	
Kellin, John		1	1		1		1			1
Stant, Joseph	1			1		2			1	
McCoy, Alezander	1	2	1		1		1			1
Rodes, James	1	1		1			3	1	1	
Seeds, Samuel			1					1		
Foreacres, Robert				2				1		
Edwards, Edmond	1			1			1		3	
Foreacres, Joseph	1			1		1		1		
Simpson, Benjamin		1	1		1			1		1
Pearson, Daniel				2		1		1		1
Phipps, Nathan	3			1					1	
Cowgill, Samuel			2	1			1			
Wharton, Isaiah		2	2		1	1		2		1
Amos, John	1			1		1		1		
Talley, William		1	1	1	1			1	1	
Brown, Thomas	2	2	1	1		2		1	1	
Brown, Jonothan	2	1	1				1			1
Goforth, George		1	1	1	1		2			1
Ware, John			2				3		1	
Hart, George			2					1		
Bell, Finley	1		1	1		1	1	1	1	
Thorenton, James	2	2		1		2	1	1		
Parker, Anderson		1	1	1						
Sorden, James			1					1		1
Hudson, John		1	1	2	1	3	1	2		1
Curren, Patrick				1		2	1		1	
Lynch, Henry	2			1				2		
Spring, Anthony	1	1			1			1	1	
Murphey, Jenkins				1		1	1	1		
Clifton, Levin		1		1			1		1	
Bechamp, Mercer	2	1		2	1		1	2	1	
Brinkle, John	10			1				1		
Lynch, Ann	1	1	1	1					1	
Candy, William	2				1	2	2	3	1	
Hogans, Ann(?)							1		1	1
Levick, John					1		2			1
Taylor, Richard				1		1			1	
Daugherty, Stephen		1	1		1			1		
Fortner, James	3			1					1	
Dixon, George			2		1		1	1		

NAME	MALE UNDER 10	MALE 10/16	MALE 16/26	MALE 26/45	MALE OVER 45	FEMALE UNDER 10	FEMALE 10/16	FEMALE 16/26	FEMALE 26/45	FEMALE OVER 45
SAINT JONES HUNDRED										
Legg, William	1	1	1	1		1	1	2	1	
Pleasonton, David		1	1	1		1		1	1	
Pardee, Stephen	1			1		3			1	
Dixon, Morgan			1							1
Hall, Robert		1		1						
Bedwell, Preston				1						
Knight, Caesar	2	2	1		1			1	1	
Smith, David	1		1	1	1	2	2		1	
Pell, David			1						1	
Slaughter, David				1					1	
Brady, John		3			1					1
Vanvurcalow, Peter	1	3	2		1		1	1	1	1
Miller, Killen			1	1			1		1	
Foster, James				1				2	2	
Daugherty, Benjamin	1	2	1			1	1	2	2	
Pollin, Jonothan	1	1	1		1		1		1	
Graham, Robert	1		1		1	1	1	2		1
Draper, John	1			1		1		1		
Nichoson, George			1	1			1			1
Nichoson, John			2		1		1	1		1
Laws, Outen	3	1	1	1		1	1	1	1	
Townsend, Solomon	2		2					2		
Shane, Henry	1	2		1		1	1		1	
Pemberton, John			1						1	
Lowra, Jeremiah	3			1			1	1		
McDaniel, Joseph			1	1					1	
MISPILLION HUNDRED										
Davis, Thomas				1		2		1		
Dyer, Martin	1			1		1		1		
Davis, Nathan	3	1		1		2	1		1	1
Vane(?), Thomas	1		1			1		2		
Manet, Samuel			2	1		3	1	3		1
Allen, Andrew	1	1		1				1		1
Jones, Jelathiel	1				1	1		1		1
Jones, Mathew		1		1				1		
Ryan, Label			1					1		
Jester, Samuel	1		1			2		1		
Whaley, William		1		1		1		1	1	
King, Robert			1					1		1
Fleming, Archibald	1		1					1		
Satturfield, William	2	1		1		1	2	1		
Hambleton, Elizabeth		1	1			1		2	1	
Hall, William		1	2		1	3	1		1	
Latherman, Kendal			3			1		1		
Sipple, Sarah						2	1		1	
Hilford, Zedock			1					2		
Catts, John	2		1			2		1		

NAME	MALE UNDER 10	MALE 10/16	MALE 16/26	MALE 26/45	MALE OVER 45	FEMALE UNDER 10	FEMALE 10/16	FEMALE 16/26	FEMALE 26/45	FEMALE OVER 45
MISPILLION HUNDRED										
Sipple, Moses	1		2			2		2		
Tharp, William		1	3		1			1		1
Melvin, John			2			2		2		
Harper, Ann	1	1				1		1		
Harper, Calep			1					1		
Anderson, William	1		1			2	3	1		
Jester, Elias	2		1					2		
Jester, Jesse	1	1		1		2		2		
Kimmey, Levin			1			3		2	1	
Jester, Emanuel	2		2			2		3	1	
Turner, Charles	3		1				1	1	1	
Jones, Zhefinah(?)	2	1	3			1			1	
Anderson, Daniel	1		1			1	1	1		
Hickman, William	2	1			1	1	1			
Meredith, Levin	1	1		1		2	1			
Jump, Hannah	2	1	2			3		1	1	
Gullet, Elizabeth	1	1	2				1	1		1
Gullet, John	1		1			2		1		
Gullet, Abram		1	2	1		2		2	1	
Dawson, Asa	1	1		1			1		1	
Dawson, Ann	1	1						1		
Bullock, Thomas	3		2					1		
Nubler, James	2	1		1		1	2		1	
Smith, Ann	1					1		1		
Gasley, Samuel	2	1	2		1	2	1	2	1	
Fisher, Henry	1	1	1		1			2		1
Jones, William	2	1		1		1	1	1		1
Lyton, Richard	1		1					1		
Wilson, James	3		1	1					2	
Lemar, Lucretia						3			2	
Wilson, Robert				1		2		2		
Richards, Stephen	1		1				1	1		1
Dillen, Henry	2		1	1		2	1		1	
Webster, Thomas	2	1	1	1		2	1		1	
Salsberry, John		2	1	1		2	1	1	1	
Pegs, John				1		4	1		1	
McKinney, John		1		1		3		1		1
Hardesty, Hutchison	1			1				1		
Hardesty, Thomas	1		1			2		2		
Smith, John	2		1				1		1	
Hopkins, Zebulon	2	1	1		1		2	1	1	
Hopkins, Jane (?)					1					
Vincent, Jesse	3	1	1			2	1	2	1	
Smith, David	4		2			2		1		
Layton, James	2	2			2	1		2	1	
Fisher, William	1	1	1			2			1	
Fisher, Gerrard	1		1			1		1		
Fisher, Clement			2							1
Smith, Thomas	2	1	3	1		3	2		1	

NAME	MALE UNDER 10	MALE 10/16	MALE 16/26	MALE 26/45	MALE OVER 45	FEMALE UNDER 10	FEMALE 10/16	FEMALE 16/26	FEMALE 26/45	FEMALE OVER 45
MISPILLION HUNDRED										
Ross, James Jr.	1		1				1	1		
Salsberry, William	1		1					1		
Lane, William	2	1		1		2		1		
Dority, Vincent	1	2		1		1		1	1	
Smith, Sarah						1	1		1	
Carlisle, Samuel	2	3			1		1			1
Carlisle, Ann	1					1	1	2	1	1
Turner, George	1	2		1		4		2	1	
Cahall, Solomon	3	2	2			1		1	1	
Jones, Elizabeth	1	1				1			2	
Fisher, James	2	2	1		1			3		1
Hancock, Thomas	1				1	1				1
Bostick, Tapphinis (?)	1						1			
Morgan, John				1		3	1	1	1	
Sherwood, Derman (?)							1		1	
Wilcuts, Rachel			1					1		1
Scott, John	2			1				1		
Scott, William			1					1		
Anderson, Ann		1				2				1
Barker, John	4		1			2			1	
Lewis, Stephen			1		1	1	1	1	1	
Hambleton, Joel	1	2		1		2			1	
Wyatt, Thomas					1				1	
Anderson, Ezekiel			1					1		
Case, Gove			1					1		
Crumpton, James	1	1		1			1		1	
Murphey, Levin	1	2		1			1		1	
Spencer, Pearcy			1					2		
Spencer, John		1	2						1	
Early, Anthony	1	1	1			1	1	1		
Anderson, Major	1	1	1		1	1	1	1		
Jones, William	1		1	1		3	1		1	
Mason, John			1			1		1		
Taylor, Robert	1		1			2		1		
Perdy, Calep		2	1					1	1	
Wingate, John			1			2	2	1		
Lewis, Luff		1	1					2		
Colgin, Richard	1			1		1	1		1	
Chance, Calep	1	2		1		1		1	1	
Brown, John	1		2	1		2			1	
Graham, George	1	1			1	1		1		
Taylor, Major			1			2		1		
Smith, John				1		1	2		1	
Jones, Brown	1		1					1		
Jones, Isaac	1	1	1	1		1	1	1		1
Hopkins, Mary	1		2				1			1
Clifton, Isaac	5	1	1	1					1	
Godwin, Robert	1			1		1	2		1	
Hopkins, Hooper			1							

NAME	MALE UNDER 10	MALE 10/16	MALE 16/26	MALE 26/45	MALE OVER 45	FEMALE UNDER 10	FEMALE 10/16	FEMALE 16/26	FEMALE 26/45	FEMALE OVER 45
MISPILLION HUNDRED										
Fisher, Richard	3			1		2			1	1
Harmon, Thomas	4			1		1			1	
Brown, George			1					1		
Wroten, Henry	3	1		1			2		1	
McNatt, Major			1	1		1		1		
Ross, James		1	1			3	1		1	
Anderson, John	1	2	4	1		1	1	1		
Smith, John		1			1		1	3		1
Adams, Bayley	3		1			1		1		
Wroten, James	2		1			1	1	1		
Philemon, Phillip	1	1	1				1	1		1
Cheeseman, John	4	2	1	1		1	1		1	
Noble, Phillip	1			1		1		1	1	
Vincent, Eliah	1	1	1		1	2	1	1		1
Vincent, Isaac	1			1		1			1	
Vincent, Margaret	1							1		1
Smith, Samuel		1		1		3	1		1	
Smith, Holliday		1	2			2	1		3	
White, John			1			2		1		
Jester, James			1	1				1	1	
Nichols, James		2		1		2	1		1	
Warington, Nathaniel					1	1				1
Lacount, Samuel	2		1		1	3		1		1
Thomas, Mary	2					1		1	1	
Daugherty, George		1	1		1		1			1
Slaughter, John	1	2	1			2	1		1	
Emory, Arthur	2		1			2		1		
Wyatt, William	2	1		1		2			1	
Price, Thomas	2			1			2		1	
Richardson, Edmond	1	1	1			1	1	1		
Price, Sarah	1	1				1		1		
Brown, Rebecca	1	1					1	1		
Bright, Nicholas	1	1				1	1			
Price, John	2	1		1		1	1		1	
White, James	1	1	1			1	1		1	
Slaughter, Noah			1							
Slaiter, Rachel	1	1				1	1	1		1
Upton, Elizabeth	1					1				1
Johnson, James			1				1	1		
Carter, John	3		1				1		1	
Jones, William	1			1					1	
Clark, Mathew	2		2			1		1		
Saturfield, Ason	2		1	2	1	1	3	3		1
Sipple, Zadock	3			1				1		
Wheeler, Fanny										1
Barker, Thomas	1				1		2		1	
Barker, Robert	1		1			2		1		
Cardene, Deborah	1	1	1				2			1
Wilebey, John			1			1		1		

NAME	MALE UNDER 10	MALE 10/16	MALE 16/26	MALE 26/45	MALE OVER 45	FEMALE UNDER 10	FEMALE 10/16	FEMALE 16/26	FEMALE 26/45	FEMALE OVER 45
MISPILLION HUNDRED										
Wyatt, Thomas	2		1			1		1		
Williams, James	1	1	1	1		2	1	1		
Sap, James	1	1	1					1		
Sap, Rebecca							1		1	
Sap, Nichoson			1					1		
Wyatt, John		1	1					1		
Vicory, John	4	1		1			1	1		
Sap, William		1	1				1	1		
Smith, William			1			2		1		
Sap, William			4	1						1
Walston, Thomas	4	1	1				1	1		
Whitacre, James	3	1	1		1		2	1		
Cox, John		1			1		1			
Abett, James	1	2	1			1			1	
Cemp, Elizabeth									1	
Cemp, Thomas	1			1		1			1	
Wyatt, Moses	1	2			1		3			1
Wyatt, Thomas		1			1	1	1			1
Sap, Elijah	1		1					1		
Hickman, Jacob	1			1		1	1	1		
Howard, Elizabeth	1		1	1		1				
Needles, Avery	2		2		1			1		
Clark, Thomas	3	1	1				1	1		
Catts, Vincent			1							
Taton, Hilles	2	1	1			1		1		1
Morgan, Evan	1		1							1
Morgan, James			1							
Thomas, John	1		1			2	1			
Salsbury, William	1		1				2	1		
Dyer, James	1		2					1		
Graham, John	1	1		1		1		1	1	
Jester, Elias	2	1		1		2		2	1	
Manlove, William	2	1	2		1	1	1			3
McNatt, Joseph	1		1			1		1		
McNatt, William	1			1		2	1	1		
Callaway, Levin	5		2			1	1	1		
Jones, Ezekiel	2	2		1				1		
Graham, Samuel		2	2		1		1	1	1	
Booth, Waitman		2	1		1		1	2		1
Morgan, William	1			1		3		1		
Jones, Curtis			2			1	1	1		
Taylor, George			2			1		2		
Morris, Boaz	1	2		1			1		1	
Janalde, Unice	1					1				1
Cane, William		1		1		2	1		1	
Martin, Ezekial				1			2	1	1	
Smith, John	3	1		1		1	2	2		
Rusell, Thomas	2	2		1		2	1	2		
Martin, Hester		3	1	1		1	4			1

NAME	MALE UNDER 10	MALE 10/16	MALE 16/26	MALE 26/45	MALE OVER 45	FEMALE UNDER 10	FEMALE 10/16	FEMALE 16/26	FEMALE 26/45	FEMALE OVER 45
MISPILLION HUNDRED										
Miner, Jesse	1		1			1		1		
Martin, William			3		1		1	1	1	1
Martin, James	1		1	1					1	
Libey, Calep	1			1		1	2		1	
Griffin, Isaac	1	1	1	1		1		1	1	
Morris, Elijah	1	1	1		1	1	1	1		1
Cain, Zhefinah	2	1					1	2	1	
Cain, Ann			2			1		1		1
Nowell, Peter			1			3			2	
Morris, Elemuel	2		1			2	1			
Miner, Sarah	1		3							1
Climer, Francis	1	1	1		1	1	1	1		1
Brown, John	1			1		1	1	1		1
Richardson, Edmond	3			1		1		1		
Bowan, Daniel	1		1			1		2		
Barrack, James			1					1		
Griffin, John			2		1	2				1
Formy, John	1		1			1	1		1	
Bowan, Elizabeth	1					2			2	
Kirk, Mariam	1					1		2		
Miner, Stephen	2		1					1		
Wiatt, William	2		1			2	1	1		
Porter, John		1		1		1	1	1		
Holden, Noah	1			1		1		1	1	
Travis, Mathew	2			1		1		1		
Baynard, John	2		3	1		3		3	1	
Martin, Nancy		1				2			1	
Banock, Solomen	2	1		1		1		2		1
Herde, Joseph		2		1		1			1	
Dean, William				1	3				1	
Graham, Samuel	1		1		1			1		
White, Baynard	2		1				1			
Wiatt, Samuel	2	1		1		1	1	1		
Wilson, Thomas	1	1		1	1	1	3			
Bowan, Solomon	1		1			1		1		
Reed, James	2		1		1			2		1
Morris, Elisha		2		1		1	2		1	
Reed, Thomas		2			1			2		1
Reed, William			1			1	1			
Pane, John		1	1							1
Stradley, Nimrod	2		1				1	1		1
Eldridge, Mary								2		
Townsend, Solomon		1	1		1		1			1
Taylor, Jenifer		2			1		1			1
Jacobs, James		2		1				2		
Jacobs, William		2								
Elliot, Jacob		1			1		1			1
Hurley, John			1					1		
Jones, John	2	1	1		1	1	3	1		1

NAME	MALE UNDER 10	MALE 10/16	MALE 16/26	MALE 26/45	MALE OVER 45	FEMALE UNDER 10	FEMALE 10/16	FEMALE 16/26	FEMALE 26/45	FEMALE OVER 45
MISPILLION HUNDRED										
Dorman, George	1			1		2	1		1	
Henington, Mary						1			1	
Jump, Ann	1		1			1		2	1	
McNatt, Major	2			1		1	2		1	
Stanton, Andrew	1	2	1			1	2	1	1	
Virgin, John	1	1	1				1	1		
Case, John		2	1					2	1	
Davis, Benjamin	1		1			1		1		
Stafford, James			1	1		1	2			1
Stafford, Belisn	1		2	1			4	1		
Henington, Benjamin	2	1	1				1	1	1	
Sipple, John V.	1	1		1			1	2	1	
Kelly, James	1		1			3		1		
Thompson, William	2	1	2			1	2	2		
Whitehead, Jacob	1	1	1				1	1		
Smith, Thomas	2	1	1			1	1	2		
Hevelow, Zedock	1		1			1	1	1		
Bowman, Henry	1		2			1		2		1
Fleming, Joseph	2	2	2		1	1	1			1
Denis, Ananias	3	1	1					1		
Primrose, Thomas	1	2	2		1	1		1		
Tumlin, Mary	1	2								1
Calwell, James		1		1	1		1	1	1	
Whitehead, Jemimah	1				1	3		1		
Thomas, John	1	1	1			1	1	1		
Bostick, Major	1	1	1			1		1	1	1
Latchem, Peter		1	1		1	1	1	1		1
Wood, John	1	1	1	1			1	2		
Parson, John	3	2			1		1	2		
Walker, John	1	1	1	1		3	2	1		
Needles, Thomas	1		1					1		
Brown, William	1		1			1		2	1	
Thompson, William	2	1	1	1		2	2	1	1	
Cullen, Sarah			2							1
Kelly, James	1		1			3		1		
Parson, Tumlinson	1	1	1	1			1	2	1	
Hillman, Thomas	1	1		1	1	1	1		1	
Tumlinson, Richard	1		1					2		
Parson, Samuel		1		1		2	2		1	
Fisher, James		1	1		1				1	
Bell, James	1		1			2	1	1	1	
Lowber, Isaac	1		2		1		3		1	
McKee, William		1		1		2	1	1	1	
Golt, William	2			1		1		1		
Warner, William	2			1		2	2	1	1	
Barker, Joseph	2		2	1	1		1	1		
Master, William	1	2	1		1	1	1	2		1
Primrose, Elias		1	2					1		
Berry, William	2	2			1	1	1		1	

NAME	MALE UNDER 10	MALE 10/16	MALE 16/26	MALE 26/45	MALE OVER 45	FEMALE UNDER 10	FEMALE 10/16	FEMALE 16/26	FEMALE 26/45	FEMALE OVER 45
MISPILLION HUNDRED										
Fisher, Jabez			1		1		1			1
Williams, John	1		1					1		
Daws, John					1		1			1
Fisher, Edward			1	1						
Tool, Michael			1					1		
Jackson, William	1		1			1			1	
Quigley, James	1		1					1		
Master, John, Jr.			1			1		1		
Wilber, Thomas			1					1		
Masters, John, Sr.	1			1		2	2		1	
Shaver, David	1			1		2		1		
Powell, Comfort										1
Walker, Susannah		2								1
Buckmaster, James			1							
Tumlinson, James			1					2		
Tumlinson, Thomas		1	1	1				2		
Cullen, Mary Ann		2	1			1		1		1
Bowman, Nathan					1	2	2	2		1
Thistlewood, Daniel	1	2		1			2		4	
Howiene, William		1		1		3	2	1		
Young, Robert	2		1					1		
Story, Thomas	1		1			1		1		
Bowman, Nathaniel	1			1		2			1	
King, Peter	1	2	1		1	2		1	1	
Cullen, Hezekiah	1		1			1		1		
Hinson, Nathaniel	1		1					1		
Bailey, Rachel	1	2				1			1	1
Joice, Thomas	1		1					1		
Manlove, Matthew				1					1	
Alford, John	1		1			1		1		
Johnson, Thomas	2	2	1				1		1	
Coverdale, Mathew			1			2		1		
Nichols, Charles	2	1		1			1			1
Jester, Elias	2	2		1		1	2		1	
Smith, Thomas	1	1		1			1	1		
Tucker, Shadrick		1			1	1	2			1
Henington, Barsheba	1	1		1		1			1	
Dewes, Elizabeth	1	2						3		1
Henderson, Rhoda	2	3							1	
Furbee, Michael	2		1			2		1		
Spencer, Noah			1			2		1		
Jester, Arthur	1				1		1			1
Spencer, Azael		1	1					1		
Fosett, James			1					1		
Killen, Robert			1					1		
Pearson, Catherine		1				1			1	
Jester, Isaac	2		1			1	1	1		
Flood, Joseph				1		2		1		
Minor, Robert			1					1		

NAME	MALE UNDER 10	10/16	16/26	26/45	OVER 45	FEMALE UNDER 10	10/16	16/26	26/45	OVER 45
MISPILLION HUNDRED										
Jester, Rachel	1	1					1			1
Hamilton, Alexander	1		2					1	1	1
Hendrickson, Elenor			1							1
Hendrickson, Samuel			1			1		1		
Griffin, Susana							1			1
Cullen, Catherine	1							1		
Clarke, William	1		1			1		1		
Truitt, George	2	1	1			1		1		
Rowland, Ann	1	1				1	2	1	1	
Cullen, Gideon			1			1			1	
Jester, Elizabeth		2				1		1		1
Mason, Isaac	2		3			1	1	1		
Henry, Ezekiel		1		1			1			
Ricketts, Isaac	1		1			2		1		
Wilkins, John			1							
Dority, Prudence			1							1
Hilman, Thomas	1	1		1	1	1	1		1	
Jester, Arthur	1				1		1		1	
Joice, Thomas	1		1					1		
Manlove, Mathew, Jr.		1			1					1
Alford, John			1			2		2		
Tumlinson, Thomas	2		1			1		1	2	
Thistlewood, Imanuel	2	2		1			1		1	
Jester, Elias	3	2			1	1		1		
Herington, Barsheba	3	1	1		1		1			1
Adams, Imanuel, Jr.	1	1	1		1	1	1	1		1
Crumpton, Curtis	1	1		1		1	1	1		1
Story, Thomas	1		1			1		1		
Young, Robert, Jr.	1		1			1		1		
Bowman, Nathaniel, Jr.	1		1			4			1	
Jester, Charles					1		3	1	1	
Taylor, Stephen	1		1	1		3	1		1	
Killen, Robert, Jr.			1					1		
Pearson, Kitty	1	1					1		1	
Beswick, George			1			1	1	1		
Smith, Jesse	1	1		1		1	1		1	
Fosett, James		1	1					1		
Jester, Eliza		2					1	2		1
Whitehead, Elemuel		1	1			2		1		
Jester, Isaac	1		1			2	2			
Minor, Robert		1	1					1		
Minor, Mary										1
Dunaphin, Edward	2		1			2	1	1		1
Jester, John	2	2		1			1	1		1
Reed, John	2	2		1			1	1		
Wilson, Thomas	1			1				1		
Woodmuncy, Asa	1	2	1	1		1	1	2		
Srowder, Aron	2	1	1					1		
Ricketts, John	1		1			1		1		

NAME	MALE UNDER 10	MALE 10/16	MALE 16/26	MALE 26/45	MALE OVER 45	FEMALE UNDER 10	FEMALE 10/16	FEMALE 16/26	FEMALE 26/45	FEMALE OVER 45
MISPILLION HUNDRED										
Thompson, John	1		2	1		4			1	1
Fosett, Smith	1		1			2	1	1		
Bowman, Curtis		1	1					1		
Cox, Ala										1
Beswick, Curtis	1	1	1			2	3	1		1
Fosett, James		1	1					1		
Williams, Nathan	2	1	2			3	1			
Furbee, Michael	2		1			2		1		
Reynolds, William					1	3	1			1
Spencer, Noah		1	1			2		2		
Smith, Daniel				1			1		1	
Sipple, Penelopy		1				2		1		
Williams, Aron			1			2		1		
Griffith, Jean	2		1			3		1		
Anderson, Reuben	2		3					1		
Willis, Bisha	3		1			1		1		
Eldridge, Obidiah		1		1			1		1	
Adams, William	1		1			4	1	1		1
Collins, Isaiah			1					1		
Depray, William			1			1	1	1		
Jeffries, John	2		1					1		
Duffield, David			1			1	1	1		
Lindsey, Frances					1					1
Mason, John		2	1			1	2	2		
Webb, John			1			1		1		
Winsmore, Thomas	1		1			2		1		
Short, Daniel	1	1	1			1	1	1		
Mason, Joseph	1	3	1			2	2	1	1	
Manlove, James			1							
Hazzard, Jacob	1	2	1			2		2		
Collins, Elsy	1		1				1	1		
Reasons, Phillip	1	2	1					1		
Draper, Ann		1	2				1	2		1
Sipple, Thomas	4		3			2	3	2		
Turner, Samuel	1		2			2		1		
Carson, Ferdinand				1		1	1		1	
Wilcutts, William			1					1		
Williams, John	1	2			1			1		
Dunafin, Woolman	3			1		1	1	1		
Hill, Levin	2	1		1		2	1	1		
Cotingham, Elijah		1	1			1	1	1		
Bacworth, Rhoda	2	1		1				1		
Davis, Jehu			1		1					1
Lindenham, Zadock	3		1			1	2	2		
Rigs, Ezekiel	3		2			4	2	1		
Ricketts, William	2		1					1		
Cox, Calep			1			3		1		
Shankland, Charles		2		1		2		2		
Crumpton, John	1		1			1	1			

NAME	MALE UNDER 10	MALE 10/16	MALE 16/26	MALE 26/45	MALE OVER 45	FEMALE UNDER 10	FEMALE 10/16	FEMALE 16/26	FEMALE 26/45	FEMALE OVER 45
MISPILLION HUNDRED										
Melvin, Edmond	3	1	2			1		1	1	
Davis, John	1	1	1					2		
Dryden, Samuel				1		2	1	1		
Brinkle, Benjamin	3		1			1	2	1		
Rusum, William	1		1		1		1	1	1	
Davis, James	1		1			1	1	1		
Powles, Zadock	1		1					1		
Laws, George		1						1		
Ricketts, Mils	1	2	1			2	2	1		
Townsend, Solomon	2		2				1	1		
Cullen, Mary Ann	1	3	1			1	1			1
Townsend, James			2			1	1	1		
Housten, John	3		3	1		2			2	
Buckmaster, James		1								
Jackson, George	1	1				1		1		
Tumlin, John	1	1	1			1	2	2	1	1
Tumlinson, Thomas			1	1		1		1		
Vincent, Aron	1		1			1		1		
Laws, Joshua				1						1
Artes, Robert	1	1	2		1					1
Griffin, Solomon		2			1	3	2		1	
Tumlinson, Elizabeth		1	1				1			1
Bradley, Mary	2	1	1				1		1	
Williams, Reynear			1					1		
Miseck, George	2	1	1	1		1	1	1		
Sorden, William	1	1	1			2	1	1	1	
Johnson, Mary	1		1					1		1
Loeland, Pernell	1		1	1		1	2	1		
Layton, Lowder	2		1				1	1		
Rowley, Shadrick	2		1			3	2	1		
Hickman, Michael	1		1			1		1		
Shockley, Elias				1			1	1	1	
Ricords, Mutton	1	1	1			1	1	1		
Henderson, James	1	1	1	1		1	1		1	
Aydelott, Joseph			2				2		1	
Williams, Morgan	2	2	1						1	
Wharton, John				1		2			1	
Gray, Elijah		1		1			1		1	
Henington, David	1		1					2		
Godwin, Daniel	1	2		1			1	1	1	
Ralston, John					1		1	3	1	
Williams, John	2		1			1	1	1		
George, James	1	4	1				1	1		
Ricketts, Jona	2		4			1				
Ricketts, Hester								2		
Hamond, Isaac		1	1			4		1		
Dyer, Joshua			1				2	4		
Sadler, Joseph	2		1					1		
Bowan, James	1		1			2	1	1		

NAME	MALE UNDER 10	MALE 10/16	MALE 16/26	MALE 26/45	MALE OVER 45	FEMALE UNDER 10	FEMALE 10/16	FEMALE 16/26	FEMALE 26/45	FEMALE OVER 45
MISPILLION HUNDRED										
Adams, John	2	1	1			2	1			
Pettigrew, John				1			1		1	
Clark, Clement			1					2		
Berry, William		1	1			1				1
Dawson, Jonas				1		2		1		
Rusum, Nathaniel	2		1			1			1	
Dewes, Isaac	2		2		1				1	
Oliver, Joseph		1			1	1	1	1	1	
Shevelliar, Peter					1					
Evans, Ebenezer	1			1					1	
Neil, James			2					1		
Crow, Martha				1						1
Cowan, Sarah		1					1			1
Tharp, Ann	1					1				1
Nowland, William	2	2	1		1				1	
With, Andrew				1		1		1		
Grimes, Sarah		1							1	
Parley, Samuel	2	1	1						2	1
Cooner, Comfort		1								1
Peck, Lewis				1			2		1	
Davis, Sarah		1					1		1	
Walker, John	1		1			2			1	
Davis, Elizabeth						2	1	1		
Fleming, Richard			1					1		
Walters, Smith	1	1		1		2	1	1		
Douglas, Mary		3	1				1		1	
Lester, Jorden	1	2		1		3	1		1	
Cole, Richard	2		1			1				
Melvin, Bartholemew		1		1		4	1		1	
Calloway, Jacob		1		1		3	1		1	
Carter, Ephriam		1	1			2	1	1		
Carter, Lowder	2	1	1			2		1		
Warington, Thomas			1			1		1		
Pendergras, Rachel		1	1				1		1	
Stradley, Thomas	1	1			1				1	
Brown, James					1				1	
Cavender, Joseph	1		1					2		
Henington, Isaac		1	4	1	1	1	1			1
Bostick, Jacob	3	1	1					1		
Janson, William		2	1		1			2		
Townsend, Charles	1	1		1		1		1		1
Davis, David	1		1			1		1		
Sipple, Boaz	2	1		1		1		1		1
Godwin, Sarah	1					2			1	
Scott, Elijah			1						1	
Enes, Abram	1		1	1		2	1	1		
Glatson, Mary							1			1
Newcomb, John	2	1		1		1	1	1		
Collins, Thomas	2	4	2	1		1	1		1	

NAME	MALE UNDER 10	MALE 10/16	MALE 16/26	MALE 26/45	MALE OVER 45	FEMALE UNDER 10	FEMALE 10/16	FEMALE 16/26	FEMALE 26/45	FEMALE OVER 45
MISPILLION HUNDRED										
Evans, Zelphorah	1		1					1		
Spencer, Samuel	2	1		1		1			1	
Cotter, Ann	1					1			1	
Oliver, Gillidet	2	3	1	1		1	1	1	1	
Truett, William	2	1	3					1		
Hudson, John	1	2	1		1	3		1		
Merit, John			1	1		2			1	
Winsmore, Eli	2	1	2			1		1	1	
Needles, William					1					1
Dixon, Levin			1					1		
Pointer, Elias	1		1			1		1		
Lingo, Samuel	1	1		1		2	1		1	
Brinkle, William	1	1	2	1					1	
Round, James			1			1	1	1		
Davis, Peter	1	3	2			3		2		
Milford, Alexander			1			1		1		
Starr, James		2	2			1	1	1		
Yoe, Benjamin	1			1		2	1	1	2	
Watson, Bethuel	1		3				1	1		
Pennewell, David	2		1	1				1		
Teachner, John	1		1			2		1		
Edmondson, William		2	1				1	1	1	
Davis, Thomas		1	2					2		
Mesick, Isaac	2		1				1	1		
Manlove, Jonathan	2		1				1	1		
Davis, John			2			1		2		
Burns, Benjamin	2	1		3		2	1	1		
Dill, Abner	1			1					1	
Petechen, Sarah								1		1
Williams, William	2			1		2	1	1		
Marks, Phillip	1	2	2			1		1		
Allen, Thomas			3				1	1		
Brown, James	3		2			2	1		1	
Martin, John	1		1			4		1		1
Spencer, Samuel		1	1			1	1	2		
Huff, Nathan			1			1	1		1	
Bowan, James	2		1			1	1		1	
Dyer, John	1		1			1		1		
Collins, Andrew, Jr.	1		2			1		1		
Jester, Jonathan			1			1				
Madden, Elisha	1	1	1			1		2		
Cordra, Curtis	1		1			1		1		
Henington, Aron	2	1	2			3	1	2		
Cavellear, Peter			1	1		2	1		1	1
Johnson, Thomas		3		1		1	1	1		1
Luff, Nathaniel, Sr.			1		1	2		1		1
Davis, Zedekiah		1		1		1			1	
French, George	1			1			1		1	
Townsend, Absolom			1					1		

NAME	MALE UNDER 10	MALE 10/16	MALE 16/26	MALE 26/45	MALE OVER 45	FEMALE UNDER 10	FEMALE 10/16	FEMALE 16/26	FEMALE 26/45	FEMALE OVER 45
MISPILLION HUNDRED										
Jester, Levi	2	1	1				1	1		
Wood, Mary		1	1					2		1
Dirgens, Samuel		1	3	1		2	2	1		1
Dellener, Richard	1		1		1	1	1			1
Lester, Levi	3	1	1					2		
Wilcutts, Levi		1	1					1		
Downs, Benjamin		1	2		1		1			1
Leverton, Martha	1						1	1		
Lowny, Justice	3	1	1	1		1		1	1	
Hilford, Boaz				1		3			1	
Fleming, Joseph		1			1			2		1
Bowrey, Thomas	4			1		2	3		1	
Cary, Charles				1						1
Griffith, Major	1			1					1	
Wilson, Elizabeth		1					1		1	
Murphy, William	1		1					1		
Ricketts, John	2	1	4			1		3		
Rigs, Ezekiel	2	1		1		3	3		1	
Murphy, John	2			1		1	1		1	
Simpson, Robert	4	2			1	2		1	1	
Catts, James	1	1		1		1			1	
Pointer, Levi			1			1		1	1	
Saturfield, Nathaniel	3	1	1	1		1	1		1	
Edgar, Henry	1	1	1		1	1		1		
Collings, James	1		1					1		
Eger, Benjamin					1					
Fleming, Ibby						1		1		
Nichoson, Joshua			2	1		1		1	1	
Shockley, Thomas				1		1		1	1	
Scott, Nathan		1	1	1		1		2	1	
Fleming, Beniah	4	1		1			2	1		1
Turner, Jesse	1		1			2		1		
Turner, Rachel							1		1	
Turner, Reuben			1			1	1	1		
Turner, Benjamin	2		1	1		1		2		
Johnson, Purnely			1					1		1
Fleming, Jacob	1	1		1				1		
Fleming, James	2			1		3			2	
Hamilton, Eliza			1			2			1	
McNitt, Robert	4			1				2		
Scott, John	2	1		1		1	1	1	1	
McNitt, James	2	1		1		3		1		
Murphey, Elijah		1		1		1	2		1	
Davis, William	3	1		1		2	2		1	
Jester, John	3			1		1		1		
Willis, Joshua	3	1	2		1	3	2			1
Meredith, John	1			1		2	1		1	
Marrett, Joseph	2		1			1	1		1	
Walker, Calep	2			1		2		1		

NAME	MALE UNDER 10	MALE 10/16	MALE 16/26	MALE 26/45	MALE OVER 45	FEMALE UNDER 10	FEMALE 10/16	FEMALE 16/26	FEMALE 26/45	FEMALE OVER 45
MISPILLION HUNDRED										
Clifton, Nathan			2		1					1
Clifton, Robert		1	1	1		2	1	1		
Ros, Charles	2		1	1			1	1	1	
Lane, James				1					1	
Gullet, George	1		1	1				1		
Cramer, Charles	1			1		2			1	
Colescott, Ralph	3		1			1	1		1	
Colescott, John	2	1		1		2	2		1	
Arnett, Elkanah	2		1				2		1	
Bright, Mary									1	
Jester, Francis	2			1			1		1	
Tayler, William	2		1			2		1		
White, Joshua			1				1			1
Jester, Leonard	2			1		2	1		1	
Thomas, James					1					
Vaux, William	2			1		1	1	1	1	
Vaux, Margaret	2					1			1	
Jester, Boaz			1					1		
Cox, William Anderson	1		1			3	2	1		
White, Sarah		1				2	1		1	
Brown, John	1	1	1		1	2			2	
Herington, Sarah	2	1	2			1	2	1	1	
Tayler, Peter	3	1	1	1		2	1	1		1
Vinstreet, Jona, Jr.	3			1	1			2	2	
Calloway, William	3		1	2		3		2		
Morris, Elizabeth		1							1	
Tucker, James			1					1		
Williams, Richard	2		1					1		
Pratt, Thomas	1		1			1		1		
Elliot, Edward		1	1	1			1	2		1
Collins, John			1	1		2		1		
Killen, Henry	1		1				1	1		1
Simpson, Reuben	1			1		1		1		
Walton, Isaac	1		1	1		1		1		
Lay, Eliza						1				1
Morris, Phebe		1					1			
Prickett, Zachariah	2	2	1	1		4	2	1	1	
Kimmey, Robert		1		1		4	1		1	
Walker, John	3		1					1		
Edgin, William	2	1		1	1	1	1	1		
Vineyard, John	1			1		1	1			
Whaley, Eliza	2	1	1				1		1	
Edgin, Ann	1					1		2		
Ricketts, Elizabeth	1	1				1		1		
Hammond, Edward					1		1			1
Hammond, David			1					1		
Morris, Daniel			1					1		
Morris, Nathan	2			1			1		1	
Bright, Abram			1			1		1		

NAME	MALE UNDER 10	MALE 10/16	MALE 16/26	MALE 26/45	MALE OVER 45	FEMALE UNDER 10	FEMALE 10/16	FEMALE 16/26	FEMALE 26/45	FEMALE OVER 45
MISPILLION HUNDRED										
Arnett, Jonathan					1				1	
Fleming, George			1		1				1	
McNitt, John	3		1	1		1	1	1		
Slaton, Comfort						1		1	1	
Simpson, John	1		3		1			2		1
Simpson, Thomas	2	1	1	1		1	1		1	
Fleming, Mathew		1		1		1		1	1	
Gray, Elizabeth		1					1			1
Walson, Luke	1	1			1				1	
Gary, Hezekiah			1			1	1			1
Bell, Robert	1			1		2	1		1	
Lofland, Isaac	2	1		1			1	1		
Draper, John		1			1	1	2			1
Bowman, William	2	1	2			1	1	1		
Meredith, Samuel			1			4		1		
Beckly, Soloman		1	4							
Besick, Vincent	1			1		4		1		
Tayler, Walter	1				1	3			1	1
Luff, Nathaniel			1			1	1	1		
Collins, John			1	1					1	
Collins, Andrew					1		1			1
Johnson, James	3			1				1		
Cordra, Isaac		1	2	1			1		1	
Conway, Benjamin	2			1		1		1		
Towson, Major	1			1				2		
Emerson, John		1	1						1	
Richeson, Abram	1		1	1				1		
Hatfield, Lydia						1		2		
Hatfield, Wheally	1		2	1		1		1		
Dill, Letitia							1	1		1
Price, Mathew					1	1	1		1	
Moore, Isaac			2		1			1		1
Godwin, Preston		2	1		1	2		2		1
Beadardes, John	2		1			4			1	
Hening, John	2	1	1					1		
Bostick, Major	1	1					1	2		1
Meredith, Margaret								2		1
Price, Thomas				1		2	1		2	
Bostick, Mary						1		1		1
Killen, William	1	2	2			1		1		1
Hill, Tabitha								1		1
Stradly, Nathaniel		2		1	1		1	1		
Loftis, Gideon	1	1		1				1		
Warren, Reuben		1	2			3		1		
Cullen, William	1				1		2	1		
Purnell, James	2		3	1		2		2	1	
Berry, Elijah	2		2	3	1	2	1	1	1	
Beadaides, Mathew	1	1	2			1		1		
Covengl, Samuel	1	1	3	1		1		2	1	

NAME	MALE UNDER 10	MALE 10/16	MALE 16/26	MALE 26/45	MALE OVER 45	FEMALE UNDER 10	FEMALE 10/16	FEMALE 16/26	FEMALE 26/45	FEMALE OVER 45
MISPILLION HUNDRED										
Maxwell, David		2			1	3	1		1	
Porter, Henry	1		1	1		1		2		
Harwood, James	2	1		1				1	1	
Smith, Mary				1		1	1			1
Trippet, Daniel	1	1		1		2		1		1
Jeruis, Calep	3	1		1		2		1	1	
Moor, Alse	1					1		1		1
Milles, Clifton	3			1			1	1		
Jervis, Joseph	1	2			1	3	1		1	
Stradley, Theodore	4			1				1	1	
Bostick, John		2		1		1	1	1		1
Wyatt, James		1		1			1	1		
Register, Frances	2	2		1		2		1	2	
Duning, William		1	1		1	1	1	2	1	1
Register, Robert		1	1		1		1	1		1
Cavender, Amelia	1					2			1	
Carter, John W.		1	1	1		3		2		
Mills, Nathan	1		2					1		1
Cox, Thomas	1			1		1			1	
White, Furbush	1				1		2		1	
Cox, John, Jr.	4			1			1		1	
Wyatt, Samuel	1				1	2	1		1	
Dority, Thomas	1			1		3		1	1	1
Willabel, Elizabeth							1		1	
Carter, Henry	2	2	3	1			2	1		
White, Thomas	2	1	2	1		1	2	1	1	
Travis, William			1	1				1		
White, Rebecca	1								1	
Raphael, Peter				1						
Chippy, Isaac			1				1			
Whitely, William	1			1				1	1	
Clark, Samuel		2		1		3	1	1	1	
Shoen, William			1	1		4		1	2	
Madden, Jacob	1	1		1		1	2		1	
Salsbury, William	2	1		1		2				
Cox, Ann		2	1				1		1	
Dillon, Mary						1			1	
Anderson, Barthomew	2			1		2				2
Jacks, James	1		1					1		
Reed, Walter	3	1		1		1		1	1	
Bishop, Elijah	1			1			1	2	1	
Cook, Risdon	3			1					1	
Clark, Levi			1					1		
Reed, Ezekiel	1			1		1		1		
Craig, Mary		1						3		
Squires, Thomas	3			1			2		1	
Markes, Ruth						1				2
Roe, James	1			1		2	1		1	
Fortner, Thomas	1			1		2	1		1	

NAME	MALE UNDER 10	MALE 10/16	MALE 16/26	MALE 26/45	MALE OVER 45	FEMALE UNDER 10	FEMALE 10/16	FEMALE 16/26	FEMALE 26/45	FEMALE OVER 45
MISPILLION HUNDRED										
Cohee, William	1	1		1		2		1		
Primrose, John	3	1		1					1	
Reed, Shadrack	2			1		2	2		2	
Longfellow, William	1			1				1		
Grewell, Jacob		1		1	1	1				2
Grewell, John	3	1	1		1	1		1	1	
Lanside, George	2				1	2		1	1	
Keys, John	4	2		1		1		1	1	1
Paswaters, Thomas			1					1		1
Reed, George	1	1	1		1	1	1	1	1	
Reynolds, Daniel	1		1	1		2	1		1	
Sherwood, Philemon	3			1		1		1		
Cohee, Elemuel	4	1	1	1				1	1	
Cohee, Benjamin	1	1	2		1	2		3		1
Harper, Elizabeth		1	1	1			1			1
Moor, Thomas	2			1		2			1	
Mason, Ann	1	1							1	
Dorrett, Absolom	3			1		2		2	1	
Suredwood (?), Christian	1								1	
Moor, Jonathan				1		3		1		
Needles, William	3	1	1	1			1	2	1	
Marville, David	1		1					2		
Jackson, Jonathan		1		1				2		1
Perkins, Phillip				1		1	1		1	
Anderson, John	4	1	1		1		1	1	1	
Greer, Mark			1	1					1	1
Combis, Samuel	1		1	1		2		2		
Willandy, Asa	4	1		1		1	1	1	1	1
Stradley, Isaiah	3			1		1	1		1	
Maxwell, Edmundson		2	1	1		1		1	2	
Stradley, Zadock	1			1					2	
Reed, John		1	1		1	1	2	2		2
Stradley, Calep		1		1						1
Longfellow, Cinthia	1								1	
Longfellow, Jonathan			1			1	1	2	1	
Stradley, Shadrack	1		1	1		1		1		
Stradley, David		1	1	1	1				1	
Cox, Isaac	2		5	1		2		1	1	
Abbot, William	1			1				1		
Suffield, Elizabeth	2	1					1		1	
Pervis, Elemuel	1	1	1		1		1		1	
Pervis, Thomas	1		1					1		
Jackson, Thomas				1			1	1		1
Jackson, Alexander	2			1		2	2		1	
Lockwood, Thomas	4	1	2	1		1	1	1	1	
Sacton, Alexander	1	2		1		2	1		1	
Morris, Thomas	2	1	3					2		1
Oldfield, Henry	1			1		3			1	
Reed, John			1			2		2		

NAME	MALE UNDER 10	MALE 10/16	MALE 16/26	MALE 26/45	MALE OVER 45	FEMALE UNDER 10	FEMALE 10/16	FEMALE 16/26	FEMALE 26/45	FEMALE OVER 45
MISPILLION HUNDRED										
Conner, Jennet	1		2			1		1		
Dill, William, Jr.		2		1		3		3		
Davis, Isaac	1			1		2		1		
Davis, Thomas	2		1		1	1	1	2	1	
Alford, William	1	1		1		3		1	1	
Welch (?), Jacob	1		1			1		1		1
Hatfield, Mary									3	1
Hatfield, Levin	1		2	1				1		
Johnson, Thomas	1	1		1					1	1
Reed, George	1	2		1			2	1	1	
Freeman, Jacob			1			1		1		
Hatfield, William	1	1				1	1		1	
Hatfield, John					1					1
White, William	2			1			1		3	
Milman, Ephriam	1			1		1		1		
Edgell, William	3				4	2		1	1	
Sherwood, John	2	1		1		2			1	
Baker, Christopher	2		1		1	3	1		1	
Dill, John W.		1	2		1	1	1	2		1
Dill, Solomon	2	2	1	1		3	1		1	1
Conner, John	3	1		1		1	1		1	
Dill, William	2	1	2	1		1	1	1	1	
Kelly, Samuel			1							1
Meredith, John	3			1			1		1	
Clark, Absolom			1	1	1		1			1
Ward, Rachel	3						3	1	1	
Dill, Thomas	2	1			1	1		3		1
Greenly, David	1	2		1		3		1	1	
Bennett, John	2			1		1		1	1	
Hening, James	1			1		2		1		
Edwards, Andrew			1	2			1	1		
Cabbage, Philemon	1	1	1	1		1	1	2	1	
Stradley, Dorcas	1	1				1	1		1	
Conner, Samuel			1	1	1	1			1	
Cabbage, George	1	1	1		1	1		2		
Kitts (?), William	1	2		1		1		1		
Baggs, Henry	2	1		1		2		1	1	
Cabbage, Thomas	1	1		1		1	1	1		
Dill, Philemon	4	1	1	1	1			2	1	1
Dixon, John		2			1	2			1	
Dill, John	2		1						1	
Dill, Philemon, Jr.	2	1	1			1			1	
Upton, Edward		1	1	1					1	
Longfellow, Vincent	1		1				1	1		
Demsy, Martha		1	2							1
Demsy, John	1		1			1		1		
Cabbage, Thomas	1		2	1	1			2		
Emory, Thomas		1		1			2		1	1
Meredith, Job		1		1				3		1

NAME	MALE UNDER 10	MALE 10/16	MALE 16/26	MALE 26/45	MALE OVER 45	FEMALE UNDER 10	FEMALE 10/16	FEMALE 16/26	FEMALE 26/45	FEMALE OVER 45
MISPILLION HUNDRED										
Meredith, Lydia		1	1				1		1	
Dunwiddy, Samuel			2			1		1		
Wheeler, William		1		1		4			1	
Crammer, George	2	1		1		1		1	1	
Couender, Thomas	2			1		2			1	
Moore, William	2			2		1	1	1	1	
Potts, John			2		1		1		1	
White, Jacob	1			1			1	1	1	
Clark, Vincent	1		1			1		1		
Craig, Thomas	2			1		2		1	1	
Clark, John	2		1		1	2	1	2	1	
Dill, Sarah	3								2	
Stante, John		1			1		1			1
Clark, Absolom	2	1		1					1	
Plummer, Risdon	1	1		1		3			1	
Loftis, Mary								1		1
Durgens, James	1	2		1					1	
Craig, Samuel			1		1	2				1
Landman, Sarah						2	2		1	
Harwood, Peter	3	1	1	1			1	1	1	
Lawrence, James		1	1	1		3		1	1	
Gray, William	2			1		2		1		
Hudson, Jane	1					1			1	
Dawson, Catherine	2						1		1	
Grig, John	2				1	2			1	
Meredith, Robert	1			1		2		1		
Trippet, Tenel	1				1				1	
Morris, Rebecca						1		1		
Loftis, William	1	1		1		2	1	1	1	
Broadway, Samuel	3		1	1		1	1		1	
Cain, Manasah			1			1		1		
Clifton, Mathias			2	1					1	
Wyatt, Dill			1						1	
Emory, John		1	1	1		1	1		2	
Dawson, Joseph	2	1		1		1			1	
Covington, Edward	1	2			1	2			1	1
Hollingsworth, John	2			1		2			1	
Cooper, Absolom	1			1		2		1		
Warren, Loudman			1	1				1	1	
Wheeler, John		1			1	1	2		1	
Meredith, Thomas	1			1		1		1		1
Louber, Peter	1			1		2		1		1
Fowler, John	1	1	1	1		2		2	1	
Sharp, Daniel	2	1		1		1		1		
Cooper, Thomas	2	2			1	3	1	1	1	
Moore, Calep			1	1		2		1	1	
Burchinall, John	4			1		1	1		1	
Knotts, Absolom		1			1			2		
Skinner, Rebecca			1					1		1

NAME	MALE UNDER 10	MALE 10/16	MALE 16/26	MALE 26/45	MALE OVER 45	FEMALE UNDER 10	FEMALE 10/16	FEMALE 16/26	FEMALE 26/45	FEMALE OVER 45
MISPILLION HUNDRED										
Hart, Joshua	3		1		1	1		1		
Dyer, Edward	1		2					1		1
Frazier, James	1	2	1		1	1	1	1	1	
Cole, James				1		4			1	
Emory, Mary	3						1		1	1
Smith, John				1		2		2		
Carter, George	1	2	3		1	1	1		1	
Smith, Thomas		1	3	1		3		1	1	1
Chambers, Richard	1	2	1		1	1	1	1	1	
Chambers, Jacob			2			2			2	
Strawhorn, John					1	1		1	1	
Fantad, Joseph			1		1	2		2		
Pervis, Joseph				1			1			
White, Alexander	2		1	2		1	1		1	
Shewy, James	1	1	1	1		2	1	1	1	
Carter, Mary						2		1		
Moore, George	4	1		1		1	1		1	
Lockwood, Armwell		2	2		1		1	1		1
Broadway, Robert	1		1	1		2	1		1	
Horn, Kiser			2	1			1	1		1
Rash, Joseph		1	1			2		1		
Bailey, George	2	1	1	1		1			1	
Alliband, William	1	1	1		1	1	2	1	1	
Alliband, William, Jr.				1	1			1		
Alliband, Elizabeth	1	1	1			1			1	
Alliband, John			2	1				2		
Oldfield, Thomas				1		1			1	
Brumbley, Samuel	2	1		1				1	1	
Lockwood, Isaac	6	2	1	3	7	8	2	5	14	2
Kirkley, William		1	1		1		1	2		1
Blackiston, George			1					1		
Dykes, Samuel	3			1		1		1		
Wallace, William	2			1		1	1	1	1	
Lewis, John	1	1		1		1	1	2		
Lewis, Thomas	3	2		1		1	1	3	1	1
Janald, James	1		1		1	1		2		
Scany, Bryan			3		1		3			1
Janald, John	2			1		2		2		
Powell, William			2	1	2		1	2		1
Bedwell, Thomas	1			1		2			1	
Bedwell, George	3				1		1		1	
Cavender, Robert	1	2			1	1				1
Powell, Mark	3			1					1	
Thompson, John	1			1					1	
Lockwood, Richard	1		1					1		
Rash, William	1	1			1	2			1	1
Forkim, Joseph			3		1			2		
Stant, Thomas	1			1		1			1	
Aron, David	1			1		1		1		

NAME	MALE					FEMALE				
	UNDER 10	10/ 16	16/ 26	26/ 45	OVER 45	UNDER 10	10/ 16	16/ 26	26/ 45	OVER 45
MISPILLION HUNDRED										
Jones, Benjamin	1		1	1			1		1	
Caldwell, Andrew	1			1		1		1	1	
Miles, Isaac				1		1		1	1	
Brown, Severson	2	1	1		1	1			1	
Wilson, Margaret										2
Green, Easter	1		2			1		2		
Chippy, Spicer		1	1					1		1
Stant, Gould			1			1		1	1	
Right, Ambrose	1	1		1				1		
Soward, George	2				1	1	1	1	2	
Bedwell, Preston	2	2		1		1	1	1	1	
Green, William	1	2	1		1	1	1	1	1	
Bedwell, James		1			1					1
Rash, John	1			1		1		1		
Skinner, Thomas	1	2		1		2		2	1	
Smith, John	3	2		1		1	1	1	1	
Rash, Nathan	1	1	1			1	1	1		
Thomas, Phillip	1		1		2	1	2			
Thomas, Meriam	1	1					1	1		1
Irons, Timothy	2			1		2			1	
Vorshall, Titus	1		1					1		
Vorshall, Hannah	1	2	2						1	2
Jones, James	1		4		1	2		2		1
Hinckley, James	1	2	2	1			1	1		1
Price, John	2		1					2	1	1
Garner, Henry	1	1	1					1		
Price, William	1			1		1		1		
Price, John	2		1		1		1		1	
Chapman, Samuel	3		1	1					2	
Barkis, Thomas	1	1		1				1		
Barkis, John	1	1	1			1		1		
Purvis, Absolom			1		1	1		2		
Purvis, William	1	1	1		1	1	1		1	
Countes, Peter	2		1	1		1	1		1	
Toomey, Thomas		1		1			1		1	
Purvis, Richard	1		2		1			1		
Jarmon, Ainos	2	2			1	1	2		1	
Smith, William	2		2	1			2			1
Anderson, William	3	2		1		2	1		1	
Smith, Richard			2		1	3	3	1		1
Wilkerson, Reuben	2	1		1		2	1		1	
Toomey, John		1			1	1		1	1	
Broadway, Ambrose			1			2			1	
Parrett, William J.	2			1		1	1		1	
Savery, John					1	1		2		
Stubles, Sarah	2							2	1	
Smith, Henry			1		1	2	1	1	1	
Thomas, Benjamin	1		1	1		2	1		1	
Hule, Elizabeth	1					1			1	

NAME	MALE UNDER 10	MALE 10/16	MALE 16/26	MALE 26/45	MALE OVER 45	FEMALE UNDER 10	FEMALE 10/16	FEMALE 16/26	FEMALE 26/45	FEMALE OVER 45
MISPILLION HUNDRED										
Smith, James		1		2		1	1		1	
Driggis, William	2	2		1		3	1			1
Skinner, Daniel	1		1			1	1		1	
Downey, Thomas		1		1		2			1	
Conelly, Patrick	1	1			1					
Burt, Levi			1					1		
Hinesley, Amos	1	1	1			1		2		
Hinesley, John	2		1	1		1	1	1		
Manering, Richard		1	1	1		2		1	1	
Jones, William			1			2		1		
Bailey, James	1		1					1		1
Carsey, Moses	1	1	2	1	1		3	1		1
Price, James	1			1		3			1	
Champlain, Zedekiah	3	1	1						1	
Lemar, Luke			1			2		1	1	
Soward, Thomas	1		1		1		2		1	
Soward, George, Jr.	2		1			3		1	1	
Frazier, James	1		1	1				1		1
McBride, Samuel	3		1	1	1	3	3	1	1	1
Davies, Benjamin				1		3	2		1	
Brown, William		1		1					1	
Jones, Jane	1					1	1			1
Stale, James	1			1		2	1	1		
Morten, James				1						
Downs, Henry	3	2		1			1		1	
Hutchins, Ann	1					1			1	
McBride, John	2	2		1		2			1	
Wilson, John	3			1		2			1	
Davis, James	1		1					1		
Swift, John	1		1			1		1	1	
Jones, William					1		1	1		1
Jones, Garret				1		2		1	1	
Greenfield, Feider			2					1		1
Bright, William		1		2			1		1	
Moore, Richard			1			2		1		
Cosden, James, Jr.	2		1	1		2		2		
Brown, John, Jr.	1	1		1		1		1		
Cosden, James	1	1	1		1			1		1
Townsend, Benjamin	2		1	1		1	1		1	
Stedham, Emory	2		2			1				1
Purvis, Jonah	1		1			1		2		
Hinesley, Nathan	2	1		1			1		1	1
Gesford, James			1					1		
Day, Mary		1	1			1	1	1		1
Herrington, Nathan	2	1	1		1	1	2	1	1	1
Milburn, Samuel, Jr.	1	1		1		2	1		1	
Scotton, Priscilla	4					1		2	1	
Scotton, Sarah								1		1
Scotton, Thomas	1	1	2	1		2	1		1	

NAME	MALE UNDER 10	MALE 10/16	MALE 16/26	MALE 26/45	MALE OVER 45	FEMALE UNDER 10	FEMALE 10/16	FEMALE 16/26	FEMALE 26/45	FEMALE OVER 45
MISPILLION HUNDRED										
Burris, Rebecca		1	1						1	
Milburn, Samuel			1		1			1		
Phillips, James			1			4		2		
Brooks, Samuel	1			1		1			1	
Rolison, John	2				1					1
Everett, Benjamin	2			1			1		1	
Jones, Jesse	2	1	1	1		3			1	
Dailey, James	2		1					1		
Gesford, James	2	2		1		2			1	
Cox, Mathew	1	2			1			2		1
Merrick, Israel	1	1	1	1		3			1	
Ludwick, Jacob	1				1	1	1		1	
Green, Nathan	2		1			1			1	
Rash, Martin	1		1	1			1		1	1
Carrow, William	2	1		1		2		1		
Lockwood, John	1	1	1	1				1	1	
Lemar, Gallent		1		1		1			1	
McGlasco, Patrick				1					1	
Rash, Andrew		1	2		1					1
Thomas, George	2			1		1		1		
Wallis, Ebenezer	2		1				1		1	
Rash, Ambrose	1			1		1				1
Money, Nathaniel				1					1	
Jones, Phillip		1	1		1	4		1	2	
Beer, Isaac	1	1		1		2			1	
Hurd, George	2	1		1		1			1	
Shelton, John	2	1	2		1	1	2		1	
Vorshall, Levi	2		1			1			1	
Newson, William	1		1			1			1	
Thompson, William			1	1	2	1	1			1
Wallace, Sidney		1	1					2		1
Vorshall, Joseph			2		1	3	1	2		1
Foreacres, John	2		1			2		1		
Slay, Edward	1			1		2	1	1	1	
Manering, Susan			2					1		1
Wooles, John		1			1	1				1
Williams, Rachel										2
Chairs, Thomas		1			1					
Bewells, Williams			1			1		2		
Rash, Mason	1		1					1		
Williams, James	1			1				1		
Bedwell, John	2		1			1		1		
Wallis, Soloman			1					1		
Forde, Daniel	2	3		1		3		2	1	
Hazelton, William	1				1			1		
Forde, Thomas	2	1	2		1	1	1	1		
Wooten, Jonathan	3	1	2	1		1	1	1	1	
Wallis, Josiah	2	2		1		2			1	
Sneeds, Gabriel		1	1	1		1		2	1	

NAME	MALE UNDER 10	MALE 10/16	MALE 16/26	MALE 26/45	MALE OVER 45	FEMALE UNDER 10	FEMALE 10/16	FEMALE 16/26	FEMALE 26/45	FEMALE OVER 45
MISPILLION HUNDRED										
Shehorn, John			2	2				1		1
Beare, William				1		2			1	
Wilkinson, James			2		1			2		
Bailey, John	3	1		1				1		
Ward, George		1	1				1	2		
Wood, John			1	1		1		2		
Miller, Stephen			1	1		2		2		
Jackson, Samuel, Sr.		1	1		1		1	1		2
Hazel, John	1			1			1	1		
Reynolds, Abran	2	1	3			2	1	2	1	
Cole, Sarah								1		1
Parnell, William	1				1		1			1
Pollens, Warner	3		1	2		2	2		1	
Carrow, John	1	1	1	1		3		1	1	
Vanderford, Charles	1		2	2				1	1	1
Latchern, Isaiah	1	1	2		1		2		1	
Sherwood, Jesse	2	2	1	1		2	1	1	1	
Chipman, Benjamin	2			1			1	1	1	
Howell, John	2	2	1		1				1	
Manlove, George	1	2	1	1		1		1		1
McClement, William	2	1	1	1		1		1	1	
Burcalow, Samuel	1	1		1		3	1		1	
Holden, William	1		2		1	2		2		1
Moore, Samuel	3		2	1		2	1	3	1	
Goit, John		1	2					3		
Emory, John		1	1		1			1		1
Quinley, Mary								1	1	
Cooper, Richard		3		1		1	1	2		
Fortner, James				1					1	
Mahana, John	1			1		1			1	
McClement, James					1	3	2	1		3
Schooley, Robert	3			1					2	
Crookes, Ann			1				1			1
McMullin, James	1				1			1	1	
Harrington, Samuel	2		1						1	
Molleston, Henry	2		1						1	
Ridgely, Ann			1	1			2	2		1
MURDERKILL HUNDRED										
Taylor, Isaac	1	1			1	2		1	1	
Goodin, Moses	1	2		1		2			1	
Bier, William				1		2			1	
Killen, William - Hon.				2	1				1	
Ridgley, Nicholas, Esq.	1			1					1	
Vening, John, Esq.	2			1			1		1	
Patten, John Major	1				1	1			2	
Fisher, John, Esq.	2			1		1		1		
Walton, William Dr.	1		2	1		1		1	2	

NAME	MALE UNDER 10	MALE 10/16	MALE 16/26	MALE 26/45	MALE OVER 45	FEMALE UNDER 10	FEMALE 10/16	FEMALE 16/26	FEMALE 26/45	FEMALE OVER 45
MURDERKILL HUNDRED										
Basett, Richard Hon.			1		1		1		2	
Bell, Thomas Rev'd			1	1				2		
Lowber, John, Esq.	1	1	1	2		1	1	2	1	1
Wilson, Simon W.			1		2			1	1	
Jones, Jacob Dr.	1			1				1		
Smith, Thomas		1	2				1	1		
Cayton, John				1				1		
Sorden, James			1	2			1	1		
Sykes, James Dr.	2		1	1				1	1	
Ryley, William		2		1	2	1		1	1	
Stephens, John	2		2	1		1		2		
Ballentine, John				1		1			1	
Turner, Elias	1			1		1	1		1	
Lamb, Jacob	3	1	1	1				1	1	
Macy, Henry			1			1		1	1	
Bell, Sarah		1								1
Meredith, Joshua	1	2	1	1		2			1	
Calice, Thomas	1	1		1			1		1	
Alston, Sarah		1					1		2	
Black, William			1	1			1	2		
Townsend, Charles			1					1		1
McMullin, French			2							
Bostick, William	1		1	1			1		1	1
Vandever, Elizabeth	1								1	
Dougal, King			1	1						1
Wooten, Joshua			2							
Boyer, Nathaniel	1		1			1		1		
Jackson, John				1					1	
Emory, John, Jr.	2			1			1	1		
Irons, Anaca	1						1	1	1	
Clark, John, Esq.				1		1		1		
Schees, James		2		1		3			1	
Garner, William	1			1		1		1	1	
Tribbit, Terry	1			1				1	1	
Mott, William	1	1		1					1	
Freeman, Asa	1			1		1	1		1	
Nixon, Elizabeth			1			1	1	1	1	
Freeman, John	1	1			1	1		1		
Farbee, Jacob			1	4		2			2	
Ridgley, Abram, Esq.				1		1	1	1	1	
Cook, Daniel	1			3		2	1		1	
Harper, Joseph	2	1	2	1		1	1		1	
Wakeman, Ruth			1		1	2	2		1	
Boyer, John	1	1		1				3		
Jones, William			1	1		1	1	1		
McNatt, Jonathan		1			1			1	1	
Robinson, Joseph	1		3	1		2	1	1	1	
Johnson, John--Rev'd	1		1	1					1	
Taylor, Thomas	1	1		1		1		1	1	

NAME	MALE					FEMALE				
	UNDER 10	10/ 16	16/ 26	26/ 45	OVER 45	UNDER 10	10/ 16	16/ 26	26/ 45	OVER 45
MURDERKILL HUNDRED										
Wild, William		1	1	2		2	1	1	1	
Harris, Benoni	1		1	1	-	2	1		2	
Carter, William			1					1		
Mahon, Betty			1					1		1
White, Avis										1
Milles, James		1	1	2		1	1			
Clem, John			1	1		1		1	1	
Stout, Peter	1	1		2				2		
Peal, James					1					
Craig, Sarah	1					1	1			1
Ridgley, Ann			2					3	1	1
Hayes, Richard	1				1	1				1
McDaniel, Joseph	1			1					1	
Clayton, John		1	3		1			1		1
Homestead, Jonathan		1		1				1	2	
Carson, Myers	2	1			1	1		2	1	
Durborrow, John				1		1		1	1	
Shehorn, Jonathan		2		1				2	1	
Wiley, Waitman	1			1		2			2	
Rash, Joseph	2		3	1		2	1	3		
Mandrile, William	3	1		1		1			1	
Bedwell, John		1			1		2			1
Bedwell, Jesse	1	1	1					1		
Coye, John	1	1			1	2		1	1	
Jones, Moses	1		1	1		2		2		
Butler, John		2		1		1			2	
Boyles, William	1			1					1	
Williams, Sarah							1			2
Manering, Widow			2					1		1
Chairs, Thomas, Jr.		1			1					
Sutton, William		1	1	1		1	1		1	
Jackson, Samuel, Jr.				1	1				1	
Taylor, Thomas	1		1				1	1		
Manering, Richard	1		1		1	2			1	
Hatfield, William	1	1		1		1	1		1	
Hatfield, John					1					1
Cox, Daniel		1	3		1		1	1		1
Guilder, John	1			2	1		1			1
Hamilton, Jonathan	1		1	1		1		1	1	
Guildersleeve, John	2		1		1	1		2	1	1
Janald, Comfort		1				2	3		2	
Green, Sarah	1	1					1	1	2	
Morris, Imanuel		1	1	1		1		1		
Ward, Deborah	1					1			1	
Guildersleeve, Jonathan		1		1					2	
Pruitt, Benjamin	1	1			1					
Nowell, Jehu	2			1		1			1	
Swallow, Ann	1		1				1		1	
Clarkson, Mary	1	1				1			1	

NAME	MALE UNDER 10	MALE 10/16	MALE 16/26	MALE 26/45	MALE OVER 45	FEMALE UNDER 10	FEMALE 10/16	FEMALE 16/26	FEMALE 26/45	FEMALE OVER 45
MURDERKILL HUNDRED										
Price, Thomas	1			1		1	2		1	
Teat, James	1	1		1		1	1		1	
Simpson, Charles	1				1	2			1	
Guildersleeve, George	1		1		1	2	1		2	
Walston, Stephen	1	1		1		1		1		
Jones, Jacob	1	1			1	1		1		1
Hewey, Jennet	1	1					1	1		1
Reiley, Ruth			2							1
Clark, John	1			1				1		
M--leman, Peter	2			1		2			1	
Carson, Samuel			1			1		1		1
Anderson, Andrew	1	1	3		1	2	1			1
Sheppard, Daniel		1	2	1		2		1	1	1
George, Daniel	2			1		2	1	1		
Lowber, Jonathan				1	1	1	2	1	1	
Buckmaster, Thomas		1	1		1	1	2	2		1
Kilpatrick, John	1			1		1	1		1	
Lowber, Peter				1		1		2	1	4
Kilpatrick, John	1	2		1	1	4	1			1
Dewees, Samuel	2	1	2	1	1	1				1
Callahan, Edward	1	1	1		1					1
Verdin, William	1		1	1				1		
Clark, Abram				1			1		1	1
Downham, Joseph					1					1
Downham, Jonathan			1					1		
Harden, James		2			1				1	
Sherwood, Nixon		2		1					1	
Jones, Joshua	1			1		1			1	
Godwin, Nero				2		2		1		
Britenham, Abel S.	1			1			1		1	
Duhadway, Jacob	1			1		3			1	
Speer, Robert				1		3	1			1
Brown, Charles			1					1		
Henry, Margaret										1
Bracken, John		1		1		3		1		
Wilson, Ebenezer		2			1			1		
Trippett, William	2		1		1		1			1
Ratledge, John	1	1			1			1	1	1
Lewis, Ester	1					1				1
Ratledge, John, Jr.	1		1					1		
Pearce, William	1	3		1	1	3		1		
Pearce, Ann						1	1		1	
Green, Thomas	1			1		2	1	1	1	
Verden, Prudence		1	1				1	1		1
Powell, Zadock	3	1	1		1	1	1		1	
Barratt, Samuel		1		1		4	1		1	
Blackshan, Meriam										1
Smack, McKinney	1		1	1	1	2		2		1
Berry, Thomas	1		1	1				1	1	

NAME	MALE UNDER 10	MALE 10/16	MALE 16/26	MALE 26/45	MALE OVER 45	FEMALE UNDER 10	FEMALE 10/16	FEMALE 16/26	FEMALE 26/45	FEMALE OVER 45
MURDERKILL HUNDRED										
Slaughter, Jacob	1			1				1		
Vinson, John				1		2		1		
Dawson, Shadrack				1		3	1		1	
Marker, Curtis	1	1		1			1	1	1	
Mitten, Isaac	2			1		1		1	1	
Ricketts, Thomas	2	1	1		1	2	1			2
Janald, Jonathan				2			1	2		
Blizzard, Elizabeth		2				2	1			2
Bateman, Naomi	2	1	1			1	1	1	2	
Hinmon, Francis			1					1	2	
Brown, Lydia										2
Anderson, Clothies	1		1	1		3	1		1	1
Goult, John, Jr.			1			2		1	1	
Meredith, James	1		1					1		1
Waters, Phillip	1			2		3		1	1	
Conly, William	2			1			2		1	
Cooper, George	2		2		1	2		2		
Cook, Mary						2			1	
Nichoson, Joseph	2	1	1	1		1			2	
Janald, Mathew			1							1
Clark, Solomon			2		1	1		1		1
Burklow, John	2		1	1		1		1	1	1
Lewis, Mary	2	1	1			2	1	1	1	
Soward, George	2		1					1		
Anderson, Elisha			1			1	1	1		
Lewis, Evan	1	2	2	1		1	1	1	1	
Purnell, Thomas	1	2		1		3	1	1	1	1
Williams, William	1			1		1			1	
Simmons, John	1		1	1			1		1	
Tinley, John	1			1						1
Purnell, Sylvester			1	1		1		2		
Jackson, Rachel		1	1			2				1
Roberts, John	1	1	1		1	1	1		1	
Warren, Joab	1	1		1		2	1		1	
Smith, Samuel	1		1	1		2			1	
Wilson, Robert	1	2		1		2	1			1
Calloway, Thomas	1	2	5	1		1	2	1		
Mason, Ann	2	1	1			1			1	
Saxton, Catherine	3	1	1	1				1	1	1
Johnson, James		1	2	1	1	1				1
McBride, Mary	1	1	1			3		1	1	1
Brown, John		2	1		1			1	3	1
Townsend, Brichus	3			1			1		1	
Hudson, Ruth		1					1		1	
Fowler, John	1			1		1			1	1
Tinley, Jonathan	1			1				1		
Clampet, James		1	2	1		2		1	1	
Smith, John			1	1		1	1		1	
Bennet, James			1		1	1	1	1		1

NAME	MALE UNDER 10	MALE 10/16	MALE 16/26	MALE 26/45	MALE OVER 45	FEMALE UNDER 10	FEMALE 10/16	FEMALE 16/26	FEMALE 26/45	FEMALE OVER 45
MUDERKILL HUNDRED										
Brown, Rachel				1		3				1
Hendrix, Richard			1	1		1		1		
Wilson, William	1	1			1	1	1		1	
Carpenter, James	1	1		1		1	1			1
Smith, Dunkin		1			1			2		
Barker, Thomas				1		1		1		
Lee, John			1			1		1		1
Bennet, John			1	1		1		1	1	
Sidney, Frances		1			1		1			1
Milven, James				1		3		1	1	
Bennet, Angelo	2		1		1		2			1
Woodley, Elizabeth									1	
Legar, Martha			1							1
Johnson, Mary			3							1
Hood, John				1			3		1	
Hazelton, Jonathan	1			1		2		1	1	
Wilson, Skidmore	2				1	2			1	
Benson, John	1	1		1		1	1		1	
Kimmey, Abram		1	1		1	2		1		1
Baning, Richard					1				1	
Body, Rebecca	1					1	1			1
Donell, James	1		2	1			1	2		1
West, Elisha					2					1
Bevins, Lydia						1		1		
Sherwood, Daniel	1				1	1	1	1		1
Conner, Hannah	3		1				1		1	
Farlow, Mary	2		2	1		1		1		1
Chambers, Mary								1	1	
Chambers, Rachel			2						2	
Jackson, Mary	1	2	1			1				1
Holsten, Thomas	4	1			1	2		2		
Hall, Eli	1		2			2		1		
Dowes, William, Sr.					1	1	1		1	
Alford, Joseph			1		1		1			1
Downham, Rachel	4						1	1	1	
Sipple, Garret	1	2			1					1
Luff, Nathaniel	1			1			1		1	
Wilson, William	1	2		1			1	1	1	1
Roe, John				1		2			1	
George, Patient	1	1				1	1	1	1	
Lowes, Clement	1			1			1	1		
Lowber, Peter, Jr.				1		1		1	1	
Jackson, Jonathan	1				1	2			1	
Hairgrave, John	3	2		1		1	1		1	
Sipple, Calep	2	1			1				1	
Hairgrave, Stephen				1				1		
Wilkenson, Thomas	3				1	2	1		1	
Summers, Azael	2			1		2		1	1	
Dowes, William, Jr.	2	1		1		2	2	1	1	

NAME	MALE UNDER 10	MALE 10/16	MALE 16/26	MALE 26/45	MALE OVER 45	FEMALE UNDER 10	FEMALE 10/16	FEMALE 16/26	FEMALE 26/45	FEMALE OVER 45
MURDERKILL HUNDRED										
Pickering, Thomas	1	2			1	2	1	1	1	
Hudson, Sarah		1					1		1	
Bennet, Samuel	2	1	2			1	1	2		1
Boyer, Charles,	3	2		1		1	1		1	
Gordon, Seth	1			1					1	
Conner, John	1			1				1	1	
Morris, Staten		1		1		2	1	1	1	
Manlove, Elizabeth								1		1
Sullivan, James	2			1					1	
Kilpatrick, William				1				1		
Hunn, Ann		1				1			1	
Hollen, Abraham				1		2				1
Hunn, Ezekiel			1	1		1		1	1	
Register, Jeremiah		1		1		2		1	1	
Simpson, Richard	1	1			1	2		1	1	1
Rodgers, Mary	1			1		2		2	1	
Mott, Benjamin	1		1					1	1	
Cranfield, Moses		1		1		2		3		
Samonals, Stokely				1		1	1	1		
Fleming, Mary			1				1			1
Maswell, Sarah	1		1					1	1	1
Caldwell, Jonathan	2		2	2		1		3		
Meredith, Elizabeth		1				2		2		1
Covey, Frances	1		2		1	1	1	1	1	
Edmondson, Ester										1
Calhoon, William	1			1		1			1	
Brady, Morris				1					1	
Gibson, Joshua		1	1			2			2	
Runnells, Michael				1				2		
Holsten, Lydia	3				1				2	1
Young, Robert	1		1	1					1	
Fubes, Charles			1					1		
Emerson, Jacob				1			1			1
Johnson, John	1	1	1	1		4			1	
Hill, Joshua			1			1			1	1
Miner, Thomas		1	2	1			1		1	
Stroude, Thomas	3		5	1		1		2	1	
Hughlet, William	2		1	1				1		
Sullivan, Richard	1			1		1		1		
Meredith, Joshua			1					1		
Herrington, Jacob	1		2	1						1
Harper, John	1			1		1		1	1	
Brown, Thomas			3		1			2		1
Smithers, Nathaniel	2	1	1	1		1		2		
Price, John	1			1				1		
Ginners, John	1		3					2		
Mansfield, Elizabeth		1				1	1	1	1	
Body, Phillip	1	2			1	2	1		1	
Davis, David		1			1		2			1

NAME	MALE UNDER 10	MALE 10/16	MALE 16/26	MALE 26/45	MALE OVER 45	FEMALE UNDER 10	FEMALE 10/16	FEMALE 16/26	FEMALE 26/45	FEMALE OVER 45
MURDERKILL HUNDRED										
Reed, David	2			1		1			1	
Price, Andrew	1			1		1		1	1	
Bailey, Edmond	1	1	1	1		2			1	
Peterson, John		1			1			1		1
Boggs, David			2		1			1		1
Gray, Andrew				1				2		
Conwell, Elisha				1					1	
Buckmaster, John	2		1	1		2		1	1	
Richard, Henry		1	2	1			1		1	
Milaway, John	1		1			2		1		
Woodly, Govey			1	1		4	3		1	
Hatfield, John		3	1	1		3		1	1	1
Brady, Robert	2		1	1		1	1	1		
Catts, Mary	2					1			1	
Newnam, James					1				2	
Wallace, Jonathan	2	1		1		1	2		2	
North, James	1			1		2			1	
Register, Isaac	1	1	1					1	1	
Williams, John	1		1					1	1	
Pearce, Andrew			1					1		
Fisher, James			3							
Barratt, Elijah				1		6	1	1	1	
Boggs, Nicey				1				2		
Hairgrove, George	1	3	2	1		2		1	1	
Newton, Elizabeth			1			1	2		1	
Jones, William		1	1		1	4	1	1	1	
Corsey, Thomas		1	1	1		1	1	1		
Jackson, Calep	2			1	1	2			1	
Mifflin, Daniel	1	1	2		1	1		1	1	
Mifflin, Warren			1			1		1	1	
Jenkins, Jabez	4	2	2	1		1	1		1	
Howell, Samuel	1	1	1	1	1	2	1	3	1	
Hunn, Jonathan				1			1	1	1	
Edmondson, Samuel		1	1	1		1	1	1	1	
Jenkins, Thomas	4		1	1		1		1	1	
Corse, Israel	1	1	4	1		2		1	1	
Jervis, Daniel			1					1		
Maxwell, Nimrod				1				2		
Johnson	1	1			1					1
Paine, Thomas		1	3			2	1	1		
Burchnal, Jeremiah				2		1		2		1
Walton, William		1	3			2	1	1		
Ruth, Elizabeth							1		1	
Brady, Benjamin	2	1		1		2			1	
Golby, William	2	1	1	1		1	2		1	
Janald, Elias				1		1			1	
Truett, George, Esq.		1		1				2	1	
Furbee, Nathaniel		1	1	1				1		1
King, Isaac				1		1		1		

NAME	MALE UNDER 10	MALE 10/16	MALE 16/26	MALE 26/45	MALE OVER 45	FEMALE UNDER 10	FEMALE 10/16	FEMALE 16/26	FEMALE 26/45	FEMALE OVER 45
MURDERKILL HUNDRED										
Smith, Benjamin	3			1			1	1	1	1
Bowman, Thomas	2			1		3			1	
Tucker, Nathaniel				1		3			1	
Barrat, Andrew, Esq.	1	1		1		3		2	1	
George, John	3			1		2		1	1	
Sipple, Waitman			1			1		2		
Sipple, Calep			1					3		
George, Thomas	2	1	1	1		1	2		1	
Smithers, John	3	2		1		1	1		1	
Barrat, Phillip	1	1	1	1		2	1		1	
Crammer, Ann	1					3	3		1	
Chairs, John			1	1		3			1	
Sipple, Elias	1	1		1		1	1		1	
Haston, Ann			1			1	1	1		1
Chippy, Rebecca	2		1			1			1	1
Downes, Stephen, Jr.	2		1	1		2			1	
Downes, Stephen, Sr.	2	3	2		1			1		1
Warren, Samuel	2			1		1	1		1	
Warren, John	2	2	1	1		1	1		1	
Edmonds, John			1	1		1	1			
Boon, Peregrine	1	1	1	1					1	
Dunning, John	3	1	1	1		2		1	1	
Jester, Kizeer	1					1		1		
Sipple, Presley	1	1				1	2		1	
Bonwell, Michel H.	3	1		1		1		1		
Rowland, Isaih		2	2		1			3		1
Leaf, Fred	1			1				1		
Oldham, Samuel	1	1			1	1			1	
Webster, Elihu			1		1					1
Sapp, Isaac	1		1		1	2	2		1	1
Smith, William		1		1		4			1	
Miller, Edward	1			1		1			1	
Gibson, John	1				1			1		
Walton, George	1		1	1		2	1	1	1	
Combe, Benjamin	1	2	2		1	2	1	1	1	
Emerson, Jonathan			1			1			1	
Fisher, John			1		1	2	1	1		1
Manlove, Imanuel	1			1				1		
Wyatt, Samuel	2			1		1		1		
Bray, John		1			1	1			1	
Meredith, Calep				1		1		1		
Gray, William	1			2		2			1	
Collier, Mary	1							1	1	
Godwin, Thomas	2			1			1			
Twig, John	1			1		1	1		1	
Wooten, James	2				1	1		1	1	
Coleman, James		1			1	1			1	
Clark, Hugh		1		1		1	1	1	1	
Craig, James				1						

NAME	MALE UNDER 10	MALE 10/16	MALE 16/26	MALE 26/45	MALE OVER 45	FEMALE UNDER 10	FEMALE 10/16	FEMALE 16/26	FEMALE 26/45	FEMALE OVER 45
MURDERKILL HUNDRED										
Cullen, Thomas	1	1	2	1		3			1	
Combe, Benjamin, Jr.			1	1		1		1		1
Walker, John	2			1					1	
Summers, Ester	1								1	
Buckmaster, Thomas			1					1		
Register, Elijah	1		1	1		1		2		
END OF KENT COUNTY										

KENT COUNTY INDEX

-A-

Abett 21,34
Adams 20,25,26,28
Alford 24,25,35,46
Allee 9
Allen 17,29
Alliband 37
Alston 13,42
Amos 7,16
Anderson 3,4,8,9,18,19,20,26,33,34,38,44,45
Anthony 14
Arnett 31,32
Aron 37
Artes 27
Arthur 14
Atter 7
Ayedelott 27
Ayores 7

-B-

Backworth 26
Bacon 2
Gaggs 35
Bailey 24,37,39,41,48
Baker 35
Ballentine 42
Baning 46
Bancock 22
Battle 10
Barber 15
Barett 8,13,44,48,49
Barker 19,20,23,46
Barkes 38
Barley 9
Barnes 7,9
Barnett 3,4,10,11,45
Barrack 22
Bas 9
Bassett 9,42
Bateman 45
Baynard 22
Beadardes 32
Beare,Beer, Bier 40,41
Beaston 5
Bechamp
Beck 7
Beckly 32
Bedwell 8,17,37,38,40,43
Belch 14
Bell 12,16,23,32,42
Bellach 12
Bennett 35,46,47
Benson 46
Berry 23,28,32,44
Besick 32
Beswick 5,25,26
Bevins 46
Bewelk 40
Bishop 33
Black 9,12,42
Blackeston 1,6,8,37
Blackshan 44
Blizzard 45
Body 46
Boggs 48
Bonwell 1,49
Boon 49
Booth 1,21
Boots 8
Bostick 19,23,28,32,33,42
Bowen 22,27,29
Bowman 23,24,25,26,32,49
Bowrey 30
Boyles 16,43
Bracken 44
Bradley 10,27
Brady 12,17,47,48
Bray 49
Bright 6,20,31,39
Brinkle 10,16,27
Britenham 44
Broadway 36,37,38
Brooks 5,40
Brown 2,3,4,16,19,20,22,23,28,29,31,38,39,44,45,46,47
Brumbley 37
Buchanan 11
Buck 8
Buckmaster 12,24,27,44,48,50
Bullock 18
Burcalow, Burklow 41,45
Burchall 3
Burches 9

(NOTE: Read the Foreword)

Burchinall 36,48
Burns 29
Burris 40
Burrows 1,12,14
Burt 39
Bush 12
Butler 43

-C-

Cabbage 35
Cain 36
Cahall 19
Cako 5
Caldwell 23,38,47
Calhoon 2,5,47
Calice 42
Callahan 44
Calloway 21,28,31,45
Candy 16
Cane 21,22
Cordene 20
Carey 5,30
Carlisle 19
Carney 2
Carpenter 46
Carrol 1
Carrow 40,41
Carsey 39
Carson 15,26,43,44
Carter 20,28,33,37,43
Carty 1,5
Case 19,23
Catten 8
Catts 17,21,30,48
Cavellear
Cavender 28,33,36,37
Cayton 42
Cemp 21
Chairs 16,40,43,49
Chambers 37,46
Champlain 39
Champman 38
Chance 19
Chessman 20
Chicken 10
Chiffins 8
Chipman 41
Chippy 33,38,39
Clampet 45
Clark 9,10,13,14,20,21,25,28,33,35,36,42,44,45,49
Clarkson 43
Clayton 43
Cleave 8
Clem 43
Clifton 16,19,31,36
Climer 22
Cloak 2,5,11,14
Cloud 8
Clow 7
Cockroll 2
Cockran 15
Cohee 34
Cole 4,5,28,37,40
Coleman 49
Colescott 31
Colgin 19
Collier 49
Collins 1,4,9,11,12,15,26,28,29,30,31,32
Combe 49,50
Combis 34
Comerford 1
Condwright 12
Conelly 39,45
Conner 3,9,11,35,46,47
Conway 11,32
Conwell 48
Cook 6,33,42,45
Cooner 28
Cooper 14,36,41,45
Copes 9
Corbet 6
Cordra 29,32
Corsey 48
Cosden 39
Cotingham 26
Cotter 29
Couch 6
Counts 12,28
Courtney 14
Covengil 32
Coverdale 24
Covey 47
Covington 36
Cowan 28
Cowgill 2,12,13,16
Cox 21,26,31,33,34,40,43
Coye 43
Craig 10,15,33,36,42,49
Cramer 31,36,49
Cranfield 47
Crippen 13

Crockett 15
Crooks 41
Crosby 7,14
Cross 12
Crow 28
Crumpton 19,25,26
Cullen 23,24,25,27,32,50
Cummins 1,10
Currin 16
Curry 5

-D-

Dade 4
Daily 6,40
Dale 13
Darling
Darrach 6
Daugherty 16,17,19,20,25
David 3,7,10,13,14,15,
Davies 39
Davis 7,15,17,23,26,27,28,29,30,35,39
48
Daws 24
Dawson 5,18,28,36,45
Day 39
Dean 13,22
Debender 14
Dellener 30
Demsey 35
Denny 2,3,4,6,7,9,13,15
Dennedy 6
Dennings 7
Dennis 23
Depray 26
Deshane 13
Dewees, Dewes 24,28,44
Dicus 7
Dill 6,29,32,35,36
Dillen 18,33,35
Dirgens 30
Dixon 5,16,17,29,39
Dobson 4,9
Donell 46
Dorman 11,23
Dorrett 34
Dougal 42
Douglas 28
Dewes 46
Downey 39
Downham 2,44,46
Downs 30,39,49
Draper 17,26,32
Drayton 2
Driggis 39
Dryden 27
Duffield 26
Duhadway 44
Dunavon 14,25,26
Duning 33, 49
Dunwiddy 36
Durborrow 43
Durgis 36
Dyer 17,21,27,29,37
Dykes 37

-E-

Early 19
Edenfield 2,11
Edgar 30
Edgell 35
Edgin 31
Edmonds 49
Edmondson 29,47,48
Edwards 4,16,35
Eger 30
Eldridge 22,26
Elliott 10,16,22,31
Emerson 12,32,47,49
Emory 20,35,36,37,41,42
Enes 28
Evans 1,2,28,29
Everett 40
Eyler 14

-F-

Fantan 37
Farbee 42
Faris 5,6,15
Farlow 9, 46
Farrow 2,5,11
Farsons 9
Ferrill 10,13
Fisher 6,15,18,19,20,23,24,41,48,49
Flood 24
Flowers 13
Follis 12
Fleming 17,23,28,30,32,47
For 13
Forde 1,5,6,9,14,40
Foreacres 3,7,16,40
Forkim 37

Formy 22
Forrester 14
Fortner 33,41
Fossett 24,25,26
Foster 3,6,17
Fountain 13
Fowler 11,36,45
Frances 12
Frazer 13,37,39
Freeman 5,35,42
French 29
Fubes 47
Furbee 24,26,48,

-G-

Gano 15
Garner 38,42
Gary 32
Gasley 18
George 27,44,46,49
Gesford 39,40
Gibson 47,49
Giddings 4
Ginners 47
Glatson 28
Godwin 19,27,28,32,44,49
Goforth 16
Goit 41
Golby 48
Golt 14,23,45
Goodin 41
Gordon 15,47
Gormand 13
Gould 11
Graham 3,17,19,21,22
Gray 12,27,32,36,48,49
Greer 34
Gregg 6
Green 1,3,5,7,8,10,14,38,40,43,44
Greenwood 7,8
Grewell 12,34
Griffin 1,6,9,13,22,25,27
Griffith 26,30
Grig 36
Grimes 28
Greenfield 39
Guilder 43
Guildersleeve 43,44
Gullett 18,31
Gunn 6

-H-

Hainswart 2
Hairgrave 46,48
Hale 4
Halfield 13
Hall 5,13,17
Ham 11
Hambleton 17,19
Hamford 6
Hamilton 25,30,43
Hammond 27,31
Hancock 19
Hanghey 1
Hanson 15
Harden 15,44
Hardesty 18
Harmon 20
Harper 2,7,10,11,18,34,42,47
Harrington 41
Harris 43
Hartshorn 1,9
Hart 8,11,37
Harwood 33,36
Haston 49
Hatfield 32,35,43,48
Hawkins 5,7,8,9
Hayes 15,16,41,43
Hazel 7,8,13
Hazelton 40,46
Hendrickson 25
Hendrix 16
Henington 23,24,27,28,29
Henry 6,25,44
Herde 22
Herington 25,31,39,47
Hevelow 23
Hewey 44
Hickey 10,18
Hickman 5,21,27
Hill 2,8,11,26,32,47
Hillman 23,25
Hillyard 7,15
Hinckley 38
Hines 4,10
Hinesly 39
Hinmon 45
Hirons 11,12
Hinson 24
Hobson 6
Hoffacre, Hufficker 1,12

Hogans 16
Holden 22,41
Hollen 47
Holliday 3,6,7,14
Hollingsworth 36
Holsten 46,47
Homes 12
Homestead 43
Hood 46
Hope 8
Hopkins 13,18,19
Horn 37
Howard 13,21
Houston 27
Howell 41,48
Howiene 24
Hudson 16,29,36,45,47
Huff 29
Hughlet 47
Hule 38
Humphries 12
Hunn 47,48
Hurd 40
Hurley 22
Hurlock 8
Husbands 10
Hutcheson 10,13

-I-

Irons 38,42
Ivy 4

-J-

Jacks 33
Jackson 11,24,27,34,41,42,43,45,46,48
Jacobs 22
James 10
Jamison 2,3
Janald 21,37,43,45,48
Janson 28
Jarmon 38
Jefferson 3,9,11
Jefferies,Jeffries 26
Jenkins 12,48
Jeruis, Jervis 33,48
Jester 17,18,20,21,24,25,29,30,31,49
Johnson 20,24,27,29,30,32,35,45,46,47,48
Joice 24,25
Jones 1,2,3,6,7,8,9,10,17,18,19,20,21,22,38,39,40,42,43,44,48
Jordan 5
Jump 18,23

-K-

Keatch 8
Keith 11
Kellin, Kellen 16,24,25,31,32,41
Kelly 23,35
Kennard 4
Kesch 6
Keyes 5,34
Kilpatrick 44
Kimmey 18,31,46
Kimoney 15
King 2,17,24,48
Kirk 22
Kirkly 5,10,37
Kitts 35
Knight 17
Knoth 13
Knotts 36

-L-

Lacount 3
Lafferty 15
Lamb 14,42
Landman,Lanman 13,36
Lane 19,31
Lanside 34
Latchem 23
Latchern 41
Latherman 17
Loller, Lawler 5,6,8
Lawrence 36
Laws 14,15,17,27
Lay 31
Layton 10,18,27
Leaf 49
Lee 10,46
Legar 46
Legg 10,11,12,17
Lemar 18,39,40
Lester 28,30
Leverton 30
Levick 12,16
Lewis 1,2,8,19,37,44,45
Lindenham 26
Lingo 29
Little 8
Lockwood 34,37,40

Lofland 32
Loftis 32,36
Lolland 27
Longfellow 34, 35
Lovegrove 6
Louber, Lowber 23,36,42,44
Lowes 46
Lowney 30
Lowra, Lowrey 17
Loyde 13
Ludwick 40
Luff 29,32,46
Luil 2
Lynch 2,10,16
Lyshee 7
Lyton 18

-Mc-

McBride 39, 45
McClement 41
McDaniel 13,17,43
McGlaco 40
McKee 3,7,23
McKinney 6,18
McLaughlin 6
McMullen 41,42
McNatt 20,21,23
McNitt 30,32,42
McWhortor 6,9

-M-

Maborow 5
Macy 2,3,42
Madden 29,33
Mahana 41
Mahon 43
Manet 17
Mandrile 43
Maning 16
Manlove 5,11,15,21,24,25,26,29,41,47,49
Mannering 8,16,39,40,43
Manor 6
Mansfield 15,47
Marim 12
Marks 29,33
Marker 45
Marley 9
Marsh 8
Martin 8,21,22,29
Marvel,Marville 34
Mason 19,25,26,34,45
Master 23,24
Maswell 47
Mattocks 11
Maxwell 33,34,48
Mayberry 9
Megear 5
Mellen 5
Mellroy 1
Melvin,Milven 18,27,28,46
Mendith 12
Meredith 1,15,18,30,32,35,36,42,45,47,49
Merrick 40
Merritt, Marrett 30
Miffin 6
Miflin 48
Milaway 48
Milburn 39,40
Miles 38
Miller 14,15,17,41,49
Millman 35
Milles, Mills 33
Miner, Minor 22,24,25,47
Miseck, Mesick 27,29
Mitchell 4,10
Mitten 45
Moffett 15
Molleston 41
Money 40
Moon 1,2
More, Moore, Moor 7,10,11,32,33,34,36,37 39.41
Moree 2
Morgan 11,19,21
Morris 1,3,4,5,21,31,34,36,43,47
Morten 39
Mott 6,42,47
Mull 4
Muncy 14
Murphey 2,5,15,19,30
Murray 6

-N-

Nail 4,5
Naudain 11
Nedham 6,15
Needles 21,23,29,34
Neil 28
Nemby 1

N ewcomb 28
Newell 3
Newman 3,14
Newnam 48
Newson 40
Newton 48
Nichols 20,24
Nichoson 17,30,45
Nixon 42
Noble 20
Nock 4,7
Nony 14
North 48
Norton 4
Norvill 15
Nowell 22,43
Nowland 1,28
Nubler 18
Numbers 14

-O-

Oldfield 34,37
Oldham 49
Oliver 28,29
O'Neil 9
Osband 12

-P-

Palmer 12
Palmotry 5
Paine, Pane 22,48
Pardee 17
Park 4
Parker 15,16
Parley 28
P arrett 38
Parson 23
Paswaters 34
Patten 41
Patterson 4,7
Peal 43
Pearce, Pierce 4,44,48
Pearson 5,13,16,24,25
Peck 28
Pegs 18
Pell 17
Pemberton 17
Penington 2,4,9
Pennewell 29
Perdy 19
Perkins 34
Permiwell 7
Perry 7,12,13
Pervis, Purvis 34,37,38,39
Petechen 29
Peterson 4,13,48
Pettigrew 28
Pherbin 2
Philemon 3,20
Phillips 40
Phips, Phipps 13,16
P leasonton 12,17
Plummer, Plumer 11,36
Pointer 29,30
Pollin, Pollen 17,41
Porter 1,4,9,22,33
Potts 36
Powell 14,15,24,37,44
Powles 27
Price 3,12,20,32,38,39,44,47,48
Prickett 31
Primrose 23,34
Pruitt 43
Pugh 6
Purnell, Parnell 32,41,45

-Q-

Quigley 24
Quillen 11,15
Quinley 41

-R-

Ralston 27
Raphael 33
Rash 37,38,40,43
Ratledge 44
Raymond 1
Reasons 26
Redden 10
Redman 1
Reed 4,5,10,22,25,33,34,35,48
Rees 1,6,11
Reeves 10
Reynolds 26,34,41
Register 33,47,48,50
Rhodes, Rodes 15,16
Richard 48
Richardson, Richeson 13,15,20,22,32

Ricketts 25,26,27,30,31,45
Ricords 27
Ridgely 41,42,43
Right 38
Rigs 13,26,30
Riley,Reiley 5,44
Ringold 1
Roberts 45
Robinson 2,3,4,11,14,42
Rodgers 4,5,47
Roe 33,46
Rolison 40
Rolph, Polphe 2
Ross, Ros 19,20,31
Rothwell 4
Rowland 25,49
Rowley 27
Rue 4
Runnels 47
Rusell 21
Rusum 27,28
Ruth 9,10,48
Ryan 12,15,17

-S-

Sacton 34
Sadler 27
Salsberry, Salsbury 18,19,21,33
Samonals 47
Sanders 1
Sap 21,49
Saston, Saxton 6,45
Satterfield 17,20,30
Saunde 10
Savery 38
Scany 37
Schooley 41
Scott 6,19,28,30
Scotton 9,14,39
Scun 13
Seeds 16
Severson, Severon 3
Shane 17
Shankland 26
Sharp 36
Shaver 24
Shawn 11
Shees 42
Shehorn 41,43
Sheppard 44
Shell 5
Shelton 40
Sherven, Shervin 4
Sherwood Shurewood 19,35,41,44,46
Shevelliar 28
Shewy 37
Shockley 27,30
Shoen 33
Short 26
Shorter 3
Sidney 46
Simmons 45
Simpson 16,30,31,32,44,47
Sipple 10,14,17,18,20,28,46,49
Skinner 36,38,39
Slaton 32
Slaughter 17,20,45
Slaiter 20
Slay 40
Smack 44
Smith 1,2,5,6,8,9,10,11,14,17,18,19,20,21,23,24,25,26,33,37,38,39,42,45,46,49
Smithers 47,49
Sneeds 40
Snow 1,2
Sorden 16,27,42
Soward 38,39,45
Sowders 10
Sparks 7,14
Spencer 19,24,26,29
Spier, Speer 5,8,9,15,44
Spring 16
Spruance 6
Squires 33
Srowder (?) 25
Stafford 23
Stale 39
Standley, Stanley 8,14
Stant, Stante 16,36,37,38
Stanton 11,14,23
Starling 4
Starr 29
Stedham 39
Steed 14
Stephens 42
Stephenson 5
Stewart 7,10
Story 24,25
Stout 11,43
Stradley 22,28,32,33,34,35

Strawhorn 37
Strong 13
Stroude 47
Stubles 38
Suffield 34
Sullivan 47
Summers 46,50
Sutton, Sutten 7,15,43
Swallow 11,43
Swany 12
Swetman 8
Swift 9,39
Sykes 42

-T-

Talley 16
Tanner 13,14
Taton 21
Taylor, Tayler 2,3,5,6,10,11,14,15,16,19,21,22,25,31,32,41,42,43
Teachner 29
Teat 44
Tenning 6
Thistlewood 13,24,25
Thomas 12,14,20,23,31,38,40
Thompson 2,3,4,23,26,37,40
Thornton, Thorton, Thorenton 7,8,9,16
Tibbot, Tibbet 6,7
Tilghman 8
Tilton 11
Tinley 45
Tones 13
Tool 24
Toomey 38
Torbert 1,4
Townsend 17,22,27,28,29,39,42,45
Towson 32
Travis 22,33
Tribbet 42
Trippet 33,36,44
Truan 3,4,10
Truitt 1,11,25,29,48
Truman 6
Tucker 10,24,31,49
Tumlin 23
Tumlinson 23,24,25,27
Turner 8,18,19,26,30
Twig 49

-U-

Upton 20,35

-V-

Vanderford 41
Vandever 42
Vane 17
Vanhoy 12
Vanpelt
Vantavoren 11,12
Vanvurcalow 17
Vanwinkle 1,5
Vaux 31
Vening 41
Verdin 44
Vesy 2
Vicory 21
Vincent 18,20,27
Vinyard 31
Vinson 45
Vinstreet 31
Virgin 23
Vorshall 10,11,38,40

-W-

Waitonberry 5
Wakeman 42
Walker 5,15,23,24,28,30,31,50
Wallace, Wallis 1,37,40,48
Wall, Walls 9,14
Walson 32
Walston 21,44
Walters 28
Walton 31,41,48,49
Ward, Warde 9,15,34,41,43
Ware 16
Warington 20,28
Warner 23
Warren 32,36,45,49
Waters 45
Watkins 1,8,9,10
Watson 29
Watts 9,10,14
Waugh 6
Webb 9,26
Webster 18,49

Weeks 2
Welch 35
Weldon 3
Wells 11
Wendolf 7
West 7,8,9,46
Whaley 17,31
Wharton 16
Wheatly 10
Wheelton 12
Wheeler, Wheler 7,20,36
Whitby 8
White 13,20,22,31,33,35,36,37,43
Whiteacre 21
Whitehead 23,25
Whitely 33
Whitman 13
Wilcuts, Wilcutts 19,26,30
Wilds 1
Wilebey 20
Wiley 43
Wilkins 25
Wilkerson 38
Wilkenson, Wilkinson 1,9,14,15,41,46
Willabel 33
Willandy 34
Williams 6,11,21,24,26,27,29,31,40,43,45,48
Willis 26,30
Wills 4
Wilson 7,8,9,18,22,25,30,38,39,42,44,45,46
Wine 5
Wingate 19
Winsmore 26,29
With 28
Wood 1,7,13,23,30,41
Woodmuncy 25
Woodall 6
Woodley, Woodly 46,48
Wooles 40
Wooten 40,42,49
Wrench 11,15
Wroten 20
Wiatt, Wyatt 2,19,20,21,33,36,49
Wynn 12

-Y-

Yoe 29
York 15
Yound 24,25,47

N E W   C A S T L E

C O U N T Y

HUNDRED	PAGE	(CENSUS PAGE)
BRANDYWINE...........................	61	(135)
CHRISTIANA...........................	67	(151)
MILL CREEK...........................	84	(194)
NEW CASTLE...........................	90	(206)
WHITE CLAY CREEK.....................	96	(219)
PENCADER.............................	100	(228)
RED LION.............................	105	(239)
SAINT GEORGES........................	107	(243)
APPOQUINIMINK........................	114	(260)
INDEX................................	123	

NAME	MALE UNDER 10	MALE 10/16	MALE 16/26	MALE 26/45	MALE OVER 45	FEMALE UNDER 10	FEMALE 10/16	FEMALE 16/26	FEMALE 26/45	FEMALE OVER 45
BRANDYWINE HUNDRED										
Landers, John			1	1		2		2		
Dutton, James	2	1		1		2	1		1	
Smith, William	1	1	2	1		3	1	2		
Smithel, James					1					1
Deriekson, Benjamin			1					1		
Poulson, Rachael	3	1	1	1		1	1		1	
Rickets, James	1	1	1			1		1		
Reynolds, William				1		1		1		
Lea, Thomas, Esq	3	2		1			1	2	1	
Robinson, John	1	2			1		1			1
Tatam, Charles	1	1	2	1		1			1	
Askew, Parker	1	2	1	1		3		2	1	
Starr, Margaret	1	1	1			1		2	1	
Tatnall, James, Esq			1		1	1	2			
Vankirk, Michael		1	1	1					1	
Hyett, Samuel	1		2	1		1			1	
Stroud, Jane			1	3						1
Smith, James	1		3	1			1		1	
Hemphill, William			2	1		2		1	1	
Reynolds, Rachael	2			1				1		1
Hutton, Amos	1		1					1		
Vandevier, William	2	1		1	1	1	3	1		1
Wilden & Martin	2		1	3				1	1	
Hayes & Paine	1	1	1	2		1			2	
Reynolds, Thomas	2			1		1			1	
Wagoner, James	1	1			1	3	2		1	
Miller & Provost	1		2	1		2	1	2	2	
Smith, Thomas	1	1		1		2	1	1	1	
Huron, John					1				1	
Murphy, James					1		1	1		1
Preston, William	3	2	1	1		1			1	
Askew, John					1					1
Welsh, John	2	1	1	1		2		2	1	
Vandevier, Peter	1				1					1
Rew (?), Robert			1	1			1			1
Wilson & Deriekson	3	1		1		3			2	
Peirce, John	2			1		1			1	
Woodward, Henry			1		2		1			2
Stewart, Elizabeth			2							1
Talley, Jacob	1	1		1		2		1	1	
Owens & Pennington		1		1	1	3	1		2	
Stewart, Samuel			1	1		4		1	1	
Hillman, George		1		1		1	1		1	
Davis, William				1					1	
Webber, Nicholas		1		1			2		1	
Hutton, Sarah				1		1		1	1	1
Hanaway, Samuel				1		1			1	
Clayton, Moses	2			1					1	1
Wood, William	3		1		1		2	1	1	

NAME	MALE UNDER 10	MALE 10/16	MALE 16/26	MALE 26/45	MALE OVER 45	FEMALE UNDER 10	FEMALE 10/16	FEMALE 16/26	FEMALE 26/45	FEMALE OVER 45
BRANDYWINE HUNDRED										
Elliott, William, Sr			1		1			3		1
Talley, William, Jr	2	1	2		2			1		1
Talley, Amos	1			1		1			1	
Talley, Curtis	1			1		4			1	
Welden, Jacob	3	1	1	1			1		1	
Smith, Thomas					1					
Vandevier, John, Jr		1	1		1	1	1	1	1	
Vandevier, Thomas			1			1		1		
Beeson, Jonathan		1		1		1		2		1
Stidham, David					1		1			1
Wolf, Peter	1	1	1		1	1				1
Beeson, Thomas	2	2	1	2		3			1	
Pierce, Aaron	1		1					1	1	
Pierce, Jehu	2			1		2	1		1	
Elliott, Jane			1	1					2	
Clarke, William	1		1	1		1	1		2	
Jones, Thomas					1			3		1
Moore, Francis	1		1	1		1		1	2	
Huston, David			2		1	1	2	2	1	
Huston, John					1					1
Webster, Henry	1	1	2		1					1
McKever, Isaac	1	2		1	2	1		1		3
Aldred, William	1	1			1		2		1	
Stidham, Henry	1			1						1
Allmond, R. & Sarah						1			2	
Pember, Christian	2			1				1	1	
McKee, Andrew	1	1	4	1	1			1	1	1
Vandevier, Benjamin	2			2		3			1	
Elliott, Benjamin		1	3		1	2				1
Jones, Isaac	2	2	6		1	3		5		2
Mills, John				1	1			1	2	
McKee, William			2		1	1		2	1	
Tomkins, William			2		1			1		1
Tusey, William			2		1			1		1
Deriekson, Allen	1	1			1	1	1	1		1
Haycock, David				1					1	
Penny, Arthur	1		2				1			1
Smith, Samuel	2	1		1		1	2		1	
Boyd, John		1	1		1	3	1	2		1
Norton, John	3	1		1	1	1	1		1	
Harris, Jesse	2	1	1		2		2	2	1	
McClintock, William		1	1	1					1	
Welden, Jesse			1	1		2		2		
Deriekson, Cornelius	3		1	1		1		1		
Reed, Barbara		1				1		1	1	1
Allmond, John	2	1		2		1		1		
Young, Robert	2	1		1		1			1	
Lenderman, William	1			1		1	1	1		
Rambo, John		1		1	1	2			1	1

NAME	MALE UNDER 10	MALE 10/16	MALE 16/26	MALE 26/45	MALE OVER 45	FEMALE UNDER 10	FEMALE 10/16	FEMALE 16/26	FEMALE 26/45	FEMALE OVER 45
BRANDYWINE HUNDRED										
Vandevier, John, Jr	2	2		1		2	2		1	
Beeston, John				2		2			2	
Stevenson, Jacob	1		2		1	2	1	3	1	
Kellam, David	1	1		1		1	1	1		
Beeson, Edward		1	1				1			
McKeighan, Daniel		1	1		1		1	1		1
Grubbs, Richard, Sr	3				1	2	3		1	
Cartmill, George	2	1		1		2			1	
Shelley, James		1			1	1			1	
Orr, Samuel	1		1					2		
Cartmill, Thomas	2	2		1		2	1		1	
Perkins, Caleb	2	1	1	2	2	1	1	1	1	
Smith, John, Sr	1				1	2				1
Welden, Cli	1	1	1	1		1	2		1	
Lodge, Samuel		1			1					1
Lodge, Samuel, Jr	1	1	2		1	1	2		1	
Conrow, John					1	1			1	
Brown, John	2		1		2					1
Foulk, Stephen	1			1		2		1	1	1
Walker, Samuel, Sr		1		1	1		1	3		1
Bird, John	3	1		1	1	2	2		1	1
Bonniek, D.	1			3				1	2	
Mrs. Daumas			1			2	1	1		1
Weidberg, S.			1	1	1	2	1		1	
Williamson, Aaod	1		2		1	2	2			1
Young, Rebecca	2								1	
Ford, Philip	1		1					1		
Marshall, John	2			1				1		
Reants, James					1			1		1
Grubb, Peter	5			1		1	1	1	1	
Grubb, William	2			1		1		2		1
Pierce, John					1	2	1			2
Preston, Isaac				2		3			1	
Grubb, Benjamin	2	1	1		1	1	1	2		1
Pierce, Samuel		1		1				1	1	
Grubb, Isaac	1	3	2		2	2	2	1		1
Wier, James	3	1		1		1	1		1	
Davis, Abraham					1				1	1
Carter, John	3				1	2	1	1		1
Tobin, Ashbern	1	2		1		3			1	
Pierce, James		1	2		1	2		1		1
Grubb, Richard, Sr	2	1		1	1			1		
McKever, Sarah	1					1			1	
Kellam, Moses		1			1		1			1
Ferguson, Andrew	1			1		1			1	
Pike, William	2			1		1			1	1
Wager, Robert				1					1	
Ennocks, John				1		2	1		1	
Frame, John		1	2	1			1	1	1	

NAME	MALE UNDER 10	MALE 10/16	MALE 16/26	MALE 26/45	MALE OVER 45	FEMALE UNDER 10	FEMALE 10/16	FEMALE 16/26	FEMALE 26/45	FEMALE OVER 45
BRANDYWINE HUNDRED										
Pierce, Benjamin		1	1	1			2	1	1	
Pierce, Timothy	1			1		3			1	
Lampley, Richard	1	1		1		1	1		1	
Wier, John	2			1		1			1	
Pierce, Aaron, Sr	4			1					1	
Hanby, Richard			1		1			1		1
Talley, Adam				1		3			1	
Frame, Benjamin				1				1		
Talley, Elihu	3	1	1	1		1	1	2		
Perkins, Joshua			1	1		2		1	1	
Foulk, John	1	1			1		1			1
Gorby, Joseph	1	1	3	1			2		1	
Davis & Smith	3			2		3			2	
Cloud, Robert			1		1		1	1		1
Cloud, Nathaniel			3		1					1
Murphey, Joseph	2			1		1			1	
Hanby, William	3	1		1		1			1	
Pyle, Robert	2	1	1	1		1	1		1	
Ford, David	1		2		1	2	2	1	1	
Guest, Henry	2			1		1			1	
Dennison, William	1		1	1	1	1			1	
Cloud, Charity			2							1
Pierson, Timothy	2		1	1		5	2	1	1	
Cloud, William	2	1	2	1				1	1	
Carpenter, Samuel	2	1	2		1	2	2	2		1
Griswill, Edward	2	1		1			2		1	
Prince, Adam	2			1	1	2	2			1
Robinson, Valentine			1	1		4		2	1	
Enos, Mary	1			1		3	1		2	
Hunter, Susan					1					1
White, George	3			1		3			1	
Smith, Samuel	2	1	1	1		4		2	1	
Robinson, Thomas	1		1		1			2	1	1
Perkins, Thomas, Jr	1			1		1	2	1		
Perkins, Thomas, Sr		1			1		1	1	1	1
Dutton, John	1			1			1		1	
Pierson, George	4	2	1		1			1	1	1
Shelley, John		1		2			1		1	
Lecoff, John B				2	1			1		
McGlocken, Patrick				12					2	
Freeman, Amos		1		2		4	3		1	
Gray, Thomas	4			1		1		1	1	
Ford, William	2	1	1	1		2	1		1	
Nobblet, Thomas	1		2	2	1	1				1
Phillips, Thomas	3	2			1	2	1	1	1	
Bradford, John	3	1			1		2	1	1	1
Sinner, Henry	3	1		1			1		1	
Grubb, James	2		1	1		3	1	1		
Grubb, Armor			1		1	1	2	1		

NAME	MALE UNDER 10	MALE 10/16	MALE 16/26	MALE 26/45	MALE OVER 45	FEMALE UNDER 10	FEMALE 10/16	FEMALE 16/26	FEMALE 26/45	FEMALE OVER 45
BRANDYWINE HUNDRED										
Travan, Mons					1					2
Forward, Jehu	4		1	1		2		1	1	
Forward, Robert	2			1	2	2			1	1
Justison, Richard	1	1		1	1	1	1	1	1	1
Hasheton, Ann	1								1	
Babb, Thomas				2				2		1
Grubb, John	1		3	3	2			2		1
Robinson, Elizabeth	1		2		1	1		2	2	1
Deriekson, Cornelius, Sr		1			1			4		1
Peterson, John		1	1		1			2		1
Walker, Samuel, Jr				1					1	
Jordon, Samuel					1		1			1
Dennison, James	1		1			2	2		1	
Kellam, Elijah	1			1		2			1	
Beeson, Henry	1		1	1		1	1		1	
Ramboo, C	3	1		1		3	1		1	
Henderson, John	2			1	1	1		1	1	1
Orr, Robert	1		2		1	1		2		2
Stevenson, William	2	1	1	1					1	
Smith, Lanclot L.					1					1
Glover, Captain		1		1				1	1	
Caldwell, George					1	2	1			1
McClintock, John				1		1		1		
Burr & Chapman	2	1		2				1	1	
Jackson, James				1	1		2	2		1
Gibson, Andrew		1	2		1	2				1
Lowther, Moses	2			1		1			1	
Welden, James	3	1	1	1		1	1		1	
Morrow, William					1	3	2		1	
Long, James	2			2	2				1	
Elliot, James	2			1					1	
Long, John			1		1					1
Sharpley, William		2			2			1	1	1
Sharpley, Esau	1			1					1	1
Sharpley, Jacob	2			1					1	
Pierce, Amos	1			1		1			1	
McKee, James, Sr	1	1	3		1	1	1	1		1
Day, Francis	1	2	1		1	1		2		
Pike, Aaron	2			1				1		
Mouscley, George	2	2	1	1		2		1	1	
Talley, Thomas, Sr			1		2			1		1
Clarke, George	2	1			1	3	1		1	
McClintock, James	2	1		1		2			1	
McClintock, Thomas	2	2		1		1		1	1	
McClintock, Samuel	1	1		1	1		1		1	1
Webster, Thomas		1	1		1		1	2		1
McCoskey, Patrick					1				1	1
Martin, George			2		1	2		1		1
Smith, Thomas	2	2	2		1	4			1	

NAME	MALE					FEMALE				
	UNDER 10	10/ 16	16/ 26	26/ 45	OVER 45	UNDER 10	10/ 16	16/ 26	26/ 45	OVER 45
BRANDYWINE HUNDRED										
Willis, William	2			1		1		1	1	
Smith, John			1			1		1		
Pierce, James		1	1	1		2	2	2	1	
Bird, Thomas, Jr	3	1	1	1		1	1		1	
Bratton, Jacob					1	2			1	
Jackson, James, Jr	2			1		2			1	
Righter, George			3		1		1		1	1
Sharpley, Daniel	1	1		1		1			1	
Little, James		2		1		5	1		1	
Cannady, James	1			1						1
McBride, Daniel	1	1		1		2		1	1	
Talley, Thomas, Jr	2			1		1	2		1	
Wier, Joseph	3	1		1	1	1	1		1	
Talley, William, Jr	1			1					1	
Smith, James	1				1	1			1	
Plankenton, Jesse	1		1	2				1		
Smith, James				2				3		1
Bird, Thomas, Sr & Son	2	1		1	1	1	1		1	1
Hickling, William		1	2		1		1	1		1
Talley, Samuel		1			1	2			1	
Talley, James	1				1				1	
Day, James	1	1	2	2	1	1		1		1
Chandler, Jehu	3			1		2			1	
Chandler, Armor		1			1			3	2	1
Stewart, James	5			1		2	1		1	
Long, William				1		3	2		1	
Hyshure, John		1	2		1	1	1	2		1
Armont, John					1					1
Rock, Daniel	2	1		1		2	1		1	
Subbler, John	1	1		1		3			1	
Talley, Jehu	1			1		3		1	1	
Cannady, John	1			1		2	2		1	1
Davis, George	2		1	1	1	2	1	1	1	
DeVann, John				1					1	
Murphy, James	2	2	2		1		1	1		1
Pierce, Henry	3	1		1		2			1	
Handsley, John	1			1		1		1		1
Lenderman, John			2		1		1	1	2	
Gillgore, Robert	1			2				1	1	
Baldwin, Nathaniel	3	2		1		1	3	3	1	
Smith, William	1	1		1		1	1		1	
Pierce, Richard	2	1		1	1	2	3		1	
Pierce, Lazarus	2			1		2		1	1	1
Nixon, James	1	2	1	1		3	1	1	1	1
Long, David	1			1		2	1		1	
Cloud, John					1					1
Marks, John					1					1
Guest, Samuel, Sr	2	1		1		1	2		1	
Richey, Abraham	3	1	1	1	1		2	2		1

NAME	MALE UNDER 10	10/16	16/26	26/45	OVER 45	FEMALE UNDER 10	10/16	16/26	26/45	OVER 45
BRANDYWINE HUNDRED										
Carlisle, Patrick	1				1	2	1	2	1	1
Nixon, George	2				1	2		1		1
Hanams, James				1		1			1	
Kirk, Tulis	1		1					1		
Smith, George	2			1				1	1	
CHRISTIANA HUNDRED										
Gilmore, Robert	2	2	3	2		2	1	4	1	
Evans, Israel	1			1					1	
Gibson, James	3			1					1	
Henderson, Robert	2	1		1		2			1	
Bacus, Jacob	2			1		2			1	
Bratton, Robert	1	1	1		1					1
Anderson, William			2		1				1	
Husbands, John			1		1			1		1
Husbands, William	2	1			1	2	1	3	1	
Love, Samuel		1	1	1		2	1		2	
Elliot, Thomas	3			1		3			1	
Hamilton, Robert	2		5	1		3	1	1	1	
Fleming, John			1	1	1			1		
Rodney, Caesar A.	3		2	1	1	2	1	2		1
Lea, James	2	1	2	1		3	1		1	
Lattimer, Henry	2				1	2			1	
Baudey, Peter	1	1		1	1	2		2	1	
Ferris, John				1	1	1		1	1	
Ponggow, Mon'r. D.	2	1		2		1	1	1	1	
Sharpley, Nathan	1		3	1		1	3	1		
Brown, Daniel		1			1				1	1
Johnston, William	1	1		1		1		1		
Mc Collough, William				1		1	1		1	
Hicks, Richard	2		1	1		1		1		
Horn, John	1		1	1		2	1		1	
Leavis, John	1		1	1					1	
Stockton, John		1	1		1			1		1
Saranough, Mon'r.	1			1		1	1	1	1	
Thompson, William	1		2	2		2	1	1	1	
Smith, William	2		1	1			1	1		1
Conn, Anthony				1		3	1	1	1	
Ford, Samuel				1		1		1	1	
Crips, John		1	1	1			1	1		
Jefferis, P.		1				1	1			1
Kendall, Isaac				1						1
Mowland, Richard	3	1			1		2		1	
Henderson, Robert	3		2	1		2	1		1	
Stevenson, Isaac			1	1		3	1		1	
Dickenson, John					1		1	2	4	1
Woolaston, Joshua	1	1	2	1		2	2		1	
D'Orbigney, Mon'r.		2	2	1		1	1	2	2	

NAME	MALE UNDER 10	MALE 10/16	MALE 16/26	MALE 26/45	MALE OVER 45	FEMALE UNDER 10	FEMALE 10/16	FEMALE 16/26	FEMALE 26/45	FEMALE OVER 45
CHRISTIANA HUNDRED										
Dixon, Isaac		1	2		1	1	1	1	1	
Newland, Cyrus	1		2	2	1	1	1	1		1
Rea, Moses		1			1		1	1	1	
Woolaston, M. &EF.							1		1	1
Ottey, Abner	1		2		1		2	1		1
Mc Coy, Henry	2		1	1		3		1	1	
Campbell, John					1	2	1		1	
Cloud, Jane		1		3			1	1	1	
D'Rant, Mon'r.	1	2		1		1	1	1	1	
Strawbridge, Mrs.	1	2	2			1		2	1	
Gillas, James		1	5	3			1	2		1
Goodfellow, James	3	1		1				2	1	
Stevenson, Stephen	1		1			1	1		1	
Perie, Jesse				1		3	2		1	
Wheatherhead, John			2		1	1	3	2	1	1
Mc Can, Joshua				1		1		1	1	
Vannaman, Widow	1	1	1	1		2	1		1	1
Vining, Miss (?)	3					1	1	2	1	
Mackey, Mrs.	3	1	2	2			2	2	2	1
Brannon, Elizabeth	2					2		1	2	1
Chambers, Samuel			1			1		1	1	
Jenett, Christopher					1					
Canby, Samuel	1		3		1	2	1	3	3	1
Middleton, Isaac	2			1		1	1		1	
Poole, William	1	1	1	1		3	1	1	1	1
File, Samuel	1	1	2	1		1	1	1	1	
Moore, James	4			1		1	2		1	
Mc Connel, James	3	1	1	1		2	1		1	
Wolf, Michael	2	1	2	1		1	1		1	
Smith, Henry	2	1		1		2	1	1	2	
Taylor, John	1	1	1					1		
Rice, Henry	1		2	1		1		1		
Starr, Jacob	2			1		1	1	1	1	
Chandler, James		1			1	1				1
Hindman & Jack	2	1		2		2	1	1	2	
Harris, Samuel	2			1		1	1	1		
Shepard, George			2	1			1	1		
Newland, Robert			2	1			1	1		
Cloud, James	3	1	2	1		1	1		1	
Hollingsworth, Samuel		2			1				1	1
Derickson, Jacob			4	2		2	3			1
Barnott, Jacob	1				1	2	3	1		1
Shipley, Joseph	1	2	4	1	1	2	2	2	1	
Bush, Jacob	1		3	2		1	1			1
Canby, William		2	1		1	2	2	2		1
Clarke, Clarke			1				1	1		
Blockson, Thomas		1	1					1		
Spencer, John	1				1	1	1		1	
Thompson, Mord'a.			1	1		1	1		1	

NAME	MALE UNDER 10	MALE 10/16	MALE 16/26	MALE 26/45	MALE OVER 45	FEMALE UNDER 10	FEMALE 10/16	FEMALE 16/26	FEMALE 26/45	FEMALE OVER 45
CHRISTIANA HUNDRED										
Edwards, James			1			3		1		
Waggoner, John			1			2	1	1		
Hews, Thomas	2		1	1		2	1	1	1	1
Hinds, Andrew			1		1	1	1	1		
Kendall, Mary		1				1	1	1		2
Kirk, Jacob			2	1			1	1	1	1
Hamilton, Charles			2	2		1	1		1	
Hamilton, James	2	2	3	1			2		1	
Bomall, Phillip	1	1	1		1	1		1		1
Clarke, George	1	2			1	2			1	
Niles, Hezekiah	1		4	1			1	1	1	
Byrnberg, Peter		1	5	2	1			1	2	
Warner, Mary		2					1	3		1
Craig, Frederick	2		1	1		2	2	1		
Hayes, John	1	2			1			3		1
Chandler, David	1		1		1		1			2
Way, Mary			1				1		1	
Lockerman, Mathew		2	1					1		
Hollingsworth, Christopher			1		1				1	
Adams, James	1				1	1	2	2	1	1
Wilsell, Henry	2		2	1			1	2	1	
Yarnall, Esther								2		1
Cannon, John	1	2	1	1		1	1	1	1	
Richardson, Nathaniel	3			1		2	1		1	
Townsend, William	1			1			1	1	1	
Taylor, John	2	2	2	1			1	1		
Robinson, Thomas	3	1		1		1		1	1	
Hoops, Joseph	2	3	3	1			1	1	1	
Shipley, James		1		1		2	1	1		
Hews, Isaac					1	1		1		1
Squibb, Robert	2		1	2				1		
Prior, John	2			1		3	1		1	
Derickson, William	2	1		1		1	1		1	
Gilpin, Vincent	1				1			1	1	1
Shipley, Samuel	1	1	2	1	1	2		2		1
Manley, John	1			1		2	1		1	
Braden, Robert	1		2	1		1		1	1	
Hickson, Margaret							1			1
Hanson, Susan						1	2	3	1	
Trip, John		1	4		1		1	2	1	1
Chandler, Christopher	1	1			1		1			1
Mc Entire, Michael			1		1		1			1
Hart, William	1			1		2		1		1
Small, Harmon				1				1		
Benderman, Widow	1		1				1			1
Croxan, Archibald						1	1	1	1	1
Brown, William		1	2	2				2		
Seal, William		1	3			1		1		
Crosley, Joseph	2	1			1	2	2		1	

NAME	MALE UNDER 10	MALE 10/16	MALE 16/26	MALE 26/45	MALE OVER 45	FEMALE UNDER 10	FEMALE 10/16	FEMALE 16/26	FEMALE 26/45	FEMALE OVER 45
CHRISTIANA HUNDRED										
Hews, Vincent		1	1		1		1		1	
Scraden, Fred	2	1			1	1	1		1	
Seal, Caleb	1				1			1	1	1
Jefferis, David			2	1		3		1		
McMichael, James	2		1	1		2	1	1		1
Smetz, Henry				1	1	1			1	
McClincher, Roger	1			1		2			1	
Elliot, John	4	1	2	1			1		1	1
Dauphin, John	2	2	2	1		2		1	2	
Smith, Mary			1			1		1		1
Wallace, James	1	1		1		2	1		1	
Dell, Thomas	1			1		3			1	
Tanner, Jesse	1	1		2		2	1		1	
Hayes, Stephen, Sr.	1	1	1		1	1	1	2		1
Gardner, James	2			1		1	1		1	
Smith, Andrew	1	2			2	1				1
Smith, Thomas	2	1		1		2			1	
Masdon, Benjamin				1			1	1	1	
Milner, John		1		1	1	1	2	4	1	2
Bringhurst, James, Jr.	1			1				2		
Wolfe, Ruth							1	2	1	1
Jones, Theophilus	1	1		1				2	1	
Broom, Abraham	2	1			1	2	1			
Ferris, Mrs.								2		1
Ferris, John, Jr.		1	5				1	1		
Whoryton, Thomas	2		4	2		3	1	1	1	
Johnston, John	2	2		1		1	1		1	
Herron, John	2	1	1	1		3	1		1	
Gilpin, Edward	3			1		2		1	1	
Merrit, Sarah							1			2
Kirkpatrick, David	1	2			1	2		1	1	
Benson, Peter	2	1		1			1	1	1	
Wilson, James	1	4	3	1		1	1	1		
Richards, William				1					1	
Jefferis, John	1	1			1	2				1
Richmons, Samuel	3		2	1		2			1	
Shipley, Joseph	3			1		1	1		1	
Starr, Isaac				2	1	1		2		1
Hogg, Jane		1				1		1	1	1
Anderson, Arthur					1			1		1
Stidham, Isaac	2			1		2	3		1	
Wood, Rebecca							1	1	1	1
Jels, Zachariah		2			1		1	1	1	1
Sparkman, Thomas	2	2	1	1			2	1	1	
Shipley, John		1		2			1	2	1	1
Frame, Widow						2	1			1
Wilkinson, Margaret	1	1				1		1		1
Starr, Isaac H.		1	3	2			1			1
Lea, John, Esq.					1			2	1	1

NAME	MALE UNDER 10	MALE 10/16	MALE 16/26	MALE 26/45	MALE OVER 45	FEMALE UNDER 10	FEMALE 10/16	FEMALE 16/26	FEMALE 26/45	FEMALE OVER 45
CHRISTIANA HUNDRED										
McLane, Allen, Esq.		2			1					1
Milner, Samuel	1			1		3	1		1	
Ward, E.		1		1		1			1	
Boggs, John	1			1		1	1		1	
Merrit, Widow	2	1					1			1
Ford, James		1	1		1		2	1		1
McCracks, John	2	2		1		1		1	1	
Hillings, John	1	2	1		1	2	1	1	1	
Bates, Mary						1	1		1	
Sheward, Hannah	1	1	1					1		1
Johnston,John	2			1		1	1		1	1
Hunter, Thomas	1			1			1	1		
Murphy, John		1		1		1				1
Peach, Paul				1		2	1		1	
Allender, William		1		1		2	1		1	
Henry, William	1	1		1		1	1		1	
Hammond, Mon'r.	1			1		1		2	1	
Minshall, Griffith		1	1		1			1	1	
Janvier, Lydia						1	1		1	1
McCall, Robert	2			1				1		
Yates, John	1	2	2		1	3			1	
Jones, William	2			1		1		1	1	
Jones, George	2		2	1		1		1	1	
McCurdall, Sarah						2	1		1	
Seal, Joshua	1	1		1		2			2	
Webster, John		2	1		1		1	2		1
Rumsey, Thomas E.	2			2			1	1		
Warner, Lydia	1	1	2					4		1
Clarke, J.& W.			3	2			1	1		
Springer, Sarah	1	1				1			1	
Thewell, Deborah						1	1		2	
Mitchell, John	1	1		1		1	1		1	
Harlin, William					1			1		1
Crow, Thomas	1	2	1		1		2			1
Yarnall, Esther							1			2
O'Daniel, Francis	1	2	2	1		2		2		
Naff, Hanee	2	1			1	3	2	1	1	
Byrnes, Jonathan	1		1	1				1	2	
Bailey, Joseph	3			1			1	1	1	
McCall, Andrew	2	6	1	1		3	2	1	1	
Harbison, Samuel					1					
Harlin, Hannah							2	3	2	
Cromtons, Watkins	1				1	1	2			1
Bingham, Joseph	1	1		1				1	1	
Sellars, John	3		3	1		1			1	1
Bail, John	2		1	1		1	1	1	1	
Kean, Thomas, Esq.	2	2	1		1	1	2		1	1
Patterson, John	1	2	5	1		1	1	1	1	1
West, John	5		1	1		1	1	1	1	

NAME	MALE UNDER 10	MALE 10/16	MALE 16/26	MALE 26/45	MALE OVER 45	FEMALE UNDER 10	FEMALE 10/16	FEMALE 16/26	FEMALE 26/45	FEMALE OVER 45
CHRISTIANA HUNDRED										
Warner, John			1	1		1		2		
Warner, William	1		2					2		
Donaldson, Sarah							2	1		1
Sawer, Robert	1		1	2		1	1		1	
Taylor, George	2		3	1	1	2		2	1	
Jones, Amos	2			1		2	1	1	1	
Ross, Mrs.	2	1	1				1			1
Wallace, Samuel	1			1					1	
Jones, William, Sr.		1			1		1		1	1
Woodsides, Mrs.				1			1	1	1	
Ashton, William					1		1			1
Cartmill, Thomas	3			1		2	1		1	
Read, Thomas	2		3		1	2	2	1	1	
Hedge, Joseph	1	2	1		1			1		1
Way, Francis					1	2	1	1	1	
Benow, John	3			1		2		1		
Mc Glockey, John	1	1		1	1	4	1	1	1	
Sherve, William	1		1			1		1		
Boyd, Robert					1	1	1			1
Niles, Mary							1			1
Mc Entire, Elizabeth		1				1	1		1	
King, Widow	2					1		1		1
Mc Canall, Hugh	2			1		1			1	
Harris, John	1		1				1	1		
Harris, Barney C.		1	1		1		1	1		1
Heald, Mary	2	1				1	2		1	1
Mc Entire, John	1	1		1		1		1	1	
Moore, Enoch	2	1	1	2		1		1	1	
Jones, John	3	1	3	1		2	1	2	1	
Milton, James				1		2	1		1	
Mc Calley, Isaac	1	1		1		2	1	1		
Wells, Mrs.	2						1	1	1	
Cryer, Thomas		1		1		1	1		1	
Mc Sharraw, Lydia					1	1	1			1
Clarke, William				1						
Cole, Thomas	1	2	1	1		2		1	1	
Terral, William			1		1	1	1		1	
Way, John	1	1		1		3	1	1	1	
Martin, Rebecca	1		4				1	4		1
Pharise, Widow						1	1			1
Whitheson, John	2	1		1		1		1		
Nichols, John					1	2	1		1	
Jackson, Joshua				3	1			1		1
Key, Michael	3				1	2	2		1	1
Wickersham, Thomas	2	1	3		1		2	2	1	
Bedford, Gunning			1		1		1	2		1
Jefferis, Amor	1	2	2	1	1				1	
Teel, E., Capt.	2	1		1		1	1	1	1	
White, John	3		2	1		1	1		1	

NAME	MALE UNDER 10	MALE 10/ 16	MALE 16/ 26	MALE 26/ 45	MALE OVER 45	FEMALE UNDER 10	FEMALE 10/ 16	FEMALE 16/ 26	FEMALE 26/ 45	FEMALE OVER 45
CHRISTIANA HUNDRED										
White, Ann	1	1	1					2	2	1
Hemphill, William			1	1	1			2		1
Mc Neil, Valentine	3	2	4	1		3	2	1	1	
Robinson, William			1	1			1	1		
Dickenson, Sarah	2			1		1		1	1	1
Kendall, James	1			1		2			1	
Brian, William			3	2		3			1	
Hayes, James				1				1		
Teebow, Mon'r.		1	2	1			2	1		
Stalcop, Israel		1	2	1		1	2	3		1
Brinton, David			2		2				1	1
Brinton, Jacob		1		1		1		2		
Cook, William					1			2		1
Smith, William C.		1	1	1		2			1	
Brown, Mrs.	2	1	1						1	
Ashburnham, James	1	2	1		1			2		1
Griffin, John	1	1		1		3			1	
Springer, Slayton		1		1		2		1	1	
Elliason, Margaret			3					1	2	1
Rumford, Sarah			2	1			1			1
Hayes, Stephen	3			1		2		1	1	
Criston, Phillip	4	1	2	3		2		1	1	
Bowan, Robert	1			1		1		1		
Seal, Widow	2	1				1			1	
Hamilton, Widow							1			1
Robinson, Nicholas			1		1		1	1	1	1
Mc Connal, John		1		1		4	2		1	
Cook, Benjamin	1		1	1		1			1	
Brown, James				1			1	1	1	1
Erwin, Widow		1				1	1			1
Wahavan, Jesse		1	1	1		1		1	1	
Tilton, James				1	1					1
Tilton, N.	1		1		1	1	1			
Stow, Mary	2	1					2	1	1	
Mc Lane, Benjamin	3			1		1	1		1	1
Wood, Samuel	1	1	1	1		1		1	1	
Elbertson, John			2		1	2	2		1	1
Wright, James	2	1		1		2	1		1	
Dawson, John					1			1		
Rodgers, James	2			1		2		1	1	
Kirk, William	2		2	2			1	1	1	
Kinney, George	1		1					2		
Clarke, James	1			1			1	1		
Brown, Abraham		1	1			1		1		
Armstrong, Mrs.	1						1		1	
Lowns, George	2	1		1		3			1	
Chapman, James	1		1	1				1	1	
La Grange, Dumont					1		1	1	1	
Sirall, Jonathan	2	2	1	1		2		1		

NAME	MALE UNDER 10	MALE 10/16	MALE 16/26	MALE 26/45	MALE OVER 45	FEMALE UNDER 10	FEMALE 10/16	FEMALE 16/26	FEMALE 26/45	FEMALE OVER 45
CHRISTIANA HUNDRED										
Baudey, Alexander	1			1				2		
Richardson, Thomas		1	2	2		1	2		1	
Squibb, Thomas	1			1			1		1	
Brown, Samuel	3			1		2			1	
Read, James	1	1		1		2			1	
Dixon, Abraham	2			1		1			1	
Mc Mullen, James	1	1		1		1		1	1	
Webb, John	1		1	1			1			1
Brown, Sarah		1				1	1			1
Hunn, John	2			1	1	1	1		1	
Campbell, James	1	1	1		1	2	2	1	1	
Sparks, Widow	1								1	
Booth, James	1			1		1		1		
Bailey, James	1			1		1	1		1	
Dehavan, Edward	2	2	1	1		2	1	1	1	
Ray, John	1				1		2	1	1	
Kirk, Jonathan					1		1			1
French, Arthur	1	1		1		2	2	2	1	
Burns, John	1		1	1		2		2		
Bonsall, Mary						1	1		1	1
Anderson, Hannah							1		1	
Vaughn, John	2		2	1		1		1		
Smith, William					1					1
Adams, Catherine	1						2	2	1	
Nelson, Robert	1			1		1	1		1	
Mc Alroy, Mary							2	1		1
Shettering, David	3	1		1		2			1	
Ketter, Thomas	2		1	2		1		1		
Cox, Thomas			4	1	1		1	1		1
Digney, Thomas	1				1			2	2	
Robinson, Thomas		2	1		1	1	2			1
Sperier, John	2				1	1		1		1
Bason, Mon'r. Est.			2	1			1	1	1	
Smith, Dr. E.	3			1		2		1	1	
Rumford, John	3	2		1			1	3		
Graham, Patience	1		1			3	1	1	1	
Mc Keen, James	1	1		1			1	1	1	
Davis, Peter		1			1			1		1
Adams, John				1						
Woolston, Jeremiah	2			1			1		1	1
Brutish, Mon'r.				1						
Dingee, Obadiah	2			1		2	1		1	
Welsh, John	2	1	1	1		3	2		2	1
Mc Calley, Margaret	2	2	2	2		2		1	1	
George, Rebecca							2	1	1	
Garacher, Mon'r.		1	2	1	2			2	1	
Bayoza, Mon'r.					1				2	
Motherall, William	1		1			1			1	
Bell, George			1	1			1		1	

NAME	MALE UNDER 10	MALE 10/16	MALE 16/26	MALE 26/45	MALE OVER 45	FEMALE UNDER 10	FEMALE 10/16	FEMALE 16/26	FEMALE 26/45	FEMALE OVER 45
CHRISTIANA HUNDRED										
Oliver, Thomas	2			1		4			1	
Woolston, James	1	1		1		2	1		1	
Gittang, M.	2	1	1	1			1	2	1	
Crips, Mathew					1			1	2	
Webb, Jehu	2	2	4	1		2	1	1	1	
Ray, John, Sr.	2	2	3		1	1	1	1	1	
Guest, Abraham		1	1	1		1	1		1	
Mc Kee, Hugh	1		1				1	1		
Nichols, Samuel					1	2	2			1
Roche, Edward	2	1			1	1	1		1	
Phillips, William		2	2	1		2		1	1	
White, Robert	2			1		2		1		
Sparkman, Widow		1	1				1	1		1
Sheward, Rest		1	1			1	2	1		1
Cramer, Jacob	1			1					1	
Henderson, Mrs.	2					1		2	1	
Stewart, Rebecca			1			1	1	3	1	1
Register, James		1	1	1		1		1		
Vanaman, Christian	3			1		1			1	
Newland, James		1	2	3		2			1	
Adams, Samuel		1	1	1				1	1	
Homlos, M.	1			1		1		1		
Hittrick, James	1			1		1		1	1	
Caford, Jane							1	1		1
Ros, Eleanor							1	1		1
Miller, Widow						1	1	1		1
Mc Kinley, Jane							1	1	1	1
Oflinn, Patrick			1		1		1	1	1	1
Hindman, Lydia							1			1
Webster, Dr. John		1			1	1		1	1	
Alrich, Jonas	3		1	1		1			1	
Brobson, James		1		1			1	3	1	
James, Mary										1
Thewell, John	2				1	1	2	1		1
Blackford, Garret					1		1	1	1	1
O'Daniel, Peter		1	1					1		
Wilson, Margaret									1	1
Brian, James		1		1		1	1		1	1
Mendenhall, Eli	2	2	2	1	1	3	2		1	1
Nichols, Hannah	1	1	1				1	1		1
Baldwin & Cochran	2		1			1	3	1	1	1
Boyd, Clennen	3			1				1		
Sturgis, Jonathan	2	1		1	1	3		1		
Catherwood, Andrew		3	4	1	1		1	1	1	1
Jefferis, James	1	1		1		1	1	1	1	
Mc Clung, William	3	3	2	2		1	1	1	1	
Smith, Thomas				1			1	2	2	
Wills, Jeremiah				1		1		1		1
Broom, James				1				1	1	

NAME	MALE UNDER 10	MALE 10/16	MALE 16/26	MALE 26/45	MALE OVER 45	FEMALE UNDER 10	FEMALE 10/16	FEMALE 16/26	FEMALE 26/45	FEMALE OVER 45
CHRISTIANA HUNDRED										
Thompson, John	1	1	1	1		3	1		1	
Hendrickson, Isaac		1	1	1		2		1	1	
Steel, Joseph					1	1	2	1		1
Whorrel, Edward	3		1				1	1		
Sutton, George	1	1		1			4		1	1
Robblet, David	3			1		2	1		2	
Prime, John	2			1		1	1		1	
Young, George	3	1	1	1					1	
Alrich, Jacob	1		4						1	
Crozier, William		1		1		2	1	1	1	
Watts, John	1				1	2	2	2		1
Bentley, Elizabeth								1	1	
Murdock, James	3	1		1		1	1		1	
Creery, William		1	2		1			1	1	
Black, James	1			1		3	1		1	
Cloud, Mord'a.			1	1	1			1		1
Barrot, Charles	2				1			1	1	
Mc Collough, William				1					1	
Osbern, James			1	1	1			1		2
Jeffery, Peter	1		1			1		1		
Dale, Clis		1		1		1	2	1	1	1
Bivas, Elizabeth		1	1	1			1	3		1
Highland, Henry			1				1			
Patterson, Widow		1					1		1	
Daviney, James			1					1		
Mortimer, James	2			1		1		2	1	
Broom, Jacob		1			1		1	1		1
Monroe, Dr. George			1	1		2		2		
Finey, Washington			1					1		
Adams, Mrs.	1	1	2	2		3		3	1	
Canby, Jonas		1			1	1		1		
Simpson, John			1	1	1	1		2	1	
Mc Clure, Mrs.	2	2				2	2		1	1
Witsell, George		1	1		1	1	1			1
Marshall, Widow	2	1				1			1	
Wallace, Samuel	1	1		1		2	1	1	1	
Bauldin, Robert	1	1	1					1		
Scott, Widow	1	1				2				1
Miller, William		1		1		1		2		
Dawson, Michael					1					1
Deintz, D.	3	1	2					1		
Price, William	1			1		1	1	1		
Brown, James	2			1		1	3	1	1	
Brown, Mary			2				2	1	2	
Boggs, James				1				1	1	
Snowdey, Mrs.							2		1	
Smith, Edward	1			1		1			1	
Taylor, William	1			1		1		1		
Traner, Barney	2	1	1	1		2			1	

NAME	MALE UNDER 10	MALE 10/16	MALE 16/26	MALE 26/45	MALE OVER 45	FEMALE UNDER 10	FEMALE 10/16	FEMALE 16/26	FEMALE 26/45	FEMALE OVER 45
CHRISTIANA HUNDRED										
Fusell, Jacob					1			3		1
Bush, David				1				2	1	
Springer, Elizabeth		2					2	1	2	1
Pepper, Mary	2					3			1	
Morris, Andrew		1	1	1				1		
Wilson, Susana			1			1	3	1	2	
Bayard, James A.	2			1		1		2		
Stonemest, Mrs.					1	1	1		2	1
Peterson, Ruth				1		1		1		
Wilson, Carson	1	3	3	4		1		1	1	
Smith, Thomas, Sr.	2	2		1		1	2		1	
Vannaman, Widow			2	2					1	
Boyd, John	1			1				1		
Zane, Joel	1		2		1	2	1	1		1
Ros, James	1	2		1		1	1			1
Mendenhall, Thomas	5	1		1			2	2	1	
Tryan, Susan	1						1	1	1	1
Calvert, Daniel	1		2	1		1	1	1	1	
Newland, Ellis	2			1		1	1		1	
Bracken, Henry			1			1		1		
Cling, Thomas			1							1
Fred, John	2	1		1		2		1		
Painter, John	1		1				1	1		
Ashby, George	1			1		2		1		
Carpenter, Mary										1
Tull, John	1		1	1		1		1		
Joyce, Thomas R.	3			1		2			1	
Anderson, James			2		1					
Caskey, Robert	2			1		2	2		1	
Witsell, Adam	1		1			1		1		
Boyd, Mathew	2	3			1	1		2	1	
Rankin, William			1			1		1		
Baker, Capt.	1			1		5		1	2	1
Bush, Samuel	2	1			1	3	1	1	1	
Headley, John	1				1	2			1	
Davidson, Thomas		1			1		2		1	
Musgroves, Thomas	2			1				1		
Robinson, Ann		1						1		1
Richey, James	1			1					1	
Peach, John	1		1					1		
Littler, Lydia			1	1				2		1
Stilley, William			1	1		2			1	
Mealey, Widow	1									1
Jefferis, Caleb			1			1		1	1	
Kirk, Caleb	2		2	1		2			1	1
Bray, Elkanah	1			1		1	1	2		
Hardin, Peter				1		1		3		
Foudray, William	4			1				1	1	
Morton, Mrs.	1					1			1	

NAME	MALE					FEMALE				
	UNDER 10	10/16	16/26	26/45	OVER 45	UNDER 10	10/16	16/26	26/45	OVER 45
CHRISTIANA HUNDRED										
Gunn, Thomas		1	2	1		1		1		1
Hog, James	1	1	1	1		2		1	1	
Montgomery, Mrs.			1					1		1
Pierce, George					1		2			1
Preston, Thomas	1		1		1	1	1	2	1	
Thomas, Edward		1	3		1	2	1	1	1	
Campbell, Thomas	1		1					1		
Savoy, Rebecca			1					2		1
Seal, William	1			1				1		
Dixon, Sarah	1					1		1	1	
Corbit, John	1			1		1			1	
Saunders, William	1		1	1			1	1	1	
Reynolds, Benjamin			1					1		
Cox, James			1					1		
Kean, Sarah		1	1				1	3		3
Collins, James	1	1	3	1		1	1	1	1	
Highland, John	1			1				1		
Justis, Aaron	2			1		1		1	1	
Nebweas (?), Mary	1	1				2	1		1	
Sinnex, John	2			1		1	1		1	
Garretson, Betsey	2					2			1	
Walker, Polly	1					3			1	
Caldwell, Thomas		2			1					1
Mc Kinney, Mord'a.	1	1	2	2		1		1	1	
Duff, Thomas		1		1	1			1	1	1
Mc Lane, Charles	2	1		1						
Loper, Jason	1	1	1	2		1	2	1	2	
Billand, John	2			1		2			1	
Mc Callmont, David		1	2		1		1		1	
Springer, Isaac	1	1		1				1	1	1
Clarke, Thomas	2	1		1			2		1	
Smith, Martha			2				2	1		1
King, Peter	2	1		1		2	1		1	
Patterson, William	1			1			1			
Rowlands, Archibald	1			1			1		1	
Stone, Lewis		2	1		1	2	2	1		1
Kerns, William	4		1		1		1		1	
Herdman, William			1	1		1	1	1		
Wicksars, Joab	2	1		1		2	1		1	
Reese, Thomas	3	1		1		2	1		1	
Mc Nemer, Mary	2					3	1		1	
Lattimer, James					1				1	1
Giddes, Henry	2	1	1		1		1	1		1
Kaskill, James	2	1		1		2		1	1	
Ball, Jacob	1	1		1		1	2		1	
Canter, Sarah	2	1	1			2	1		2	
Holley, James	1			1		1			1	
Miller, John	1			1		1		3	1	
Delaplain, Nehemiah	2	1			1				1	

NAME	MALE UNDER 10	MALE 10/16	MALE 16/26	MALE 26/45	MALE OVER 45	FEMALE UNDER 10	FEMALE 10/16	FEMALE 16/26	FEMALE 26/45	FEMALE OVER 45
CHRISTIANA HUNDRED										
Paulson, Aaron			1					1		1
Foot, James	2	1	2		1		2	1		1
Stamcast, Hame		1			1		1		1	
Rodgers, John	1	1			1		2		1	
Hewan, John	2			1		2			1	
Robinson, William	1		1		1		1	1	1	
Sullivan, Dennis				1						
Taylor, William	1				1	2		2	1	
Garretson, Jediah	2			1		1		1		1
Derickson, Peter	1	1	1		1		2	1		1
Robinson, Jacob					1			1		1
Garretson, Widow										1
Justis, John		1			1		1		1	
Garretson, Peter	3			1					1	
Rothwell, Widow			1				1			1
Stictham, Jonas	1	3			1	3		2	1	
Littler, John	1				1	1	1	1	1	
Deford, Joshua	2	1		1		1	1		1	
Walravan, Peter		1	1	1			2	1	1	
Porter, Alexander		1	1		1		1	1	1	
Robinson, John		1	1				1	1		
Flinn, John	3			1		1		1	1	
Reynolds, Widow	1	1				2	1		1	
Dane, Polly								1	1	
Robinson, Israel				1			1	1		
Garner, Zachariah	1			1		2		1		
Walravan, Mary	1			1		1		2	1	
Lynam, Phillip				1					1	
Stroud, Samuel	1			1		2		1	1	
Richardson, James & A.		1	2	1	1		1	2		1
Walravan, Walravan	2		1	1		1		1	1	
Sinnex, William	1		1	1			1	1	1	1
Stidham, Jonas, Sr.	2		1	1		2		1		
Nebweas (?), Henry	1		1				1		1	
Stidham, Cornelius	1			1	1			1		1
Paulson, Peter		1		1	1			1		1
Paulson, John	1		2					1		
Tusey, Susan		1		1		1		1		
Byrnberg, John			2	1		2	1	1	1	
Anderson, John & Jacob	3			2		3				1
Kirk, Caleb	1	2	2	2		3	2			1
Wilson, Abner	1	1		1			1		1	
Backhouse, John		1			1					1
Langley, Thomas	1	1		1		2	1			
Chaffin, Abel	1	1			1	1		1		1
Fisher, Margaret							1	1	2	
Anderson, Josiah		1		1		1	1			
Miller, Caleb	1	1	1		1			1		1
Greaves, Jacob	1	1	1		1			1		1

NAME	MALE UNDER 10	MALE 10/16	MALE 16/26	MALE 26/45	MALE OVER 45	FEMALE UNDER 10	FEMALE 10/16	FEMALE 16/26	FEMALE 26/45	FEMALE OVER 45
CHRISTIANA HUNDRED										
Nichols, Daniel	2	1		1		1	1	1	1	
Davis, George	1			1		1		1	1	
Mc Collough, George & Others	2	2	1	2	1	2		1	1	
Campbell, David	3			1		2		1	2	
Hamilton, Michael	1			1		2			1	
Campbell, James					1				1	
Campbell, Margaret										1
Evans, John	1		1	1	1	2			1	1
Evans, James		1		1		4		1	1	
Evans, Jonathan			1		1			1	1	1
Nebweas (?), Hanee			1			1	1	1		
Armor, William		1	2		1			1	1	1
Fries, Henry	1	1	1	1		1	1	1	1	1
Armstrong, Robert		1	2		1	1	1	2		1
Armstrong, John			1	1			1	2	2	
Evans, Theopilus	1	1			1	2	1		1	
Robinson, Joseph			1				1	1		
Wilson, Thomas	3	2		1		2	1	1	1	
Lynam, John		1	1		1		1	1	1	1
Lynam, Joseph		1		1		1	1	1	1	
Dixon, William	1		1	1		2	1	1	1	1
Campbell, Samuel			1			1		1	1	
Tusey, Frederick	2			2		2	1		1	
Chandler, Joseph	1	1	6	1		1	1	2		1
Miller, Caleb, Jr.	1			1		1		1		
Shipley, William	1			1		3			1	
Read, Adam					2				1	
Underwood, William, Sr.			3	1	1			1	1	1
Wilson, Jacob, Jr.	1		3				1	2		1
Robinson, William	1	1			1	2	2		1	
Gilpin, William	1	1		1		1		1		
Way, Caleb			1	1	2			2	1	
Crips, Andrew		1	3		1		1	2	1	1
Pierce, Robert, Jr.	1	1	1		1	1	1	1		
Huston, William	2			1		1	1		1	
Boyce, Nathan	4			1		1	1	1	1	
Garret, John, Jr.	3	2	2	1		1		1	1	
Garret, John, Sr.			1		1					1
Richey, James	1	1	1	1		2	1		1	
Dick, John	1		1			1		1		
Webber, John V.	3			1			1		1	
Chapman, Silas B.	1			1			2		1	
Wood, Margaret						3	1		1	
Yeatman, Thomas	4	1	1	1				1	1	
Armstrong, James	3	2		1		2	2	1	1	
Pierson, Thomas	4	1		1		1	2		1	1
Elliot, Adam				1		1		1		
Hutchinson, Ann		2	1				2	2		1
Armstrong, Archibald	2	1		1		2	1	1	1	

NAME	MALE UNDER 10	10/16	16/26	26/45	OVER 45	FEMALE UNDER 10	10/16	16/26	26/45	OVER 45
CHRISTIANA HUNDRED										
Kitchen, Thomas		2		1	1		1		1	
Greg, Abraham		1		1		1			1	
Phillips, James		3	2		1			1		1
Atkins, Jonathan	1			1		3			1	
Sharples, Caleb	1	2	1		1	1	3	2		1
Greave, Samuel	4	2	2		1	1	1			1
Johnston, William	1			1		1		1	1	1
Johnston, Robert	2	2		1		1	2		1	
Augustus, John, Sr.		1	1		1		2	3	1	1
Bowman, John		1	1		1	2	1	1	1	1
Lobb, Joshua	2		1	1		1		2	1	1
Lobb, Joseph	2			1		1	1	1	1	1
Wilson, Francis	1	1		1		2	1		1	
Armstrong, John, Sr.		2	2		1		1	4		1
Greave, Jonathan		2	1		1		2	1		1
Mc Downey, Francis	2			1		2	1		1	
Delaplain, Mary	1	1				2	1		1	
Gilbreath, Robert	2	1		1		2	1		1	
Bowls, Thomas	1	2		1		2	1		1	
Todd, James	2	1		1		1	1		1	
Monett, Daniel	2	2	2		1	2	1	1		1
Elliot, Richard				1	1	3			1	1
Moore, Mathew	2	2			1	3	2	1	1	1
Boyle, James	3	3			1	2	3	2	1	
Niel, John	2		2	2				1	1	
Walters, Enos	3			1		1		1	1	
Niel, William			2		1		1	2		1
O' Conner, Patrick	3	2			1	2	1		1	
Mc Downey, James	2			1		1		1	1	
Hamilton, James			1		1			2		1
Brown, Nathaniel		1		1		3	1	1		1
Simmons, Nathan		1		2					1	
Simmons, John	2			1		1	1		1	
Backhouse, Strange					1			1		1
Hendrickson, Peter		1			1	1	2	1		2
Hendrickson, Peter, Jr.			2			1		2		
Gold, Widow	1	1			1		2	1		1
Walters, William, Jr.			1	1			1	1		
Mc Minnime, John & Others	2	1		2		1	2	1	2	
Jefferis, Henry, Sr.		2			1		2	2	1	1
Hollingsworth, Thomas				1				1	1	
Stroud, Thomas		1	1		1			1		1
Brindley, James		1	1		2	2	2	2		1
Roebuck, William	2	1		1		2	1		1	
Gwan, James		1	1		1	2		1	1	
Mc Whorter, William		1	1		1		1			1
Stilley, John, Sr.	1	1			1		1	2	2	1
Braden, James		1		1	1			1	1	
Stilley, John	2	1		1			1		1	

NAME	MALE					FEMALE				
	UNDER 10	10/16	16/26	26/45	OVER 45	UNDER 10	10/16	16/26	26/45	OVER 45
CHRISTIANA HUNDRED										
Mc Alwain, John	2	1		1		1		1		
Pierson, James		1	1		1		1	1		1
Bailey, Caleb	1	1	1	1		2	1	2	1	
Harrison, Francis	1	2	2		1	4	2	1	1	
Bauldin, Levi	2	1		1		2		1	1	1
Shallcros, James	1	1	1	1	1	2	1		1	1
Mc Connel, Ralph			1					1	1	
Gray, Alexander		1	1	1					1	
Mc Callister, William	2	1		1		2			1	1
Custoloe, William, Sr.		1			1	1			1	
Washington, John	4			1		1	1		1	
Harvey, Joab		2	4	2	1				1	
Kirk, Jane		1	1					2		1
Robertson, Robert	1		2		1			2		1
Stevenson, James		1	1		1		1	1		1
Thompson, David			1	1		1		1		1
Naff, Widow							1		1	1
Nelson, David	1				1	4	1	1		1
Guest, James	1			1		1			1	
Miller, Edward			1	1					1	
Matthews, William	3	3			1	1	1		1	
Phillips, John	1			1		4	1		1	
Mingling, Frederick	2				1	3	1			1
Doherty, David	1			1			1		1	
Schmaltz (?), Henry	2	1			1	2	2	3	1	
Ford, Abraham	1	2			1			2		
Shepard, Thomas	1			1		1			1	
Bridle, Henry					1				1	
Greatrater, Laurence		2	3	4			2	4		
Barber, Clotworthy	1			1				1		
Barber, William, Sr.			1		1					1
Barber, William, Jr.				1		1			1	
Hewford, Benjamin				1			1		1	
Bauldin, William	1			1		2			1	
Stroud, Elizabeth		1	4	4			1	1		1
Hemphill, Patrick	1				1	1	1			1
Crozier, Thomas		1			1	1				1
Sivall, John				1				1	1	
Greg, Samuel		2	1	1	1			1		1
Miller, George			1	1						1
Burras, Robert	1			1			1			1
Kiad, George	1	1		1		1			1	
Stiddough, W.					1		1			1
Hendrickson, John, Sr.			2		1		1	1		1
White, James	2				1	2		1	1	
Springer, Charles		2	1	1	1	1	1	1		1
Springer, Levi	2	2		1		2	1		1	1
Stilley, John, Jr.			1		1		2	1	1	
Wilson, Jacob	1		1	1		1	1	1		

NAME	MALE UNDER 10	MALE 10/16	MALE 16/26	MALE 26/45	MALE OVER 45	FEMALE UNDER 10	FEMALE 10/16	FEMALE 16/26	FEMALE 26/45	FEMALE OVER 45
CHRISTIANA HUNDRED										
Wilson, William	1	2	1		1		1	2		1
Hollingsworth, Armor	1	1	2		1		1	3		1
Hollingsworth, Job		1	3	2				1	2	1
Hollingsworth, Err	2		1	1					1	
Hollingsworth, Joshua	2		1	1				1	1	1
Thomas, John	2			1		3	1		1	
Buckingham, Richard	2		1	1		1	1	1	1	
Mc Collough, Widow	1	1					2		1	
Rusell, Paul	2	1	1	1		2	1	1	1	
Rusell, John	1		1	1			2	1	1	
Green, Robert	4	1	4	1		2		1	1	
Hickland, James					1	1			1	
Amonts, Isaac	2	1		1		2	2		1	
Davis, Ellis	1			1						1
Lightbody, Michael	1		1		1	1		1		1
Armstrong, Michael	2			1		2	1		1	
Mc Fadden, Patrick				1		1		1		1
Dotton, James	2			1		1			1	
Stern, William	2			1		2		1	1	
Seeds, Adam		1	4		1		1	6	2	2
Dobson, John	1		1	1		1		1	1	
Mendenhall & Taylor		2		2		2	1	1	2	
Wigdon, William				1		1			1	
Pierson, James, Jr.	1	1		1		2			1	
Jefferis, Henry	1	1		1		2	2	1	1	
Walters, William		2			1		1	2		1
Walters, William, Jr.				2			1	2		
Rusell, James	2	1		1		3	1		1	
Pierson, Isaac	2	1		1		2	1		1	
Langley, John		1		1		1	1		1	
Matthew, Thomas	2	1		1		2	2		1	
Red, Meriam	1					1	1		1	
Stern, Sarah	1					1		1	1	
Hunter, George	1			1		1			1	
Givan, William	1			1		1	1		1	
Callender, William	1				1	3				
Burchee, Mon'r.	2	1	1		1	1	1		1	1
Moody, William	2			1					1	
Bowman, Paul	2	1		1		1	2		1	
Springer, Joseph		1	2		1			1		1
Young, Leonard					1					1
Barnott, William	1	1			1	2	1		1	
Taylor, John	3	1	1		1		1			1
Stidham, David	1			1		2			1	
Derickson, Jacob		1	2		1			1		1
Sinnex, Sinnex	4			1		2	2		1	
Minor, Thomas	3				1		1		1	
Sinnex, Thomas	2	2		1		2	1		1	
Hendrickson, David					1					1

NAME	MALE UNDER 10	MALE 10/16	MALE 16/26	MALE 26/45	MALE OVER 45	FEMALE UNDER 10	FEMALE 10/16	FEMALE 16/26	FEMALE 26/45	FEMALE OVER 45
CHRISTIANA HUNDRED										
Pierce, Jesse	2	1		1		3			1	
Reynolds, Richard	2	1		1		3	2		1	
Harp, John	1				1		2		1	
Ford, Alexander	1	1			1	3	2			1
Brown, Nathan	2			1		2			1	
Stidham, John	1			1		3	1		1	
Evans, Edward					1					1
Springer, Rene	1			1		1	1		1	
Hendrickson, John, Jr.			1	1	1	1	1		1	
Stidham, William	2	1		1			1		1	
Phillips, William D.			1	1		2		2		
Mc Glinigin, P.				2				1	1	
Hanaway, David	1			1		1		1	1	1
Derickson, David	1		1		1	1	1		1	
Derickson, Zachariah	1	1	2		1			1		1
Gillaspie, John	1			2		1		2		
Clarke, Thomas					1				1	1
Robinson, James				1						
Stevenson, Capt.		1		1						
MILLCREEK HUNDRED										
Reynolds, Alexander				1	1			1		
Marshall, William	1			2	1	1		1		1
Marshall, Edward				1		2			1	
Cranston, Simon	2		1	2			1	1		
Riley, Thomas				1				1		
Justis, Andrew		1		2		2			1	
Stapler, Thomas		3	1		2		1	3	1	1
Earl, John				1	1	3			1	1
Perry, James	2	1	1				1		1	
Thomas, Evan				2				1		
Thomas, Joseph	2	2	2	1		2	1		1	
Stapler, William	2	1			1	2	1		1	
Blackford, Widow	2	1				1	1		1	
Starr, Jacob		1			1					1
Stroud, James	1		2	1		2	1		1	
Wagon, William	1			1		3	2		1	
Warnek, Mathias			1			1	1		1	
Horner, Robert	1			1		1			1	
Saunders, Nathan		1		1					1	
Springer, Peter	2	1		1		2		1	1	
Adams, Jonathan	1			1		3			1	
Wilkins, John	1	1	1		1	1			1	
Paulson, Simon	2	2	1		1	2	2		1	
Ball, John	2	1		1	1		1		1	1
Foot, John	3	1	1	1		1			1	
Giffin, Robert		1			1			2		1
Harlin, Caleb		1	2		1		1	1	1	1

NAME	MALE UNDER 10	MALE 10/16	MALE 16/26	MALE 26/45	MALE OVER 45	FEMALE UNDER 10	FEMALE 10/16	FEMALE 16/26	FEMALE 26/45	FEMALE OVER 45
MILLCREEK HUNDRED										
Fana, John	2	1		1		1		1	1	
Montgomery, W.				1					1	1
Crosan, James & Brothers					3					
Ball, James	1	1			1	1		1		1
Stroud, George	2				1	1			1	
Reese, John			1	1						1
Hersey, Solomon				1	1				1	
Vance, Summers					1		1	1	1	1
Hason, William		1	1		1		1	1	1	1
Anderson, Margaret			1				1	1		1
Robinson, James	1	1			1	1	2			1
Hannah, John	3	1	2		1	1	1	1		1
Mc Elwee, William		1			1	1	1	1		
Mc Elwee, Samuel	2		1					1	1	1
Guthrie, Alexander	1	1	1	1				1		
White, Peter	1	1		1		1	1		1	
Gillaspy, Nathan	2			1		1		1	1	
Foulk, William	4		3	1		2		1	1	
Burns, James	1	2			1				1	1
Mc Kee, William	1		1	1			1		1	
Mc Kennan, Rev. W.		1	1	1	1			1	2	
Ferguson, Thomas			1	1			1		1	
Barker, Samuel			1	1	1		1	2		1
Yarnall, Jonathan	2	1		1		1			1	
Fitzsimmons, John		1	1		1	1	1			1
Creighton, William		1	1	1			1	1	1	
Guthrie, Alexander		1	1		1		1			1
Smith, John	1	1		2		2		1	1	
Biddle, David	2	1		1				1		
Redman, Thomas		1	1		1		1			1
Stewart, Charles	2	2			1	1	1	1		1
Guthrie, William	3			1	1	1			1	
Starrot, Robert	1	1		1		1			1	
Ford, Widow	1	1				1			2	
Chambers, Joseph			2		1		2		1	
Robinson, Thomas	2	1			1	2	1		1	
Bishop, John	3	1		1	1	2			1	
Bishop, Nicholas	2			1		2		1		1
Martin, Richard	2			1					1	
Barclay, John	1	1			1	2	2	1		1
Mc Glade, Patrick	1	2			1	2	1		1	1
Quillan, Nathan	3			1				1		
Wilkins, Stephen	2			1		1	1	1		
Smith, Henry			1		1		1			1
Mc Alroy, James	2			1		2		1		
Boggs, Robert				1	1		1			1
Wilkins, Thomas				1		1		1		1
Hewitt, Mary	1			1				1		1
Grahan, Agnes	2					2	1	1		1

NAME	MALE UNDER 10	MALE 10/16	MALE 16/26	MALE 26/45	MALE OVER 45	FEMALE UNDER 10	FEMALE 10/16	FEMALE 16/26	FEMALE 26/45	FEMALE OVER 45
MILLCREEK HUNDRED										
Wier, Thomas		1		1		1	1		1	
Pollack, James	1	1		1		1			1	
Cannot, John	2				1		1	2		1
Mc Donald, James		1			1		1	3		1
Sanders, Amos	2		2	1				1		
Sanders, Ellis		1		1			1	1		
Sanders, John		1			1				1	1
Johnston, Joshua	2			1		1		1	1	
Johnston, Robert	2	1			1	1	1		1	1
Woolason, Jacob			2		1			1		1
Springer, Thomas			2	1		2		1	1	
Springer, Charles	1	1	1		1	1	1	1	1	1
Nivin, John	1	2		1	1	1	2	1		1
Barclay, James	4				1		1		1	
Wailen, William		1	2	1			1		1	
Thompson, John	1	1	1		1	1	1	1		1
Roney & Davis	2		1	2	1	3	2	2		1
Hannah, William	1		1	1		1	1		1	
Gillaspy, Nathaniel		1	2		1		1			1
Smilee, Andrew	1	1	1	1		1	2	1		1
Gana, Charles	2	1			1	1	1			1
Ball, William	2			1		2			1	
Ball, James	2	1		1		1	1		1	
Hason, John	1	2		1		1	1	1		
Morgan, Evan	2	1		1	1	1	1	1	1	
Brackan, Henry		1	1		1	2	2	1		1
Brackan, William	3	1		1		2	1		1	
Grimes, Charles	2	1	1	1		1	2		1	
Holmes, Abraham	1	1	1	1	1	1	1	1	1	1
Brackan, Widow		1				2	1			1
Ogletree, James	1			1		5	1	1	1	1
Mc Clenachan, Elijah	2	1	2		1	3	2	1	1	
Dixon, Thomas	2	1	2	1	1		2	3		1
Walker, Samuel				2		2		1	1	
Rice, Ezekiel		1		1	1		1	1		1
Walker, David	1	1	2		1	2	1	3	1	
Dixon, Isaac		1	1	1			1	1		
Phillips, James		1	1		1			1	1	1
Springer, Elizabeth		1	2				1	1	1	1
Springer, Jeremiah	1	1	1		1	3	1		1	
Springer, William	2	1		1				1		
Springer, Benjamin	5	1	1	1		1		1	1	
Springer, Christopher	2	1	1		1		2	1		1
Rice, Joseph		1			1				1	
Woolason, Joseph	1	1	2			1	2	1		
Phillips, John	2	1	1	1		1	1	1	1	
Lenderman, John	2	1		1		1	2		1	
Hall, Robert	1		1	1		1		1		
Thompson, Daniel	1	1	2		1		2	2		1

NAME	MALE UNDER 10	MALE 10/16	MALE 16/26	MALE 26/45	MALE OVER 45	FEMALE UNDER 10	FEMALE 10/16	FEMALE 16/26	FEMALE 26/45	FEMALE OVER 45
MILLCREEK HUNDRED										
Mc Clure, James	1			1		1		1		
Bohannon, W.	1	1		1		1			1	
Ford, Frederick	1	1			1		2	1	1	1
Ford, Andrew	1			1		1			1	
Plankenhorn, Peter		2	1		1		2	1		1
Mitchell, Thomas		1	1		1	1	1		2	
Foulk, Hannah	2			1		1	2		1	
Crosan, John	2	2		2		2	3		1	
Garmon, John	2	1		1		3	1		1	
Custoloe, William	2	1			1	3	1		1	
Walker, John		1	1		1		1	2	1	
Mahon, Richard					1		1	1		1
Drummond, John	2	1		1		2	2		1	
Reir, S. & T.					2					
Clemons, William			1		2	1	1	1		1
Lowhead, Thomas	1		2	1		1	1		1	
Parker, David					1					1
Vincent, John		1	1				2	1		1
Black, Susan						3		1		1
Shakespear, Widow	1	1						1		1
Montgomery, Thomas	1		1		1			2	1	
Sample, William	2	1			1	1	2			1
McDonald, W.	2	1		1		2		1	1	
Moore, George	3	1		1		4	2		1	
Crawford, Robert	1	2	2		1		3	2		1
McEntire, James	1		1		1		2			1
Dunlap, John	2	1		1		2		1	1	
Thompson, Andrew	2			1		1	2		1	
Moore, James	2	1			1	2	2			1
Whitman, Jacob	2	1			2	1	2		1	
McDonald, John, Sr.					1		1			1
McDonald, Widow		1					1		1	1
McEntire, Alexander	2		1	1		2		1	1	
Love, William	2		1	1		1	1	1		
Standish, Mile	2				1		2			1
McDonald, A., Sr.	1	2			1		1	1		1
McMichael, S.			1	1				1	1	
Findley, Thomas	2				1	1	2		1	1
Barton, John	2			1		1			1	
Kelly, Margaret		1				3	2		1	
Findley, Jehu	1		1					1		
McKnight, John			1				1	1		
English, Jane							1			2
McGregor, Hugh			1		1		2	1		1
John, Heth					1		2	1		1
Carlisle, Samuel	1		1	1		2	2	1	1	1
Little, William	2			1		3	1		1	
Beeson, Widow			1				1			1
Robb, David	1	2		1		1	1		1	

NAME	MALE UNDER 10	MALE 10/16	MALE 16/26	MALE 26/45	MALE OVER 45	FEMALE UNDER 10	FEMALE 10/16	FEMALE 16/26	FEMALE 26/45	FEMALE OVER 45
MILLCREEK HUNDRED										
Lockhart, John	2	2			1	2	3		1	
Reese, John	2	1		1		2	1		1	
Morgan, William		1	1	1		1	1	1	1	1
Letelleir, John		1	2		1		1	1		1
Moore, Capt. W.	2			1			2	1		1
Simonton, William	1	2	1		1		2	2		1
Thompson, James		1		1		2		1	1	
Murphey, S amuel	1		1					2	1	
Coon, Thomas	1		1			1	1		1	
Boggs, Moses	2	1		1		1	2		1	
Huggins, Robert	1			1				1		
Marclom, John	2			1		3	2		1	1
Wisure, Joshua	1	1		1		3	1		2	1
Caswell, John	2	1		1		2	1		1	
Haseley, Thomas	2	2	2	1			1		2	
Little, Samuel		1	2		2		2		1	
Hamilton, George		1			1		1			1
Stricklin, John		1			1		1		1	
Blackburn, Benjamin	2			1		2	1	1	1	
McDonald, A.	1	1	1		1	3	3	2		1
McDonald, Thomas	2	3	1		1	2	1	1		1
Alderdash, Abraham	2	1	1		1		2	1		1
Stewart, James	2	1			1	2	1	1		1
Heulet, Joseph	2	1	1	1		3	3	2	1	
Boon, John	3	1		1		2	2	2	1	
Miller, John	2			1		1	1		1	
Cannady, Jesse	1	2		1		2	1	1	1	
Wills, Widow	1	2	1			1	1	1	1	
Thompson, Charles		1			1		1			1
Ford, Fred, Jr.	2	1		1		2	1		1	
Kibbler, Samuel	1	1		1		2	1	1	1	
McDonald, Samuel	1		1					1		
Pyle, John		1	1		1	1	1	1		1
Foot, William	2	2	1	1				1	1	1
Mendenhall, Aaron	1		1		1		1	1		1
Mendenhall, Abraham		1	1	1		1		1		
Mendenhall, James	1	2	1	1		2	2	1	1	
Walker, Robert			2	1			1	2		1
Huston, Samuel	1	2	1		1		2	1	1	
Way, John					1		1	1	1	1
Dixon, James	2		1		1	2	1		1	1
Heald, Samuel	1	3	1		1	1	2	1	1	
Chandler, Spencer	2	1	1		1	1	2		1	1
Montgomery, Msese			2	1			1		1	1
Dixon, Jacob	1	1	1				1	1		
Dixon, William	1	2	1	1		2	1		1	
Garrot, Joseph	3		1	1		2		2	1	
Alexander, John					1		1			1
Howard, William	1			1				1	1	

NAME	MALE					FEMALE				
	UNDER 10	10/ 16	16/ 26	26/ 45	OVER 45	UNDER 10	10/ 16	16/ 26	26/ 45	OVER 45
MILLCREEK HUNDRED										
Wilson, Uriah	3	2		1		1		1	1	
Kenkins, Jane	1	1					2	1	2	
Chandler, Jacob	1			1			1	1	1	
Mercer, David	2	1			1	1	2		1	1
McClure, William				1		1	1		1	
Hoops, Thomas	2			1		3	1	1	1	
Wilson, Stephen	2		1	1	1	1		1	1	
Jackson, Ephriam	2		1	1		2		1	1	
Jackson, James		1		1	1			2	1	1
Cloud, William & others	2	1	2		2	2	2	2	1	1
McBeth, John	2		1		1		2			1
George, William	2	1		1		2	2		1	
Hamilton, John					1					1
Ashton, Joseph		1	1		1		2	1		1
Phillips, Evan	2	2	1		1		2	2		1
Springer, Charles, Jr.	1		1				1	1		
Livingston, Henry	1			1		1	1		1	
Taylor, Charles	1			1		1		1		
Mullen, John	1			1		1		1		
Phillips, John, Jr.	1		1			1	1	1		
Lewis, Ezra	1	2		1		2		1		
Plummer, Thomas	2			1		2			1	
Melner, Nathan	1	3	1		1	3	1			2
Wilson, John	2			1		1	1	1	1	
Paulson, Jacob			1						1	
Redman, Philip		2	1		1		2	1		1
Phillips, Robert		1	1		1		1	1		1
Phillips, John R.	1	1	1	1		2		1	1	
Justis, Jacob		2	1		1		1			1
Robinson, James	1	1	2		1	1	1	1		1
Justis, Thomas			2	1			1	1		
Robinson, Widow	2					2				1
Yarnall, H.	1	1		1					1	
Yarnall, N.	1	1	1	1					1	
Robinson, John	2	2	1		1	2	1		1	1
Hanaway, Jacob	2		1	1		1	1		1	
Bevord, James		1			1			1	1	
Conway, John	2			1		2	2	1	1	
Henry, Daniel	1			2	1		1		1	
Doras, Ishn	1			1	1			1	1	
Hollohon, John	1	1	2	1			2	2	1	
Reiu, James	2	1	2	2	1	1	1	2	1	
Mason, William	2		3		1	2	1	1	2	1
Dixon, Jehu	2		1	1		3	1	1	1	
Young, Widow				1		1			1	
Chandler, Isaac		1	1		1	1		1	1	
Chandler, W.	1			1		1		1	1	
Phillips, William	3	1	1		1	2		2	1	
Sharples, Jacob	1	1		1	1			1	1	1

NAME	MALE UNDER 10	MALE 10/16	MALE 16/26	MALE 26/45	MALE OVER 45	FEMALE UNDER 10	FEMALE 10/16	FEMALE 16/26	FEMALE 26/45	FEMALE OVER 45
MILLCREEK HUNDRED										
Moore, William	1				1		2	1		1
Mc Knight, Moses		2	1	1	1	1		2		1
Jordon, William		1	2		1		1	2		1
Herdman, Widow	1		4			1			1	1
Montgomery, Robert	2				1	1	1	1	1	
Mellon, Thomas	1			1				1	1	
Chapman, M.					1					1
Forsee, Thomas	2	1		1			1		1	
Williams, Richard					1	2			1	
England, Joseph	2	1	1	1	1	2		2		
Harris, Samuel	1	2	1		1	2	2	1		1
Armstrong, John			1	1		1		2	1	
Meters, Thomas & Others	7	2	6	5	1	6	1	3	5	1
Porter, Mrs.							1			1
Robinson, William	1		1		1		1	1		
Gears, Ephriam	2	1			1	1	1		2	
NEW CASTLE HUNDRED										
Booth, James	2	1			3	1	1	1	2	
Crawford, James	2	1	1		1		1			1
Williams, Harding	1	1	1	1		3	1		1	
Zimmerman, John	1	1	1	1	1	2		1		1
Gilbert, Stephen					1	1	1		1	
Cowan & Dowdele	1		1	1	1	1	1	1		1
Cartey & Leonard			2					2		
Giles, G.				1				1		
Tolan, James & William	1			2				1	1	
Cary, Lewis			1	2						
Dunn, William					1					1
Bowman, Jeremiah		1	1	1				1		
Curlet, Lewis	2		1	1				2		
Howell, B., Jr.	1		1			1		1	1	1
Bowman, John			1			1		1		
Ruth, Widow							1		1	
Darby, Sarah	2	1	2	1			1	2		1
Vandyke, N.	3			1		1			1	
Tatlow, James			1		1	1				1
Montgomery, Hugh	1				1				1	1
Morton, Alexander				1		1			1	
Smith, John			1					1		
Pierce, George			3	1		1			1	1
Haslet, W.					1					1
Duncan, Alexander	1	1	4		1		1			2
Patton, William	2		1	1		1			1	
Boyd, Adam	1		1		1			1		
Foster, Samuel				1		1		1	1	
Bowers, Richard				1			2	1		1
Clarke, William	1		2					1	1	

NAME	MALE UNDER 10	MALE 10/16	MALE 16/26	MALE 26/45	MALE OVER 45	FEMALE UNDER 10	FEMALE 10/16	FEMALE 16/26	FEMALE 26/45	FEMALE OVER 45
NEW CASTLE HUNDRED										
Miles, Thomas				1					1	
Pusey, Israel			1					1		
Colesbury, Jacob	2	1	1	1		2	1		2	
Smith, Widow	1	1		1		2	1	1	1	
Lockyou, George				1				2		
Clarke, Thomas W.			1			1		2		
Aikin, Thomas	1	3	1	1	1	1	1		1	
Carson, William	1			1					1	
Little, Lancaster				1		2			1	
Butcher, James	4		1	1					1	
Turner, Thomas			1	1		2		1		
Jaquett, Mrs.				2		1			1	1
Carson, John		1	1			1		1		
Gordon, John				1		1			1	
Peterson, Jacob	1			1		2			1	
Springer, John	2				1		2	2	1	
Maginn, Thomas	1	2			1	2			1	
Mc Dowell, James	1			1		2			1	
Raquett (?), Samuel	1			1		1			1	
Gladney, John			1							1
Gray, Thomas	1			1		2		1	2	
Thomas, Evan	2		1	1					1	
Jones, Whitehead	2		1	1	1		1	1		
Sturgis, John	1		1	1			2		1	
Gladney, David	1			1		3		1	1	
Hair, William	1			1			1		1	
Wiley, Robert		1	1	1			2	1		1
Wiley, John				1		2			1	
Miller, Ann		1					1	3		1
Johns, Kenny	3	1	1	1			3	1	1	1
Adams, John			1	1			2		1	
Darragh, Henry		1		1		4	1		2	
Colesbury, Henry		2		2			1		1	
Bird, John	3			1			1	2		
Crow, John		1	1	1	1		1	1		1
Ruth, William	2		1	2		1		2	2	
Alexander, John	2	1		1		2		1	1	1
Alexander, A.		2		1			4	1	1	
Harvey, Alexander	3	1	1	1		1	2		1	
Moore, Thomas	2	1	1	1		2	1		1	
Lefever, Mrs.			1				1	1		1
Yeates, Mrs.	1					2		1	1	2
Walravan, Thomas	1	1	1	1		2		1		1
Daniel, Samuel		2		1		2	1	1	1	
Golden, Philip F.	3		1	1	1	1		1	1	
Mundale, John					1		1		1	
Riddle, James	3	2	1	1		2	1		1	1
Read, George	3	1		1		1		2	1	
Read, Mrs.					1		1			1

NAME	MALE					FEMALE				
	UNDER 10	10/ 16	16/ 26	26/ 45	OVER 45	UNDER 10	10/ 16	16/ 26	26/ 45	OVER 45
NEW CASTLE HUNDRED										
Rowan, Henry			1	1	1	1	1		1	
Stone, Guy	2			1		1			1	
Titus, Mrs.	2								2	
Caldwell, Samuel			1				1	1		
Dushane, Mrs.						2		2		
Middlehoun, John				1					1	
Rowan, Samuel		1	1	1					2	
Mc Williams, Mrs.								1		1
Janvier, John				1				2		
Betson, John	1		1	1	1	1	1		2	
Andrews, William	1			2		2			1	
Mc Collough, James	1	1	1	1	1	2		2		1
Armstrong, William	3			1	1	2			1	
Aull, William				1					1	
Dunlop, Francis	1		1	1				2		
Ray, James	1			1		1			1	
Bush, David	1	1		4					1	
Cros, Margaret							1	1	1	
Mercer, Hugh	2	1		4	1		1		1	1
Ruth, George			1					1		
Jamison & Aull	2	1		3		3			2	
Cashun & Lafferty	2	1	1	2		3			2	
Campbell & Ros	1	1		1	1	2		2		1
Mc Callmont, James	1	1	1	2		2	1		1	1
Belville, Jacob	2	1	5	2			1	1	1	
Mc Dowell, John		1	1			1		1		
Spotwood, William	1	1		1		3		1	1	
Pasmore, William	1				1					1
Baw, Adam	2	2	1	1				1		
King, Michael	3	2	6	1		1			1	
Jamison, Joshua					1					1
Caldwell, James	1	1	1		1	3	2	1	1	
Wier, Widow	1		2	2	1	2	2	1	2	1
Cakin, William, Jr.	1		1	1				1		
Cakin, William, Sr.		2	1		1			1		1
Crow, Widow	2	1				1	2			1
Belville, Nicholas	1	2	3		1		1	1		1
Cakin, Alexander			1				1	1		1
Moore, John	2			1		2			1	
Rhodes, Joseph		1	1		1	4	1	1	1	
Porter, Robert			1		1			2		
Rhodes, Thomas	2	1			1	2	1		1	
O' Gurney, Patrick			1		1	1		1		1
Bryan, Robert		1	1		1	1	1	1	1	1
Starrat, Joseph			3	1					1	
Morrison, John		2			1		1	1		1
Cloe, E.		1	1	1		1	1		1	1
Elliot, William		1		1		1		1	1	
Montgomery, Alexander	2	3			1		1			1

NAME	MALE					FEMALE				
	UNDER 10	10/ 16	16/ 26	26/ 45	OVER 45	UNDER 10	10/ 16	16/ 26	26/ 45	OVER 45
NEW CASTLE HUNDRED										
Irwin, David	1	2	3		1				1	
Carvander, John	1	2		1		1			1	
Shannon, James		1			1			1	1	
Johnston, David	2	1		3		1	1		2	
Young, Samuel	1	2		1		2	2		1	1
Mc Guinas, Robert	1	2	1		1		1		1	
Burns, Jane		2	1					1	1	1
Gillas, Thomas	1		1		1		1	1	1	
Rezoe, Benjamin	1			2			1	1	1	
Kerr, Mark	2	1	1	2		1	1	1	1	
Simmons, Benjamin	1	2		1			1	2	1	
Starrat, Alexander		3	1		1		1	3		3
Devow, Isaac	3	2		1		1		1	1	
Hutton, Andrew	1		1					1		
Crouch, John			1	1			1			
Stewart, William	3			1		1		1	1	
Short, Abraham	1	2	1	1		1	1	2	1	
Stewart, James, Sr.		1	1		1			1		1
Bob, George					1				1	
Tobin, Thomas		1			1		1	2		
Groves, John	2		1	1		1		1		
Mann, William			1	1	1		1	1	1	1
Scott, William					1		1			1
Moore, Samuel	1			1		1		1		
Israel, Laurence	3	1	2	1			2		1	
Brooks, Thomas	1		1	1			1	1	1	
Huston, Samuel	1	1	1	1				1		
Rezoe, James				1					1	
Hannah, Samuel			1	1	1	2	1		1	
Grimes, John	4	2		1				1	1	
Coulter, William	2				1		1		1	
Lutton, Rolph	2			1		1			1	
Cathrow, Alexander				1		1	1		1	
Lewden, John, Jr.	1			2	1	1	1	1	1	
Clarke, John	1		1	1		2	1	1		
King, E.							1		1	
Moore, Thomas	1			1		1			1	
Mc Clag, Francis		1	1	1		1		1		1
Ruth, Ann		1	1			1		1		1
Thomas, Samuel				1				1		
Jaquett, Peter, Sr.		1			1	2	1	1	1	
Hamilton, James		1	1	1			2		1	
Colesbury, Levi		1		1			1	1		1
Mc Gachey, William	1			1				1		1
Swainey & Davis	3	2		2		4	1		2	
Cooch, Francis L.				1				1		1
Welsh, William		1	1		1		1	1	1	
Haseley, James					1					
Allen, Margaret	2	1				2	1		1	

NAME	MALE UNDER 10	MALE 10/16	MALE 16/26	MALE 26/45	MALE OVER 45	FEMALE UNDER 10	FEMALE 10/16	FEMALE 16/26	FEMALE 26/45	FEMALE OVER 45
NEW CASTLE HUNDRED										
Holston, William	1			1		1			1	
Jamison, Samuel	2	1			1	1	1		1	
Jamison, William	2	2			1	2	2		1	
Hensey, Cornelius	1			1			1	1		
Moses & Abraham				2						
Stoops, Widow	2	1				2	1			1
Enos, John	3	1			1	1	1	1	1	
Robinson, John					2					
Enos, James	2	1			1	4			1	
Lackey, James	1	1			1	3			1	
Kenna, Christopher	2			1		3			1	
Frazier, James	2			1			2		1	
Barr, Samuel		1		1	1	1		1		1
Hacket, Isaac	2	3	1		1	1		1		1
Hall, Joel	3			1		2		1	1	
King, Andrew	1	1		1		2	1		1	
Lafferty, Samuel	1	2		1		2	1		1	
Colesbury, Andrew				1			1		1	
Toppolas, John	2	1			1	1	1		1	
Jaquett, John, Jr.	2			1		2	2	1	1	
Wilson, Robert	2			1		2	2		2	
Pennington, Abram	1	2		1		2	1		2	
Rayhow, James	1	1		1			1		1	
McCallion, William		1	1		1		2	1	1	
Lewis, Joseph	1			1		2			1	
Phemister, Alexander	1	2		2		4	1		1	1
Jaquett, John, Sr.	2	1			1	1	1	1		
Adams, Samuel	1	1		2		1	1		1	
Cherick, William	1	2			1	1	2		1	
Varner, George	2			1		1	1	1	1	
Barr, Robert	2	1		1		3	1	1	1	
Finey, David	2		1		1		1	2		
Hair, John	1			2		1	1	1	1	1
Young, William	1	1		1			1	1	1	
Poole, Robert			1	1		1	1	1		1
Tolan, Mrs.	1					1				1
Guir, Stephen	3		3	1	1	1	1		1	1
Grantham, Isaac					1					1
Holland, James	3	1	1	1		1	1		1	1
Pernall, John	1	1		1	1	1		1	1	1
Sutton, Catherine			1	1		1		1		1
Naff, Henry		3	1	1			1		1	
Eves, James	2	1	2	2		1	1	2	1	
Quinn, Nicholas	2			1		1		2	1	1
Price, Aaron	1		1					2		
Turner, Daniel	1	1		1		3	2		1	
Turner, Thomas	1	1	1	2	1	1	1		1	1
Conaroe, Antram	1			2		4		1	1	
Peach, John		2	1		1	1	1	3		1

NAME	MALE UNDER 10	MALE 10/16	MALE 16/26	MALE 26/45	MALE OVER 45	FEMALE UNDER 10	FEMALE 10/16	FEMALE 16/26	FEMALE 26/45	FEMALE OVER 45
NEW CASTLE HUNDRED										
Bines, Maxwell	1			1		2			1	
Lewden, John		1	1		1					1
Boyd, Henry	2	1			1		1		1	
Davidson, Jediah	1			1		2		1	1	
Lyna, George		1	1	1			1			1
Stoops, Ephriam		1	3		1	2	1	3		1
Stoops, E.,Jr.	1		1			2		1	1	
Morton, Andrew	1	1	2		1		1	1	1	1
Morton, Widow		2	1			2	1	1		1
Morton, E.		1	1				1	2		1
Lea, John	3	1			1	3	2	1	1	
Colesbury, Henry, Sr.	2		2		1		1		1	1
Alrich, David	1	1	1	1			1	1	1	1
Eves, Abraham	2	1	1	1		2		1	1	
Downing, Widow	1	1	2			2	2			1
Devow, Jesse	3	3		1	1	4	2		2	1
Harvey, Andrew					1		1	1	1	1
Brittain, Richard	1		1	1		1	1		1	
Stidham, William			1		1	1	1			1
Stidham, Lucas				1				1		1
Powers, M.	2			1		1	1		1	
Caulk, William G.	2	2	1	1		1			1	
Marshall, William	1	2		1		2	1		1	
Lollar, Thomas	2	1		1		1	2		1	
Caulk, Jacob	2	1		1		2	3		1	
Boyd, Benjamin	3	2			1	3	3		1	
Littler, Peter		1	1	1		1	1	1		1
Coulter, Patrick	1	1	1	1		1		1	1	
Bailey, William	2	2	1		1	3	2		1	
Shields, Hannah							3	2		1
Jaquett, Mrs.			1				1		1	1
Ford, John	1	1	2		1		2	2		1
Mason, John				1						
Mann, George	1		1	1		2		1		
McMullen, James	2			1		3			1	
Bennet, Caleb P.	1			1	2	3		1	1	
Hayes, Thomas	2			1		2			1	
Curtis, John	1	1		1		1	2		1	
Platt, John	1	1	2	1	1	1	2		1	1
Wickward, Thomas	2	1		1		1	2		1	
Jaquett, Peter, Jr.	1			1		3	1		1	
Moore, S. P.	2	1	2	2		3			1	
Campbell, Niel			1	1		2	1		1	
Martin, Joseph	2		1	1			2		1	
Cloud, Harlan	2	1	1	1		3	1	1	1	
Smith, James	2			1		2			1	
Alrich, Lucas	1	2		1	1	1			1	1
Dixon, John	2	1		1		1	1		1	1
McCrown, John	3	2		1		2	1		1	

NAME	MALE UNDER 10	MALE 10/16	MALE 16/26	MALE 26/45	MALE OVER 45	FEMALE UNDER 10	FEMALE 10/16	FEMALE 16/26	FEMALE 26/45	FEMALE OVER 45
NEW CASTLE HUNDRED										
Nichols, Widow	2					1	1			1
Bowman & Harp	3	1	1			2	2		2	1
Dyett, Adam		1	1	1		1	1			
Smith, James, Sr.	1		2	1		2	1		1	
Drummond, Arthur	3	2		1		3	2		1	1
Reynolds, George	2	1	1	1		1		1	1	
WHITE CLAY CREEK HUNDRED										
Negle, Michael	2	2	2	1		2	1	1	1	
Waden & Thomas							1			1
Hannah, John (Lab'r)			1		1				1	
Hall, John, Jr.	1			2		1	1	1	1	
Reese, Lewis	1	1		2	1	3		1	1	
Hannah, John (Merc't)					1					1
Tweedy, Simon	2			1		2			1	
Pratt, George	1	1			1	1		2	1	
Janvier, Joseph	1	1	2	2		1		1	1	
Belcher, Guilbert	3			1					1	1
Cowan, Catherine		1							1	1
Murry, Andrew	2	1	1		1	2	1		1	
Smith, Robert L.	1	1		1		3	1	1	1	
Rogers, Robert					1		1	1		2
Nivin, Samuel	1			1				2		
Hall, John, Sr.	1	3	1		1	1		1	1	1
Nivin, David	1		1	1		3	1		1	1
Adams, Levi	1			1				1	1	
Welsh, Sylvester	2	1	2		1		2	2	1	
Springer, Samuel			3			1			1	
Ogle, Benjamin	1	2		1		1		1	1	
Herdman, John	1			1				2		
Mason, A. & Mrs. Hill		1	1	2		2	1	2	1	1
Walker, John	2	3		1	2		1	2	1	
Shannon, W.	2				1		1	1	1	
Lewis, Joel	2	1		1	1			1	1	1
Glenn, Sarah			1	1				1		1
McCracken, Hugh		1	1	1	1				1	
McMeehen, William		1			1	1		1		1
Robinson, John	3		2	1		2			1	1
Cooper, James			1		1			2		1
Hambly, Richard	2		5	1				1	2	
Burke, Edward	2			1		2			1	
Ogletree, John	1	1		1		3	1		1	
Hosinger, James	1			3			1			1
Doherty, Mrs.			8					2		1
Forrester, Alexander			1	1		2		1	1	1
Platt, Mrs.	1	1	1				1		2	1
Rolston, & McEntire	4					2			2	
Dodds, & Shurlock	2	1	1	3				1	1	

NAME	MALE UNDER 10	MALE 10/16	MALE 16/26	MALE 26/45	MALE OVER 45	FEMALE UNDER 10	FEMALE 10/16	FEMALE 16/26	FEMALE 26/45	FEMALE OVER 45
WHITE CLAY CREEK HUNDRED										
Anderson, Widow	2			1		2	1	2	2	
Dorgan, John	3	1		1		2	1		1	
Lewis, Mary	1							1	1	1
Lusk, John	1			1	1	1			1	1
Allen, Charles	2			1		1			1	
McBeth, John				1			1	1		
McBeth, Alexander			1		1		1	1		1
Chamberlain, Joseph	2	1	1		1	1		1		1
McCarter, John				2			1		1	
Anderson, Thomas	1	1			1	1	1	1	1	
Waugh, William	2			1		3			1	
Pritchard, John					1			1		
McGlocken, George	1	1	1	1		1		1	1	1
McCracken, James	1			1		3			1	
McGregor, Samuel	1	1			1			1		1
Bradley, William	1		1	1		2	1		2	
Steel, Polly								2	3	
Anderson, James		1	2	1					2	
Musgroves, James			2	1				2		1
Armstrong, David	1		2	1			1	1		1
Gilland, Philip		1		1					1	
Lewis, Philip	1	1		1						1
Jaquett, Paul	1	1	1		1		1			1
Black, Mary		1				1	2		1	
Rusell, George	3	1		1		2		1	1	
Mullen, J. & A.	2	1		2		2		1	2	1
Armstrong, Edward	3	1		1		1	1	1	1	
Bailey, William	2	1		1		2	1		1	
Hosinger, Peter	1		2	1		2		1	1	
Chambers, John		1	2	1	1		1	1		1
Montgomery, Robert	2			1			1	1	1	
Dixon, John	1		1		1	1		1		1
Cowan, James	1		1	1	1					1
Montgomery, Alexander	2			1		1			1	
Carrol, Elias	3			1		2		1	1	
Taylor, Robert			1		1					1
Patterson, Benjamin	1			1		1	1	1		
White, Peter			1		1		1			1
Caswell, Michael		1			1	1	1			1
Wirt, Philip	1		1	2		1		1	1	
Mc Clennen, Joseph				1		1			1	
Mellon, Archibald				2		1			1	1
Nighey, Samuel	3	1			1	1	1		1	
Allen, Robert	1	1		1	1			1	2	
Brannon, Isaac	2	1		1		3	1	1	1	
Howell, Benjamin					1					1
Hamilton, R.			2			1	2			1
Stanton, John	2	1		1		4			1	
Sergeant, Obediah	1		3		1		2	1		1

NAME	MALE UNDER 10	MALE 10/16	MALE 16/26	MALE 26/45	MALE OVER 45	FEMALE UNDER 10	FEMALE 10/16	FEMALE 16/26	FEMALE 26/45	FEMALE OVER 45
WHITE CLAY CREEK HUNDRED										
Popham, Widow			1					1		2
Dohoney, John		1		1			1		1	
Campbell, John	1			1		2	1		1	
Magee, John		3	1	1		1	2	1	1	
Simpson, William	2	1		1	1	2	1		1	
Clemonds, F.		1	1	1		1	1		1	
Byers, & Hutton	2			2		2			2	
Rankin, James		1	1		1	1	1			2
Smith, William	2	1		1			2		1	
Grimes, Charles		1			1					1
Robinson, John		1	2		1			2		1
Terral, George	2	1		1	1	1		1	1	
Chambers, Benjamin			2		1			5	1	1
Thompson, Eli		1			1	1		1	1	1
Chambers, Joseph	1		1					1		
Hyett, M.				1		1		1	1	
McClemonds, William					1	4	1		1	
Scott, William	1	1			1	4	1		1	
O'Daniel, John	2	1		1	1	1			1	1
Wilson, James			1		1		1	1		1
Holland, Thomas	1	2		1		1	3		1	
Steel, Allen				1			1	1	1	1
Maxwell, John	2			1		2		2	1	
Watson, William	2	1		1		1	2		1	
Glasgow, John	1	2		1		1	3		1	
Anderson, William	2			1		1	1	1	1	1
McCreery, Widow							1	2		1
Masey, Simon	2	1		1		1	2		1	
Ogle, Samuel	1	1	1			2	1	1		1
Rumsey, Benjamin	2	1		1		1			1	
Pritchard, James			2	1	1			2	1	1
Moore, Archibald	2	1		2		1	1		1	1
Ogle, George	1	1	1				1		1	
Irwin, William	1	1	1			2	1	1		1
Harris & Booth	1		2			2	1	1	1	
Thomas, John	2	1			2	1	1		2	1
Bradford, James	2	1		1	1	2	1	1	1	1
Scott, Andrew	2	1		1		1	2		1	
Moody, Sarah	1	2	1			1	2	1		1
Todd, Widow	1	1			1	2	1		1	
Hall, Moses		2			1			1		
McNeemee, Charles	2			1		1	1		1	
McNeemee, Widow	2					1			1	
Welch, Thomas	3			1		1	1		1	
Welch, Jacob			1		1		1			1
Harris, Widow	2		1			2	1	1		3
Pritchard, John				1		1	1		1	
Grobes, Jonathan	2	1		1		2	1	1	1	
Black & Ferguson	1	2	2	1	1	1	3	1	1	

NAME	MALE UNDER 10	MALE 10/16	MALE 16/26	MALE 26/45	MALE OVER 45	FEMALE UNDER 10	FEMALE 10/16	FEMALE 16/26	FEMALE 26/45	FEMALE OVER 45
WHITE CLAY CREEK HUNDRED										
McConkey, David			1		1		1	1		1
Connan, M.		2	1		1		2	1		1
Price, John	2	1	1		1	2	1	2		1
Stewart, James, Jr.	1		1	1		1		1	1	
Dick, James	2	1			1	1	2		1	
Wilson, John	2	1	1		1	1	2	1		1
Wilson, John, Jr.			1	1		2	1		1	
Barr, Samuel	5				1	2	1		1	
McAntire, William	2	1		2		2	1	2	1	
Stanton, Benjamin	2	1		2		2	1		1	
Dolton, Widow	2	1	1			1	2		1	
Hersey, Isaac		1			1			1		1
McCombs & Scott	2			1	1	1	1		1	
Reynolds, Rebecca		1				1	1		1	1
Welch, Benjamin	2	1		1		1	2		1	
File, John		2	4	1	1			3	1	
Strope, Uriah	2	1		2		1	2			1
Headley, Simon				2	2		1			1
Adams, George		2	1		1	2	1		1	
Weir, William	2				1	2	1		1	
McCoy, Nathan	1		1	2		1	2	1	1	
McCallion, Thomas	1	1			1	1	1			1
Hathorn, William	3	1	2	1		1	1	2		2
Baxter, William	4	2		1	1	3	2		1	
Madill, William	2	1		1		2	1		1	
Fauel, Hugh	1	1		1		3	1		1	
Israel, Joseph	3	1	2		1	3	2	2	1	1
D. Morrison & brothers	1	1	1	3		1	2		2	
Kirkley, John	2	1		1		3	1		1	
Kirkley, William	3	1		1		1	1		2	
Morton, Henry	1	1		1			1		1	
Morrison, Samuel	2	2			1	2	3		1	
Barrel, M.	1			1			1		1	
Wilson, John	2	1		1		2	2		1	
Giffin, Andrew	2	1	1	1		1	2	1	1	
Hall, James	1			1				1		
McKinley, John	3	2	1		1	4	2	2	1	1
Thompson, Benjamin	2	2	1		1			1	1	
Currender, Frederick	2		1	1		3		1	1	
Linkhorn, George	1			1		3	1	1	1	
McDafe & Duffee	3			2		4	1		2	
Phillips, Henry	2				1	2	1		1	
Evans, William	1	1	1		1		2	1		1
Evans, James	1		1				1	1		
Highland, Richard			1	2						
English, John	1	1		1		1	2		1	
Hall, Andrew	1			1		2		1		
Murphy, John	1				1					1
Sheakspear, John	2		1				3	1		1

NAME	MALE UNDER 10	MALE 10/16	MALE 16/26	MALE 26/45	MALE OVER 45	FEMALE UNDER 10	FEMALE 10/16	FEMALE 16/26	FEMALE 26/45	FEMALE OVER 45
WHITE CLAY CREEK HUNDRED										
Phillips, Thomas	2	1	1	3		3	1	1	1	1
Gillaspie, George					1	2	2		1	1
Kerr, Andrew	1		3		1	2	2	1		1
Brown, John					1					1
Allen, Patrick	1			1		1			1	
McMullen, Widow							1		1	
McCartey, Widow	2		1	1		2	2	1		1
Crawford, Eaton			1				1			1
PENCADER HUNDRED										
Wilson, William	1	2	1		1				1	
Alrich, Isaac			2			1		1		1
Middleton, Robert	2		1	1		2	1	2	1	
Adair, William			3					1		1
McHollam, James				1					1	
Glenn, Thomas			1	1			1		1	
Stewart, Benjamin		1	1			2		1		
Simonton, William C.				1		1	1	1		
Taylor, Benjamin	3			1					1	
Jack, Joshua	1		2	1		2		1		
Moore, Robert	1			1		1	1		1	
Rowland, Jehu	2	1		1					1	
Wattson, James	2			1				1	1	
Wattson, William	2	1		1		2	1	1	1	
Brady, Samuel	1			1		1		1		
Bakeman, James	1		1	1		1			1	
Allen, Jacob				1		2		1	1	
Townsands, Thomas				1		1			1	
Underwood, Soloman		1	1		1		2	2		1
Guthria, Samuel	4			1		2	1		1	
Thompson, James	4	1	1		1	1		1	1	1
Magee, James	1		1			1		1		
Couper, Hugh	1			1			1		1	
Thompson, Widow									1	1
O'Hana, Edward		2		2		1	1	1	1	
Allen, John	3			1					1	
Allen, Robert	1			1		1			1	
Ellis & Whitlock	1	1		1	2	2		2	1	1
Aiken, Matthew			2		1			1		
Shannon, John	1	1		1		1	1		1	
Moore, William				2						
McLane, A.	1	1		1			1			1
McKee, Robert					1					1
Pritchard, Jacob		2	1		1		1			1
Moore, Thomas					1		1			1
Ecclos, Widow	1		1	1			1	1	1	
Laurence, Caleb					1			1		1
Wilson, Hugh	2	2			1	2	1		1	

NAME	MALE					FEMALE				
	UNDER 10	10/16	16/26	26/45	OVER 45	UNDER 10	10/16	16/26	26/45	OVER 45
PENCADER HUNDRED										
McKinsey, James		2			1	2	1			1
Crawford, John	1	2	1	1		1	1		1	
Warnick, David	2	2			1	1	1			1
Robinson, John			1				1	1		
Vinsant, A.	3	1		1		2	1		1	
Hugg, Widow	1	4	2				1		1	
McKee, Widow	1	1	2				1			1
Miller, Samuel					1					1
Keely, Widow		1					1	1		1
Brady, James	1			1		1			1	
Powell, Benjamin	2	1		1		2	1			1
Moore, William	1			1		1			1	
Stewart, Jacob	2	1		1				1	1	
Hannah, Samuel	1	2		1		1	1		1	
Pennington, Nimrod			1	1	1	2	1		1	
Ferris, Jacob		1	2		1	1	2	1		1
Whann, William			1		1	1	1	2		1
Evans, Richard				1		2			1	
Carvander, Alexander	1	2		1		2	2		1	
Abercombie, A.	1				3	1	1		1	1
Stoops, Benjamin		1			1	2	2			1
Underwood, N.		1			1		1			1
Clarke, Henry	1		1		1			3		1
Bailey, Isaac	2	1	2	1		2	1	1	1	
Clarke, Thomas			2					2		
Porter, John	1			4		2		2	1	
McCombs, Samuel	1			1		3			1	
Morgan, Jere					1			2		
Williams, Peter		2		1			1	3	1	
Holland, Isaac	3	2		1		2	1		1	
Sueas, Abraham	2			1		2	1		1	
Sheakesper, Samuel	1			1		2		1	1	
Cartey, Edward	2			1		1		1		
Griffith, Benjamin	1			1		2	1		1	
Smith, C.	2			1		2	1		1	
Banton, Mrs.	2	1	1			1	3	1		1
Hamilton, Mrs.	1	2			1	1	2	1		1
Coock, William	4	4	2	1			1	1	1	
Fort, Thomas	2			1		2			1	
Cannaday, James	1			1		1			1	
McCombs, William, Jr.	2			1		2	1		1	
Murree, James	2				1	1	2	1		1
Slack, Uriah	4	2	1	1			1	1	1	
McMulligill, H.	2	1		1		3		1	1	
Thompson, Alexander	1	2	1		1		3	1		1
Smith, James	3	1		1		1	2		1	
Pritchard, Thomas		2			1	2	1		1	1
Maxwell, William	3			1		2	1		1	
Cody, John	2			1		2		1	1	

NAME	MALE UNDER 10	MALE 10/16	MALE 16/26	MALE 26/45	MALE OVER 45	FEMALE UNDER 10	FEMALE 10/16	FEMALE 16/26	FEMALE 26/45	FEMALE OVER 45
PENCADER HUNDRED										
Agnor, John	2	1		1		3		1	1	
Agnor, Conrad		1	2		1	1	2	1		1
Lockheart, James		2		2			1		1	1
Hill, Widow		1						1	1	1
Holmes, George	1	2			1	1	3			2
McCombs, William, Sr.			1		1		2			1
Wattson, Lewis				1				2	2	1
Patton, John	1	2	1		1	1	3	1		1
Firl, Gedion				1			1			2
Moore, Michael		1			1		1	1		1
Bowldan, Jesse	1		1				1	1		
Stewart, John	2			1		1	2	1	1	1
Black, Widow			1				1	1		1
Black, William			3				1	1		
Canblin, William	1		1	2	1	1		2	1	1
Branton, Benjamin	1			1		2	1		1	
Snow, James	2		2	3				1	1	
Fisher, Andrew	1	1	1	1	1	2	1	1	1	
Scott, Widow	1	1	1				1	1		1
Bouldin, Levi	2		2	1		1	1		1	
Ferris, James	2	2		1		1	2	2	1	
Kirkpatrick, John	1	1		1		1		2	1	
Clino, William	2			1		1	2		1	
Dawson, Mary		1	1			1	1	1		1
Henderson, Mrs.							1	1		1
Armstrong, A.	3	1		1		2	1		1	
Smith, James	1		1	1		1	1		1	
Bryson, Daniel	1	1		1		1	1	1		1
Knox, Andrew			1		1		1	1		1
Henderson, Widow	1	1		1				1	1	1
Laurence, John		1		1	1		1			1
James, Tamer			1					2		1
Waggoner, Joseph	1	1			1		2	2		1
Gordan, Widow		1				1	1		1	1
Cockran, James	2	1		1		1	1	1	1	
Bunker, William	3	2	1	1			1		1	
Jones, Christopher	1		1			1		1	1	
Stanton, Stephen	1	1		1		4	1	1	1	
Culbertson, D.	1	1		1		1	2		1	
Curlet, Widow		1	1				1	1	1	1
Mullet, Peter	3		1		1	3	1	1		1
Dunlap, William			4				1	2		
Kimble, Henry	2	1	1	1		3	1		2	
Howell, Oliver	1	1		1			1	2	1	
McNiel, Niel	2		1	2		1	1		1	
Curlet, William	1	1	1	1		1	1		1	
Chapman, George		2	2	1	1	4	1	1	1	1
Tweedy, Susan	1	3		1		1	1	3		1
Chestnut, Jarrot	1	1	1	1			1		1	

NAME	MALE UNDER 10	MALE 10/16	MALE 16/26	MALE 26/45	MALE OVER 45	FEMALE UNDER 10	FEMALE 10/16	FEMALE 16/26	FEMALE 26/45	FEMALE OVER 45
PENCADER HUNDRED										
Reiley, Charles	2	1	1	1		2	2		1	
Evans, Evan (Widow)		1				1	1		1	1
Basett, Henry		1			1					1
Holland, John	2			1		2	2		1	
Jack, John	1	1			1		1	1		1
Ash, Nicholas	1	3			1	3			1	1
Kincaid, William	2			1		1		1	1	
Kincaid, Jesse	2		1	1		3	1	2		1
Cook, Benjamin	1				1	2		2		1
McCummings, William	1				1	4	1		1	
Biggs, David	1			1				1	1	
Miller, Hance	1	1			1	1	2	1		1
Law, John	1			2		5			1	
Wattson, Thomas	1		1	1				1		1
Maginn, John	2	1			1	1	1			
Huggins, Samuel	1				2	1		1	1	
Cary, Andrew		1		1		4			1	
McKinley, George		1			1	1		1		1
Conn, Nancy		1				1		1	1	1
Sammons, Daniel	2	3			1	1	2			1
McCaffety, James	1	1		1		2	1		1	
Clarke, John	1	1		1		2	1		1	1
Conner, John		1			1			1		1
Colhulohoon, Margaret	1					1	1		1	
Thatcher, Thomas	5	2	2		1	1	1	1		1
Ferguson, Zebe	2		1	1			1	1		1
Evans, Howell	3	1			1	2	2	1		1
Wiley, John	1	1			1	1		1	1	1
Jones, Zachariah	2		1	2		1		1	1	
Chealey, William			3	1				2	1	
Bradley, Thomas	1		2	1		2	1		1	
Vail, John		1	2		1		1	2		1
Redman, John	3	1		1		1	3	1	1	
Bennett, John	1	1	1	1		2	1		1	
Griffith, John		1		1		1	3		1	
Stidham, Jonas	1	1	1		1	1	2	1	1	1
Lindsey, William	1	1		1		3	1		1	
Townsand, David	1	2	1		1	1	1	1	1	
Griffith, James	3	1		1		1	1		1	
Morrison, William		1	2		1			1		1
Miller, Thomas	2			1		2		1		
Hill, Isaac	1	2			1	1	3			1
Clarke, John, Jr.	3		1			1	2		1	
Evans, Joel		1	1		1		3	1		1
Spencer, D.	1	2			1	2	1	1		1
Miles, James	1	1	1				1	1		
McCland, Edward				1				1		
McGregor, Samuel	1			1		1	2		1	
Griffith, Richard		1	1		1			1		1

NAME	MALE					FEMALE				
	UNDER 10	10/16	16/26	26/45	OVER 45	UNDER 10	10/16	16/26	26/45	OVER 45
PENCADER HUNDRED										
Harmon, Hanee	1	2			1	2	1		1	1
Cartey, Widow		2	1				1	2		1
Mc Antire, Samuel	3	2			1	2	1	1	1	
Glenn, Jacob	3	1		1		2			1	
Quaill, Thomas	2	1	1		1	1	2	1		1
Cantwell, Patterson		2	3		1		1	3		1
Alliason, Andrew	2	2			1	1	2	1		1
Ferris, John		3	3		1			4		1
John, Jehu		1	2		1		2	1		1
Altick, James	1		1				1	1		
Garrett, William			1	1		1		1		
Altick, Benjamin		1		1			1		1	1
Cazier, Jacob	3		1		1		1		1	
Guthria, Robert	2	2	1	1		1	2	2	1	1
Robinson, John, Sr.		1	2	1		2	1	1	1	
Sharp, E.			1	1			1		1	
Wirt, Mrs.							2	1		1
Bouldin, James, Sr.					1	1			1	1
Hugill, Peter	2	1	1		1		2	2	1	
Hugill, Spencer		1	1		1	2	2	1		1
Mahonon & Trickling	3	2		2	2	1	2	1	2	
Morton, Archibald	3	2		1		2	2	1	1	
Laurenceson, James	2	1	2	1		3	2	1	1	
Armstrong, Widow		1	1			1	3		1	
Bouldin, Nathan			1	1	1					1
Bouldin, Thomas	4	1		1		2			1	
Bouldin, Elisha		2	1		1		1	1	1	
Howell, Widow		2	1	1				1		1
Alesbury, Frederick	2	1		2		3	1	2	2	
Ryan, William	2			1		2			1	
Small, Richard	2	1		2		1	2		2	
Cochran, Moses	1		1		1			1	1	
Seabor, David	2	1		1		1		1	1	
Price, Sarah			1			2		1	2	1
Sharp, Samuel					1					1
Hammon, Rachael	1	1	1					1	1	1
Bouldin, Jesse, Sr.	1			1		1		1		
Alesbury, Benjamin	2			1		1	1		1	
Smith, Mrs.		1	1					1		1
Mosely, George			1	2		1			1	
See, William	1		1	1		1		4		
Cruse, John	2			1		2		1	1	
Bail, Alexander			1		1	1	3	2		
Wilson, John		1			1	1	1	1		1
Henderson, John	1	2		1		2	1		1	
Smith, Robert	2	1		1		1	1		1	
Perry, Alexander	1	2		1		2	1		1	
Laurence, Simon	2			1		1	2		1	
Mc Mullen, Thomas	1			1		1	1		1	

NAME	MALE UNDER 10	MALE 10/16	MALE 16/26	MALE 26/45	MALE OVER 45	FEMALE UNDER 10	FEMALE 10/16	FEMALE 16/26	FEMALE 26/45	FEMALE OVER 45
PENCADER HUNDRED										
Cathcart, Ann	1	1	1			1	2	1		1
Moody, John	2	1		1		1	2		1	
James, John	2	1		2			1	1		1
Williams, Isaac			2		1		1	1		1
Moore, Rebecca	3					1	1		1	
H aganey, John	1			1		1	1		1	
David, Joshua	2	1		1		1	2		1	
Anderson, John	1		1			1		1		
Haganey, Widow		1	1			1	1		1	
Kelley, Thomas		1			1		2		1	
Campbell, Betsy		2					1			1
Williams, Roger	1	1	1		1	4	1		1	
Groves, Richard	2	1		1		1		1	2	
McMullen, Robert		2		1			3	1	1	
Davis, William	2	1			1	1	2		1	
Powell, James	2			1		1		1	1	
Milligan, William	1			1				1		1
Ryan, Ann	2						1		1	1
Dodd, John	2	4	1	1					1	1
Chestnut, William	1	1		1			1	1	1	
Price, James	2	1			1		3	1	1	
Thompson, James, Jr.	1			1		3	2		1	
Price, William	2	2		1		4	2	1	1	
Law, John			1	1			1		1	
Collins, Lucretia	2	1				1	1		1	
Clarke, Jonathan	3		1	1		2	1		1	
RED LION HUNDRED										
McGlocken, Samuel	1		1	3		1		2		1
Thomas, Enoch	1		1	1		1		2	1	
Rhodes, Widow		1	1				1			1
Sutton, John	2		3	1		1	1		1	
Masilla, John	1			1	1	1		1	2	
Clarke, Thomas			4			1			1	
Bouldin & Martin	2			1		2		2	2	
Smith, Nancy			1				2		1	1
Thomas, David	2		1	1					1	
Murphy, John	1		1	1			1		1	1
Biddle, Andrew	1			1		3	1		1	
Stewart, Charles	1			1		2			1	
Clarke, Robert			2	1			1		1	
Stewart, William	1	1	1	1		2		2	1	
Pennington, Andrew	1		1	1		1		1	1	
Higgins, David	1		1	3				1	2	
Higgins, Anthony	2		2	1		1		1	2	
Plant, Henry	1	1	1	1		1		1	1	
Duffee, John	1	1	2			1		1	1	
Ferris, Samuel	1	1	1		1			1		1

NAME	MALE UNDER 10	MALE 10/16	MALE 16/26	MALE 26/45	MALE OVER 45	FEMALE UNDER 10	FEMALE 10/16	FEMALE 16/26	FEMALE 26/45	FEMALE OVER 45
RED LION HUNDRED										
Bouldin, James (Tailor)	1	1		2		1		1	1	
Biddle, Jacob	3		1	1		3		1	2	1
Miller, Mary			1				1	1		1
Menroe, James				1		3	1			1
Adams, George	3	2	1	1		1	1	2	2	1
Cavander, David	1		1					1		
Wattson, John	1	1		1		1	1		1	
Hyett, John	2		1	2		1	2	1	1	
Moore, Nathan	3		2	1		2		3	1	
Howell, Enos	1	1	2	1		2	2			1
Lyon, Widow		1	2				1	2		1
Alston, Joab	2	3			1	3		1	1	
James, Elisha	2		3		1	1	1		1	
Sopper, Widow			1					1		1
Gilbert, Jesse	1		1	1		1		1	1	
Laurean, John		1		1			1		1	
Pierce, William	1	1	2	1		2	2		1	
David, James	3		2	1		2	1		1	
Vanhickle, John	1	1		1		2	1	2	1	
Jamison, Alexander	1	1	2		1	1			1	
Kengan, John	1	1		2		1	2		1	
Clarke, George	3			1				2	1	
Hinsey, William	1	1		1	1	1		2		
Reiley, Matthew	1		1	1		1	1		1	1
Ford, Richard	1	2	2	1		2	1	1	1	
Hanson, Nathaniel	1	1		1			1	1		1
Bradley, Widow	1	3				1	1		2	
Alliason, Widow		1	1			1	1		1	
Caulk, John	2	1		1		1	1	1	1	
Bouldin, James, Jr.	1	1		1		1		1	1	
Law, Samuel	1	1	1	1		1		1	1	
Allen, Samuel	2	1		1		1	1	1	1	
Welsh, Jacob	1		1	1		1	1		1	
Mounex (y), Thomas	2	1		1		1		1	1	
Burtus, William	1	1	1	1			2		1	
Mc Mullen, Robert	1	1		1		1	1		1	
Vinnaman, David	1	3		1	1	1	1	2	1	
Curtis, Laslus	1	1		1		2	1		1	
Porter, Margaret								1	1	1
Mc Connel, James	1	1		1		1	2		1	
Higgins, Jesse	2		2	2		1	1	1	1	
David, Elisha	2		1	1		2	2		1	
Hickrory, William				1		2	1		1	
Wilson, Samuel	2			1		3	1		1	
Toppin, Samuel	2		1	1		2			1	
Garretson, John			3	1	1		1		1	2
Toppin, John	2	1		1		1	2		1	
Toppin, George	2		1	1		1		2	2	
Kirkman, William	1		1			2		1		

NAME	MALE					FEMALE				
	UNDER 10	10/16	16/26	26/45	OVER 45	UNDER 10	10/16	16/26	26/45	OVER 45
RED LION HUNDRED										
Hamilton, Thomas	1	1		1		1	2		1	
Toppin, George, Jr.		1	1	2						
Hinsey, John		2		1		2	1	1		1
Thomas, Charles	2		1		1	1	1	1	1	1
Miles, L. H.	2		2				1	2		
Cannon, Isaac	4	1	1		1		1	1	1	1
Miles, E.			2				1	3		1
Durham, Anthony	2	1	2	1	1		1	1	1	1
John, Joseph	1	2	1		1	1	2	2		1
Crow, Samuel	2			1				1	1	
McCall, John	1		3	3		1	2	1	1	
Foreman, John	2	2	1		1	2	2	1	1	1
Steel, John	1		1	1		1	2	1	1	
Patton, Widow	1	3	2	1		1	1	1	1	
Carpenter, Dr. W.	4	1	1	1		2	2		1	
SAINT GEORGES HUNDRED										
Burchall, James	1	2	2		1		1	2	1	
Stewart, Mary			2	1			2	1		1
Foster, Silas	2		1	1		2	1	1	1	
Betts, John			2	1		1		1	1	
Sauer, James	1	1	1	1			1	1	1	
Read, Rebecca		1	3			1	2	2	1	1
Fitzgerald, Thomas					1		2		1	1
Lord, Jonathan		1	1	1		4	1	1	1	
Murch & Puis (?)	4	2		2		2	1		1	1
Sullivan & Boyd	3		2			3	1	1	1	1
Read, John	3	1	1	1		1		1	1	
Mansfield, John			2		1		1			1
Hewlin, Samuel			1	1			1		1	1
Wing, Frederick		1		1		1	1		1	
Hamilton, John	1		1	1		1		1	1	
McMullen, Patrick	2		1	1		2	1		1	
Harlin, Widow			1				2	1	1	
Aikin, John	1	2	2		1			1		
Wheeler, John	1	1		1		1		1	1	
Toy, Savory	1		1		1		1			1
Trimble, William	1	1		1		2	1		1	
Lynch, Barney	2	1	1	1		2		1	1	
Wilson, John	2	2	1	2		2	1		1	
Blaney, Daniel	2	1	1	2		1	2		1	
Cravan, Thomas	1	2	1	1		1		1		
Bowan, John	2	1		2		1	1	2		
Morris, John	1	1		1		1	2		1	
Murch, Matthew	2	2		1		2	2		1	
Bowman, John B.	1	2		1		1	1	1	1	
Cox, George & Stratton, Benj.	3	1	2	2		2	3		1	
Dauagh, Timothy			1				1	1		

NAME	MALE UNDER 10	MALE 10/16	MALE 16/26	MALE 26/45	MALE OVER 45	FEMALE UNDER 10	FEMALE 10/16	FEMALE 16/26	FEMALE 26/45	FEMALE OVER 45
SAINT GEORGES HUNDRED										
Colhoon, Mary	1	1	4				1	2	1	1
Moody, John	3	2		1		2		1	1	
Walker, William Jr.	2	1	1	2		1	1		1	
Hutton & Davis	2	1		2		2	1		1	
Staw, John			2	1			1		1	1
Corbit, Pennall	1		1				1			1
Thomas, Samuel	1	1	1	2		1			2	
Wilson, David		1	1	1	1		1	1		1
Hirons, John	1	1			1			1	2	
Derickson, Luke	2		1	4		1	1	1	1	
Janvier, John	1	1	5		1			1	1	1
Newland, Thomas			2	1				2		
McDonough, James		1	1					1		
Saunders, John	2			2			1	1	1	
Corbit, Israel	1		1	1		1		1	1	
Humphrey, Widow	2	1				1	1		1	
Dale, Richard C.				1						
Magill, Aliacer		1		1				1		
Green, Benjamin	1	1		1		1		1	1	
Toland, Joshua		1		1		1		1		1
Bradford, William	2		1	1		2			1	
Wilkins, Widow	1		1			2	1			1
Brady, William	4	1		1		2		1	1	
Merritt, Benjamin	2			1		1	1		1	
Thompson & Laurenceson			3							
Clarke, Timothy	3	2		3		2			1	
Ireland, James			1	1					1	
Maxwell, William				1		1			1	
Weaver, Christopher		1		2		2			1	
Dunn & Currant	1			2		3	1	1	1	
Benson & Scott	1	1	2	1				1	2	1
Knight, R. H.	2		1	1		1			1	
Colegate, Richard			3							1
Harmon, Jacob			1		1			1		
Cochran, James	1	1		1	3	1			1	
Floyd, Edmund			1	1				1		
Belville, Widow	1	1					2		1	
Street, Jacob	2	2	3	2		2	1		1	
Briscoe, Alexander		2	2					1		
Reading, Mary	1	2				3		1	1	2
Peire & Dunbanam	1	1	1	1		1	2	1	1	
Ashpow, John	1			1		2	1		1	
Maxwell, Robert	1		1	1		1		2		
See, Abraham	1			1				2		
Mountain, William	1	1	2	1		1	1		1	
Guy, William					1					
Pennington, Samuel	2	1		1		2	1	1	1	
Jones, Benedict	2	1	1	1		1		1	1	
See, William	1			1		1	1	1		

NAME	MALE UNDER 10	MALE 10/16	MALE 16/26	MALE 26/45	MALE OVER 45	FEMALE UNDER 10	FEMALE 10/16	FEMALE 16/26	FEMALE 26/45	FEMALE OVER 45
SAINT GEORGES HUNDRED										
Pennington, John A.		1	1		1			1		1
Meldrow, Joseph			1	1			1			1
Chatton, Thomas	1		2	1		1	1		1	
Hall, William	1		1		1	1		1	1	
Frazier, James	1		1	1		2		1	1	
Parker, Alrich			2			1		1		
Adkinson, James			1		1		1			1
Alrich, John			1		1			1		1
Hanson, James	2	1		1		1		1	1	
Mc Donough, Patrick	1	1		1		2	2		1	1
Moore, Robert	1	1		1		3	1		1	
Gillmon, John	1	1			1		2		1	
Moore, Francis	3	1			1	1	1		1	
Alliason, Andrew, Jr.	1		2	1				2		1
Evans, Widow			2				1			1
Jamison, Joseph			1			1		1		
Hugan, Henry	1			1			1		1	
Jamison, Thomas	1	1	1		1	1	1		1	
Cleaver, Peter			1		1	1		1		1
Cleaver, John	4	1		1		1	1		1	
Cleaver, William	3	1		1		1		1	1	
Wilson, Richard		2	2	1		1	1		1	
Gordan, John	1	1	2	1		1	2	2	1	
Gros, Philip	2	1		1		1	1		1	
Woods, Isaac	1	1		2		1	1		1	
Cochran, John	4	1	1		1		1	1		1
Jetunn, Ann		2	1				1	1		1
Walker, William, Sr.	1				1	2		1	1	1
King, John H.	1	1		1		1		1		
Carpenter, James	2	1	2	1		1		1	1	
Carpenter, Richard	1		1	1		2	1		1	
Burch, David	1	1		1	1	2	2		1	
Mason, Richard	1	1	1	1		2		1	1	
Hill, Mrs.							1	1		1
Dilworth, John	1		1					2		
Brothers, James	3				1	1	1		1	
Starr, Moses	2	1		1		2		2		1
Cannary, Ellis	1			1		2	1		1	1
Booth, Thomas				2			2		1	
Lord, Nathan			1		1		1			1
Cox, George		1	2		1	1	1	1	1	
Morris, Widow		1	1				1	1		1
Wilkson, Peter		1		1		1	1		1	
Mc Curday, Patrick	1	1	1		1	1		1		1
Bowan, Barney					1		1			1
White, Thomas	2		1	1		2		2	1	1
Rothwell, E.	3	2	1	1		3	1	1	1	
Adair, John	2			1		1		1	1	
Lukerts, Archibald	2		1	1		1	1	1	1	

NAME	MALE					FEMALE				
	UNDER 10	10/16	16/26	26/45	OVER 45	UNDER 10	10/16	16/26	26/45	OVER 45
SAINT GEORGES HUNDRED										
Hutton, Henry			3				1			1
Mathews, Thomas		1		1		3			1	
Williams, Thomas	1			1			1		1	
Alrich, William	1			1			1		1	
Bird, William	1			1			1	1		
Batton, George	1	1	1	1		4			1	
Cole, E.	2		1	1	1	1	3	3	1	
Price, Richard	2			1		2		1	1	
Bouldin, Thomas			2	1	1	1		3	1	
Vail, John, Jr.		1		1			1	1		
Campbell, John	2		1	1		1	2	1	1	
Vandegrift, Leonard, Jr.	1	1		1		3		2		
Agbertson, Jacob	2		1	1		2	1		1	
Fobes, Zachariah		1		2		2			1	
Allison, Joshua	1	2		1		1	1	1		
Alliason, Andrew, Sr.	1	3		1	1		1	2	1	
Bird, Ann										1
Bird, William, Sr.	1			2			1		1	
Garretson, Henry		1	1	1		1	1		1	
Henton, Thomas	1	1	1	1			1		2	
Biddle, Samuel	2			2		2	1		1	
Hanson, John		2	1		1	2	3		1	
Walravan, Ellias	2		1		1	1		3	1	
Mansfield, Samuel			1	1			1			1
Hutchinson, Joseph	1	1	1		1	1	2		1	
Foreman, Jonathan	1		1	1		1		2		
Vandegrift, Leonard	3	1	1	1		2	2		1	
Thomas, Nathan				2		2	1	1	1	
Jester, William				1		1	1		1	
Skeer, Jacob	1		1	1			1		1	
Yokam, John	3	1	1		1	1	3		1	
Richey, Jacob	2	1	2		1	1	2	2	1	
Vandy, Charlooth, Jr.		1	1				1		1	1
Mc Whorter, David	2			3				2	1	
Reynolds, John		1		5	1		1		1	
Robert, Thomas			1			1		1		
Peterson, John	2		1	1		1		1	1	1
Mc Donall, Robert	2		1	1		1	3		1	1
Derickson, Jeremiah	2		3	1		2			1	1
Farmer, Thomas		1	2	1	1		1	1		1
Roberts, Morgan J.	1	2	1		1	2	2	1	1	
Mc Bay, Owen	1	3	2		1		1	2		1
Connelly, Thomas	1	2	1		1		1	2	1	1
Smith, Samuel	1	1		1		1	1		2	
Culbertson, Benjamin	1	1	1		1		1	1		1
Mc Connoughey, P. & W.			2		1					1
Hyett, Ephriam		1			1			1		1
Friar, Mrs.	1	1				1	1		1	1
Nuginn, Mrs.	1	2				1	1	1	1	

NAME	MALE					FEMALE				
	UNDER 10	10/ 16	16/ 26	26/ 45	OVER 45	UNDER 10	10/ 16	16/ 26	26/ 45	OVER 45
SAINT GEORGES HUNDRED										
Mc Cabe, William	2	1	1	1	1	1	1			1
Pennington, James	1		1			1	1	2		
Vance, James	2	2	1	1			2	1	1	
Douns, Widow	1	2					2	1	1	
Mc Conough & Housier	3	2	1	2		2	3	1	2	
Carroll, John	1	1	2	1		3	2	1	2	
Janviview(?), Phillip	3	2			1		1	1	1	1
Read, Valentine			1	1			1	1		1
Frazier, William		1	2		1	2	1	1	3	
Reynolds, Francis	2	1	1	1			1	1	1	
Hambly, Widow		1	1				3	2		1
Cann, Robert	1	1	2		1	1		2		1
Sagur, Robert	1		1	1		2		1	1	
Voys, Jane		1	1			1	1		1	
Covington, Peter	4	1		1		1	1		1	
Vance, Widow	2	3	1			2	1	2	1	
Craig, George	1	1		1		1	2		1	
Covington, Nathaniel	1	2		1		1	1		1	
Mc Corrikill, Widow	1	3				1	2		1	
Biddle, Andrew	4	1			1	1	1	1	1	
Taylor, James	2	2		1		2	2		1	
Clarke, Robert		1	1	1		1		1	1	
Haines, Daniel			1	1		2	1		1	
Gooden, Abraham	2	1	1	1		3	1		1	
Pierce, John	2	1	1	1		3	1		1	
King, Robert	1			1		1	2		1	
Cullington, Allen	1	1			1	3		2		1
Collins, John	3	2		1			1	1	1	
Hason, Laurence	3		1	1			1	1	1	
Glackson, John			1	1		3	1		1	
Frasier, George	1	1		1		3	2		1	
Smith, Robert	1	1		1		2			1	
Dorrall, Samuel	1	1		1		2		1		
Wilkins, John	2	1		1		1	2		1	
Kirbey, Reuben	2	1	1		1		1	1	1	1
Boots, John			1	1		1		1		1
Hyatt, John V.	1	1		1					1	1
Pennington, Nancy	2	1	1	1		3	2		2	
Bennett, John	1			1		1			1	
Glennand, P.	1	1		1		2	1		1	
Wilson, Widow	1	2	1				1	1		1
Vandegrift, Lewis			1		1		1			1
Vandegrift, Christopher			1		1		1	1		1
Davis, Samuel	2		1		1	1	1		1	
Bronson, John	3	1		1		1	2		1	
Turner, Mail	1	2	1	1		1	2		1	
Aspill, James		2			1	3	1	1		1
Lunnon, Samuel	1	2		2		1		1	1	1
Davis, Marina	3	1	1	1		3	1	2	2	

NAME	MALE UNDER 10	MALE 10/16	MALE 16/26	MALE 26/45	MALE OVER 45	FEMALE UNDER 10	FEMALE 10/16	FEMALE 16/26	FEMALE 26/45	FEMALE OVER 45
SAINT GEORGES HUNDRED										
Diehl, Adam	2		3	2	1	1		2	1	
Brown, John	2	1		1		1	1	1	1	
Kean, Morris	2	1			1	1	2			
Boggs, Jacob	1		1	1		1	2		1	
Vance, Adam					1		1			1
Perry, Widow	2	1	1			1	2		1	
Vandegrift, Jacob	3	1		1		1		1	1	
Dean, Abraham	2		2		1	1	3	1		1
Read, Martin	1	1	1			1		1		
Hyett, Widow	2	1				1	2	2	1	1
Sawer, Widow	2	2				2	3	1		1
Stewart, William		1	2	1				2		
Cartey, William		1	2	1	1		1	2		1
Lockerman, John	1	1		1		1	1		1	
Reese, David	1			1				2	1	
See, Widow	3	1			1	2	1		1	1
Haines, James	3	1		1		1	1		1	
Wilson, Benjamin	2			1		2	1	1	1	
Tharp, Thomas		2	2		1		1	2		1
Hugins, Jere	1	1		1		1	1		1	
Thomas, David			2	1						
Burch, Widow	1	1	1				1	2		1
Mc Guffin, Presilla	1		1			1	1	1		1
Canbey, Joshua	2	1		1		3	1		1	
Bird, Thomas	1			1				1	1	
James, John		1			1		1	3		1
Sutton, William	2	1		1		2		1	1	
Bratton, John	2	2		1		1	1	1	1	
Green, John	3	1	1	1		2	1		2	
Hyett, Francis	3	1		1		1	1		1	
Hyett, John	2			1		2	1		2	
Banton, Sarah	1	3	2			1	2	1	1	
Allmon, Isaac			2	1	1	2	1		1	
Jones, John	2		1	1		1		1	1	
King, Peter			1	1	1	1			1	1
King, Jacob				1		3			1	
Crow, Robert	2			1		1	1		1	
Johnson, Thomas	1			1				1	1	
Haughey, James			1		1		1	2		1
Armstrong, Cornelius	3		1		1	1		1	1	
Perry, John			1	2	1				2	1
Higgins, Joseph				1		1			1	
Right, John				1				1		
Price, Thomas & W.	2	2		2		4		1	1	
Pennington, John	1		1	1		1	2		1	1
Vanluvan, Jacob	2	1		1		1		1		1
Vandegrift, William		3	1	1		1	1		2	
Beeson, Benjamin	2		1	1		2	1	1		1
Hook & Burgis				2						

NAME	MALE UNDER 10	MALE 10/16	MALE 16/26	MALE 26/45	MALE OVER 45	FEMALE UNDER 10	FEMALE 10/16	FEMALE 16/26	FEMALE 26/45	FEMALE OVER 45
SAINT GEORGES HUNDRED										
Burgis, Widow	2					1		1	1	
Taylor, Benjamin			2	1			2	1		
Beck, Samuel	2	1		2		1	1	1	1	
Hersey, Samuel				1		1		1		
Rice, William	3			1		4	1		2	
Alston, John	2	1	2		1			1	1	
Freeman, Samuel	3			1		2	1	1	1	
Price, Spencer	1	1	1		1	1	1	1	1	
Mc Murphy, Jenett	1	1				2	1		1	
Haughey, Jacob			2					2		
Sharp, Thomas	1			1				1	1	
Reynolds, Thomas	3			1		1	1		1	
Reynolds, Thomas (Farmer)	2	1		1		2	1	1	1	
Noxon, James	1			1			1		1	1
Harmon, Andrew	2		1			2				
Garretson, Richard			1	2				2	1	
Norris, William	1		1			1	3	4	1	1
Molston, John	3	1	2	1			1	1	1	
Reynolds, William				1				1		1
Sharples, Preston		1	1	1					1	
Cann, Robert, Sr.	2		2	1			1	1		1
Clayton, Dr. James	1			1		1		1		
Clayton, Richard	2			1		1		1		
Clayton, Rachael							1			1
Biddle, B.	1	3	1	1				1		
Corbley, Mary	3	1	1			1	2		3	
Sterling, Ephriam	3	1	2	1		1	3		2	
Burnham, Thomas	1	2		2		2	1		2	
Evans, Ann	2	2	1			2	2	1		1
Evilson, Jacob	2	3	1		1	2	1		2	
Ballard, William	3		2			1	2		2	1
Marr, David	2	1	1	1		3	1	1		1
Hanson, John, Jr.	3	1		1		1	1	1		
Reynolds, Jeremiah			3		1		1	2	1	2
Rothwell, Joseph H.	4	3	3		2	4	4	3	1	2
Reynolds, William, Sr.	3	1		1	1	1	2	2		1
Haughey, Francis	2			1		1		1		1
Barkclay, Robert	3	1		1	1	1	1	3		1
Dondall, Widow	2	1				2	2			1
Boys, Boz.	1		1		1	2		2	1	
Biddle, Tobias	2	1		1		3		2	1	
Vicker, Mrs.	1		2	1			2	2	1	1
Savan, John	2	1		1		1		2	1	
Reynolds, William	2	1		1		3		1		
Mony, Thomas	3	1		2		2		3	1	
Bohannan, Benjamin	3	1		1		2	1		1	
Holton, Jessie	1			1		1	1		1	

NAME	MALE UNDER 10	MALE 10/16	MALE 16/26	MALE 26/45	MALE OVER 45	FEMALE UNDER 10	FEMALE 10/16	FEMALE 16/26	FEMALE 26/45	FEMALE OVER 45
APPOQUINIMINK HUNDRED										
Williams, William		1	1		1		1		2	
Lancaster, Jacob		1			1				1	1
Lockheart, Andrew			1		1	1	2	2	1	1
Smith, William	1	1			1	1	1		1	
Lancaster, Henry	2			1		2	1	1	1	
Francis, John	1	2	1		1	2		1		1
Graham, James	2			1		1	1		1	
Wilson, Edward	3		1	1		1		1		
Rucand, Ahuh	2		1	1		1		1		1
Barlow, John	1			1		1		1		
Buyson, James		1	1		1			1		1
Jester, David		1		1						
Edwards, William		1	1	1	1					1
Culley, William	2	1	1	1		2	1		1	
Varner, William	1	1		1		1		1		
Nowland, John	1		1	1	1			2		
Brooks, Martha		1	1				1			1
Burgan, Joshua	1			1			1		1	
Burch, Catherine		1	1	1			1	1		1
King, John		1	1		1	2	1	1		1
Barlow, John, Sr.	3	1	1		1	1	1	1		
King, Isaac	2	1	2	1		1	2		1	
Hugill, Jeremiah	1	2		1				2	1	
Creeson, Garret		1	2		1		1	3		1
Gibbons, Stephen		1	1		1	4	1		1	
Mannor, Benjamin	4	1		1		1	1	1	1	
Edwards, William, Jr.	2		1	1		1	1		1	
Huston, H.	1	1	1	1		[illegible]	1	1	1	
Mannor, [illegible]	1	1		1		3	2		1	
Sparks, Elama				1		2	1		1	
Hugins, Jesse	2	2		1		2	2		1	
Hugins, Jeremiah	2	3		1		3	2		1	
Mc Clung, James		1		1		3	2		1	
Richardson, Benjamin		1	1	1		1		1	1	
Butler, William		2	1	1		3	1		1	
Currie, Jesse	2	1	1	1			1	2	1	
Reynolds, Richard	2	1	1		1		1	1	1	
Skees, Cornelius	2		1	2		2	1		1	
Benn, Thomas			2		1		1			1
Williams, Johnston	1	1		1		3	1		1	
Hawkins, Samuel	1		1		1	1		1		1
Tignor, William			1	1		1		1		
Bratton, Henry				1			1		1	
Gillmore, Benjamin				2						
Pollard, William				2		1		1	1	1
David, Eliazer	2	1		1			1		1	
Savin, Mrs.	2	1				1	1		1	
See, Peter	1	1		1		1		1		
Vinsant, Mrs.		1					1			1

NAME	MALE UNDER 10	MALE 10/16	MALE 16/26	MALE 26/45	MALE OVER 45	FEMALE UNDER 10	FEMALE 10/16	FEMALE 16/26	FEMALE 26/45	FEMALE OVER 45
APPOQUINIMINK HUNDRED										
Kinsey, Rebecca		2					1			2
Gillmore, Robert		2	1		1				1	
Mc Farlin, Alexander	1	2		2		1		1	3	1
Evans, Aaron	1	2	1		1		1		1	
Armstrong, Richardson	1			1					1	
Beard, Widow		1					1			1
Gooden, Widow	1	1					1		1	
Painter, Samuel	2			1		1	1		1	1
Afhee, Lewis	1	1	1	1	1					1
Denna, Widow	2	1	1				1			1
Reynolds, Jacob	1		1		1	1		1		1
Williams, Henry	2	1	1		1		2	2		1
Wattson, Jesse	3			1			1		1	
Simpson, Daniel		2	1	1		1			1	
Cartwright, Jacob	2			2		2	1		1	
Rayhow, Sarah	1	1					1		1	1
Fields, John	2			1		2			1	
Bake, John	1	1		1		1	1		1	1
Bostick, Samuel	1	2	2	1				1	1	1
Caulk, Jacob	2	1		1		1	2		1	
Mc Coy, John	2		1	1		2	1		1	
Bronson, John	2	1	1	1		1	2		1	
Hall, John			2		1		3		1	
Right, William	1	2	1		1			1	1	
Right, Thomas	1	1			1	2	1			1
Fluheart, Mrs.		1				2	1		1	
Laram, James	1	1		1		2	2		1	
Corsey, William	1	2		1		1		1	1	
Johnson, William, Jr.	1	1		1		2	1		1	
Garball, William	1	1	1	1			2	1	1	
Alston, John	3	1	1	1		1	1	1	1	
Laurence, Thomas	1			1		1		1	1	
Gray & Magill	1	1	1	1		1	2	1	1	
Crouth, Abraham			2					1	1	
Heath, Martha Ann		1	1		1		1	2		
Gibbs, Capt. Isaac	1	1	1	1		1		2	1	
Price, Andrew	3		1		1		1		1	
Flintham, Benjamin	1		1	1		4			1	
Pierce, William			2							
Coleman, Charles	3		1	1				1		
Lucas, Benjamin				1		3			1	
Wells, John	2			1		1	1		1	
Mansfield, William	3	1		2		2	1		1	
Mc Calley, Alexander	3	2	1	1		2		1	1	
Rothwell, Widow		1	1				1	2		1
Rothwell, Thomas		1			1					1
Crawford, James	1			1		1		1	1	
Crawford, John			2	2				1	1	
Price, John	4		1	1				1	1	

NAME	MALE UNDER 10	MALE 10/16	MALE 16/26	MALE 26/45	MALE OVER 45	FEMALE UNDER 10	FEMALE 10/16	FEMALE 16/26	FEMALE 26/45	FEMALE OVER 45
APPOQUINIMINK HUNDRED										
Sutton, Asberry					1			1		1
Hanson, Charles		2			1		2	2		1
Zellofroe, John	3				1	1		1	1	
Peeker, Henry	1			1		1		1	1	
Caulk, Benjamin S.	3			1		2		1	1	
Lewis, Widow			1							1
Ruland, Fredus		1			1			1		
Speer, Andrew	1			1		1			1	
Stidham, Peter	3	1		1		1			1	
Francis, M.	1			1		1	1	1		
Gibbons, John	2	1		1					1	
Bowman, Agnes	1					3	1		1	
Price, Jesse			2					1	1	
Sutton, Asberry, Jr.	2	1		1		1	1		1	
Beeston, Jeremiah					1				1	
Folks, Frederick	1			2		3			1	
Fields, Abraham				1		1				1
Hutchinson, Samuel	1		1			1		1		
Hodgson, Joseph	2	1		1		1	1	1	1	
Fields, Mary	2						1		1	
Harbit, William				1		3			1	
Fields, Benjamin		1	1					1		
Fields, William				1		3			1	
Naudain, Robert	1		1	1			1	1		
Herrord(?), Robert	2	1		1		1		1	1	
Robinson, David	2	1		1	1		3		1	
Naudain, Andrew	2		2	1		1	1	2	1	
Vinsant, Nehemiah				1		2		2		
Whoggins, John	1	2		1		1			1	
Duxson, William	1			1		1			1	
Davey, James	2	1		1		2		1	1	
Hacket, Widow	2	2				2	3			2
King, Francis	3	2			1	1	3	1	1	
Naudain, Arnold	2	1	1		1	1	1	2		1
Meekins (?), William	1			1		1			1	
Merrott, John	1			1				1	1	
Caslow, A.	1	1			1			2		1
Biddle, W.		1			1	3	1			1
Naudain, Widow		1	1						1	1
Armstrong, Thomas	1			1		1			1	
Oxley, John	2			1		1			1	
Oxley, James	3			1		2			1	
Ford, Widow	1		2				1	1		1
Lindsey, Sarah		1	1				1		1	
Clarke, John				1			1	1		
Sperman, William	2			1				2	2	
Allen, Abraham	2		1		1	1		1	1	
Tuck, Jacob	1	1	1	1		2		1	1	
Baken, William	3		1	2		2		1	1	

NAME	MALE					FEMALE				
	UNDER 10	10/ 16	16/ 26	26/ 45	OVER 45	UNDER 10	10/ 16	16/ 26	26/ 45	OVER 45
APPOQUINIMINK HUNDRED										
Heartup, John	1	1	1	1		1		1	1	1
Everan, Abraham		2		1	1	4	1	1	1	
Sinkman, Henry	3	2		1		2	1	1	1	
Donnohow, Benjamin	2	1		1		3	1		1	
Beck, L.	2	1		1					1	
Griffin, E.	2	2		1		1	1		1	
Nowland, Nathaniel	2	1		2		1			1	
Firl, Daniel	1	1			1	1				1
Hyett, Ephrim	2		1	1		3	1		1	
Donohough, Matthew	2	2		1	1	2	1		1	
Benn, Richard	3		1	2		1	1		1	
Sprow, James	1		1	1		1			1	
Benn, Benjamin			1		1	2	1		1	1
Clarke, William				1						
Canaday, John	1	1		1		2	1		1	1
Webster, Evan T.	1	1	1		1	1	1	2	1	1
Welden, William	2	2	1	2	1	1	1	2	1	1
Welden, Routh	2	1	1	1	1	1		2	1	
Johnson, Robert	2	1		1		1			1	
Enos, Stephen	3	1	1		1		1	1	1	1
McCoy, Laurence	2	1		1	1	1	1			1
Edwards, Edmunds	2	1	1	1		1	1		1	
Brush, John C.	1			2		2	2		2	
Turner, Mrs.	1	1	1			1				1
Butler & Brown	3	1	1	2		2	1	2	1	
Sprow, James	1	1		1		1			1	
Mansfield, William	2	1		1		1	1		1	
McMullen, Andrew	2	2	2		1	2	1		1	1
Welden, Daniel	3		1	1		2		1	1	
Hollocay, Widow	1	1		1		2	1			1
Huggins, William	2	1		2		1	1		1	
Mekins, Peter	1	1	2	1	1	1	2		1	1
Pollard, Ruth	2					1		1	1	
Barns, Widow	2	1				1	1	1		1
Bennitt, E.	1	1		2		1		1	1	
Matthews, J. & A.		1	1	2		1	1	2	1	
Middleton, William	1	1		1		1	1		1	
Staats, Charles	2	1	1	2		1	1		1	
Jones, Cantwell				3						
Greenwood, James	1			1		1			1	
Henry, James	1	1		1		2		1	1	
Cartey, Joshua Capt.	3	1	2	1					1	1
Nabb, Joseph	2		1	2		1	1		2	
Preston, Jonathan	1	1		1	1	1	1		1	
Ratclif, Isaac	3	2	1	1		2	1		1	
Branins, Philip	1	1		2		1	1		1	
Harris, Jacob	2	2		1		1	1		1	
Vanhorn, Samuel	2	1		1		1	1	1	1	
Cunningham, Hugh	3	1	2		1	2	1		2	

NAME	MALE					FEMALE				
	UNDER 10	10/ 16	16/ 26	26/ 45	OVER 45	UNDER 10	10/ 16	16/ 26	26/ 45	OVER 45
APPOQUINIMINK HUNDRED										
Mason, William	2	1	1	1		1	1		1	1
Masilla, Leonard	2	2		2		1	2		2	
Garretson, A.	1	1		1		1			1	
Martin & Fowler				3				1		
Clayton, Jacob	2	2		2	1	2	1	1	1	
Clayton, John	1	1		1		1			1	
McCoy, Benjamin	3	1		1		1		1	1	
McCoy, Jesse	2	2	1	1		2	1		1	
Crouch, Widow	1	2	1			1		1	1	
Reynolds, Rachel	3	2		1		1	1	1	1	
Conner, Capt.	3	1		1		2	1		1	
Clayton, Margaret	1	2	1	1			1	1	1	1
Scott, Thomas, Jr.	2	1		1		1		1	1	
Bower, Widow		2	1			1	2			1
Clayton, James	1	2			1	1	1			1
Crouch, Elisha	1	1		1		1		1	1	
Crouch, Elijah	2		1	1		1	1		1	
Heart, James	2			1		2	1		1	
Cole, John	3	1		1		2	1		1	
Belville, Cornelius	1	3		2		2	1		1	
Gordon, Thomas	1	1	2			1		1	1	
Hawks, James	1	1		1		1			1	
Alfree, E.	1	2	1		1		1	1		1
Wilson, A.	2	1		2		1	1		1	
Murphey, Andrew			3	2					1	1
Pennington, Jacob	1	1	2	1	1		1		1	
Buxson, John	3	1	1			1	1		1	
Rothwell, Jarrot	1	2	1		2	1		1	1	
Rothwell, Abraham	1	1	1			1		1		
Bronson, James	2		1	1		1	1		1	
Hardon, Edmond	3	1		1		2			1	
Caulk, Widow		2	1				1			1
Jones, Solomon	3		1	2	1	2	1	2	1	
Vandergrift, Widow	2		1				1			1
Bostick, Nathan	2		1		1		1		1	
Everitt, Mrs.	2	1	2					2		1
Bostick, Thomas	3	1		2		2	1		1	
Harris, Polly	1	1				1	1		1	
Everitt, Charles	3	2	1		1	1	1	1		1
Everitt, W.				1	1					1
Ward, Hannah	2	1				1			1	
Haslet, Sally	2	1	1			2		1	1	
Ward, William	1	1		1	1	1	1		1	
Cole, John, Jr.	1		2			1		1		
Roberts, William	2			1		2	1		1	
Watkins, Widow	2	1		1		1	1		1	
McCoy, Jacob	3	1		2		2	1		1	
Pennington, Ortha	1	1		1		1		1	1	
Gallaway, Betsey	1	1						1		1

NAME	MALE UNDER 10	MALE 10/16	MALE 16/26	MALE 26/45	MALE OVER 45	FEMALE UNDER 10	FEMALE 10/16	FEMALE 16/26	FEMALE 26/45	FEMALE OVER 45
APPOQUINIMINK HUNDRED										
Tuck, William		1	1		1		2	1		
Holden, Isaac			2	1		1		1		
Bowher, W.	2	1	1	1		1		1	1	
Dorson, Isaac	1	1		1		2	1		1	
Welden, Abraham	1	1	1		1	1		1		1
Welden, Andrew	2			1		1		1		
Saunders, James	1			1		3			1	
Reynolds, John	1	1			1	2	1	2	1	
Davis, Samuel	2			2			1	1	1	
Hullet & Linkhorn		2	1		1		1	2		1
Hullet, Richard		1	1	1	1			1	1	
Mc Coy, John	1	1		1		1		1	1	
Scott, William	1		1	1		1			1	
Brooks, Jacob	2	1	1		1	1	2			1
Blancefields, Charles	2		1	1		1			1	
Silcocks, Widow		1	1				1	1		1
Vandyke, Jacob	2	3	1		1	2	1	2		1
Cole, David	1		1	1		1		1		
Cartwright, James	2		1	1		1	1		1	
Vandyke, Benjamin	3	1		1		1	1		2	
Right, James	3	1	1	1		2	1	1	1	
Mc Kee, Richard	2	2		2		2		1	2	
Mitchel, Charles	2	1		1		1		1	1	
Elliot, James	1	2		1		3	1	1	1	
Hutton, Benjamin	1			2		1			1	
Griffith, Jacob	2	1	1	1			1	2	1	
Buad, Widow	2	2	1			1	2			2
Masey, Widow	1	2	1			1			1	
Grigling, Edward	2	1	1		1	1	1		1	1
Goldberry, William	2	1		2		1	1		1	
Johnson, Jacob	3	2		2		2	1		1	
Norman, John	3	1		1	1	2	1		1	
Shownd, Joseph	1	1	1		1		2	1		1
Ferry, Daniel	1		1	1		1	1		1	
Conling, C.	1		1	1		1	1		1	
Reynolds, Nicholas	1	1	1	1		1			2	
Reynolds, William		2	2		1		2	1	1	
Preston, James	1	1	1	1		2	1		1	
Jackson, Moses	2	1	1	1		2			1	
Loper, James	1		1		1	2	1	1		1
Hodgson, Mary	1		1			1		1		1
Simmons, Francis	2		1	1		1		1	1	
Sprowell, Robert		1		1	1					1
Sprowell, James	1		1					1		
Downey, Philip	1		2	1			1		1	
Staats, Abraham	2		1	1		2		2	3	
Vanhorn, B.	2				1	1	1		1	
Floyd, John	2	1		1		2			1	
Garretson, A.	1		1	1		1			1	

NAME	MALE					FEMALE				
	UNDER 10	10/ 16	16/ 26	26/ 45	OVER 45	UNDER 10	10/ 16	16/ 26	26/ 45	OVER 45
APPOQUINIMINK HUNDRED										
Fullam, Thomas	2	1		1		1			1	
Hersey, Benjamin	2	1		2		2	1		1	
Scott, Thomas	2		1	1		1	2	1	1	
Patterson, Thomas	3	1	2		1	1	3	1	1	1
Floyd, John	2	1	1	1		2	1	1	2	1
Kendrick, James	2	1	2		1	1	1		1	
Alfree, William			1	1	1	1		1	1	1
Noxan, Benjamin	3	1		2		1	1		2	
Cox, Thomas	3		1	1		2			1	
Capell, William	2	1	1			1	1		1	
Moore, James	1		2		1	2		1		1
Black, Samuel		1	2	1				2	1	1
Caroloe, John	1	1		1		1		1	1	
Deacon, Joseph		2	1		1		1			1
Webster, James	1	1	1	3		2			2	
Standley, John	2	1		2		2			1	
Deford, Richard	2	1	1	2		1	1		1	
Geinr, Moses	2	1	2	1		2			1	
Taylor, Richard	2	1		1		1	2		1	
Mc Murrey, William	2	1	1	1		2		1	1	
Marshall, Moses	1	1		1		1	1	1		
Dean, Joseph	1	2	1	2		1	1		1	
Hopkins, Francis	3		1	1		1		1	1	
Standley, Robert	1		1	1	1	1		1		1
David, David	2	1		1		2		1	1	
Derickson, Robert	2			1		1			1	
Naudain, John	2	1	2	2		1		2		1
Hanson, John	2	1	1	1		2		1	3	
O' Lee, Abraham	1		1	1		1			1	
Hacket, Thomas	2			2		1			1	
Ravall, Jacob	1			2	1			1	1	
Bouher, William	2	1			1	2	1		1	
Phips, George	2			1		2			1	1
Staats, James	1	2	1	1		1	1	1	1	
Weeham, Betsey	1	1	1			2			1	1
Guy, John	2	1		1		2			1	
Staats, B.	1		1	1		1	1		1	
Wilkinson, B.	2			2		2			2	
Barns, William	2		1	2		1		1	1	
Denna, Christopher	2	1		1		3		1	1	
Smith, Richard	1	1	1	1		2	1		2	
Hodgson, John	1	2		2		2	1		2	1
Conroe, John	2	2		1	1	2	1	2	1	
Rayhow, Richard	2	1	1	1		2		1	1	
Staats, Levi	2	1	1	1		2		1	1	
Veasey, Philip		1		1	1			1		1
Chadock, William	2			1		1	1		1	
Woodkeeper, Jacob	2	1		1	1	1	1		1	
Staats, John	2	1	2		1	2	1	1	1	

NAME	MALE UNDER 10	MALE 10/16	MALE 16/26	MALE 26/45	MALE OVER 45	FEMALE UNDER 10	FEMALE 10/16	FEMALE 16/26	FEMALE 26/45	FEMALE OVER 45
APPOQUINIMINK HUNDRED										
Staats, Rachel			1	1		1	1	1		1
Staats, Sally	1	1		1		2		1		1
Staats, Peter	1		1	1		3		1	1	
Saverson, John	1		1	1		1			1	
Hurlick, E.		1					1			1
Staats, Jacob	2		1	1		2		1	1	
Emory, Gedion		1	1		1			2		2
Callahan, John	2	1		1		2		1	1	
Roberts, Edward	2	1		1		3			1	
Staats, Elisha	1		1	1		2			1	
Barlow, Nicholas	1		2		1	2		1		1
Conner, Widow	1		2		1		1		1	1
Anderson, Andrew		1		2		2	1		1	
Martin, Edward	1	1			1	1		2		2
Emory, Mary	1	1	1			2			1	
Martin, David	1		1		1		1			1
Woodkeeper, William	1	1	1	1		2	1		1	
Appleton, John	1	1		1		2			1	
Siluston, Robinson			1		1	1			1	
Colhoun, Widow	1	1	2	2		2			1	
Cornwell, William		1			1		1			1
Collins, John	2		2	1	1			2		1
Collins, John, Jr.	1		1	1		1		1		
Lilley, Timothy	2		1	1		3			1	
Phips, William	1		1		1				1	
Read, John	1	1	2	1		3	1		1	
Saverson, John	3	1		1		2			2	
Deacon, Polly	2	1	2			1		1	1	
Deacon, William	1		1	1				1		
Taylor, Richard, Sr.	2	1	1		1	2		1	1	
Cox, Thomas, Sr.	1		1	1		2	1		1	
Kelly, John	3	1		1		2			1	
Sterling, Esther		2	1					1	1	1
Basett, E.	2		1	1		2	1	1	1	
Griffith, David	1	1		1		1			1	
Deacon, James	2	1	1	1		2		1	1	
Hailman, Peter	2	2	1		1	1	1		1	
Martin, Benjamin	3	1		1		2	1	1	1	
Palmerton, Robert	2	1	1	1		1		1	1	
Pierceson, John	1	1		2		2		1	1	
Johnston, Elijah	2	1		2		2	1		2	
Bostick, Joseph	3		2	1		2	1		1	
Bostick, Thomas	2	3	1	2		2	1	2	1	
Conner, Walter	1		1	1		2		1	1	
Webb, Sylvester	2		1	1		1	1		1	
Canton, Thomas	2	1		1		2	1		1	
Morris, John	2	1			1	2	1	1		1
Rubb, Rebecca	2	1		2		1	1		1	1
Chandler, Samuel	2	1	1		1	1	1		1	

NAME	MALE UNDER 10	MALE 10/16	MALE 16/26	MALE 26/45	MALE OVER 45	FEMALE UNDER 10	FEMALE 10/16	FEMALE 16/26	FEMALE 26/45	FEMALE OVER 45
APPOQUINIMINK HUNDRED										
Walker, John	1	1	1		1		1	1		1
Hawkins, John	1			1		1			1	
Green, Jacob	2			1		1	1		1	
Staats, Samuel	1	1		2		1	1		1	
Jones, Widow	1	2		1		1	1	1		1
Best, John	1	1		1		1	1		1	
Redman, R.	1	1		1		1			1	
Giles, Widow	1	1	1				1	1		1
Biggs, Widow			2	2		1	1			1
Ward, George	3	1	1	1		2	2		1	
Johnston, John	1	1	1		1	3		1		1
French, B.	2		1	1			1	1	1	
Register, John	1	1		1	1		1	1		1
Thrump, John	2	1		2	1	1	1			1
Ginn, John	1	1		1		1		1	1	
Guy, Jacob			1	2		1		1	1	
Smith, James	2	1		1		1	1		1	
Snell, Widow		1	1			1		1		1
Appleton, Thomas	2	1	2		1	1	1	2		1
King, Abraham	2	1	1	1		1	1		1	
Mc Calip, John	1			1	1	1			1	
Martin, Widow			1	1			1		1	1
Shoemaker, Ketty	1	1		1		1	1		1	
Burns, Peter			2	1		1		1	1	
Walker, Isaac	1		1	1		1			1	
Deacon, E. W.	1	1	1			1	1		1	
Hall, Samuel	1	1		1		1			1	
Barlow, Simon	1	1		2		2	1		1	
Mc Kinney, Thomas	1	1	1		1	1				1
Hood, Thomas			1	1		3		1	1	
Burgan, Betsey	1	2	1			1	1		1	
Mc Mullen, Andrew, Jr.	2	1	1		1	1		1		1
Griffin, A.	2			1		1	1		1	
Mekins, Peter		1	1		1		2	2		1
Ridgeway, Widow		1	1			1	1	2		1
Marshback, John	2		2	1			1		1	
Cronlington, William	1	1		1		2	1		1	
Baker, William	1		1	1		1			1	
Chambers, Widow	2	1				1	1		1	
Butcher, Widow			2	1		1	1			1
Price, John C.	1	1		2		1			1	

NEW CASTLE COUNTY INDEX

-A-

Abercrombie 101
Adair 100,109
Adams 69,74,75,76,84,91,94,96,99, 106
Adkinson 109
Afhee 115
Agbertson 110
Agnor 102
Aiken, Aikin 91,100,107
Alderdash 88
Alesbury 104
Alexander 88,91
Alfree 118,120
Allen 93,97,100,106,116
Allender 71
Alliason, Allison 104,106,109,110
Allmon, Allmond 62,112
Alred 62
Alrich 75,76,95,100,109,110
Alston 106,113,115
Alstick 104
Amonts 83
Anderson 67,70,74,77,79,85,97,98,105,121
Andrews 92
Appleton 121,122
Armont 66
Armor 80
Armstrong 73,80,83,90,92,97,102,104,112 115,116
Ash 103
Ashburnham 73
Ashby 77
Ashpow 108
Ashton 72,89
Askew 61
Aspill 111
Atkins 81
Augustus 81
Aull 92

-B-

Babb 65
Backhouse 79,81
Bacus 67
Bail 71,104
Bailey 71,74,82,95,97,101
Bake 115
Bakeman 100
Baken 116
Baker 77,122
Baldwin 66,75
Ball 78,84,85,86
Ballard 113
Banton 101,112
Barber 82
Barclay, Barkclay 85,86,113
Barker 85
Barlow 114,121,122
Barnott 68,83
Barns 117,120
Barr 94,99
Barrel 99
Barrot 76
Barton 87
Basett 103,121
Bason 74
Bates 71
Batton 110,
Baudey 67,74
Bauldin, Bouldin 76,82,102,104,105,106,11
Baw 92
Baxter 99
Bayard 77
Bayoza 74
Beck 113,117
Bedford 72
Beeson 62,63,65,87,112
Beeston 63,116
Belcher 96
Bell 74
Belville 92,108,118
Benderman 69
Benn 114,117
Bennet, Bennett, Bennitt 95,103,111,117
Benow 72
Benson 70,108
Bentley 76
Best 122
Betson 92
Betts 107
Bevord 89
Biddle 85,105,106,110,111,113,116
Biggs 103,122
Billand 78

(NOTE: Read the Foreword)

Bines 95
Bingham 71
Bird 63,66,91,110,112
Bishop 85
Bivas 76
Black 76,87,97,98,102,120
Blackburn 88
Blackford 75,84
Blancefields 119
Blaney 107
Blockson 68
Bob 93
Boggs 71,76,85,88,112
Bohannon 87,113
Bomall 69
Bonniek 63
Bonsall 74
Boon 88
Booth 74,90,109
Boots 111
Bostick 115,118,121
Bowan 73,107,109
Bower,Bowher,Bouher 118,119,120
Bowers 90
Bowldan 102
Bowls 81
Bowman 81,83,90,96,107,116
Boyce 80
Boyd 62,72,75,77,90,95
Boyle 81
Boys 113
Bracken, Brackan 77,86
Braden 69,81
Bradford 64,98,108
Bradley 97,103,106
Brady 100,101,108
Branins 117
Brannon 68,97
Branton 102
Bratton 66,67,112,114
Bray 77
Brian, Bryan 73,75,92
Bridle 82
Brindley 81
Bringhurst 70
Brinton 73
Briscoe 108
Brittain 95
Brobson 75
Bronson 111,115,118
Brooks 93,114,119
Broom 70,75,76
Brothers 109
Brown 63,67,69,73,74,76,81,84,112,100,117
Brush 117
Brutish 74
Bryson 102
Buad 119
Buckingham 83
Bunker 102
Burch 109,112,114
Burchall 107
Burchee 83
Burgan 114,122
Burgis 112,113
Burke 96
Burnham 113
Burr 65
Burras 82
Burtus 106
Bush 68,77,92
Butcher 91,122
Butler 114,117
Buxson 116,118
Buyson 114
Byers 98
Byrnberg 69,79
Byrnes, Burns 71,74,85,93,122

-C-

Caford 75
Cakin 92
Caldwell 65,78,92
Callahan 121
Callender 83
Calvert 77
Campbell 68,74,78,80,92,95,98,105,110
Canblin 102
Canbey,Canby 68,76,112
Cann 111,113
Canaday, Cannady 66,88,101,117
Cannary 109
Cannon 69,107
Cannot 86
Canter 78
Canton 121
Cantwell 104
Carlisle 67,87
Capell 120
Caroloe 120
Carpenter 77,107,109
Carrol, Carroll 97,111
Carson 91

Carter 63
Cartey 90,101,104,112,117
Cartmill 63,72
Cartwright 115,119
Cary 90,103
Carvender, Cavender 93,101,106
Cashun 92
Caskey 77
Caslow 116
Caswell 88,97
Cathcart 105
Catherwood 75
Cathrow 93
Caulk 95,106,115,116,118
Cazier 104
Chadock 120
Chaffin 79
Chamberlain 97
Chambers 68,85,97,98,122
Chandler 66,68,69,88,89,121
Chapman 73,80,90,102
Chatton 109
Chealey 103
Cherick 94
Chestnut 102, 105
Clarke 62,65,68,69,71,72,73,78,84,90,91 93,101,103,105,106,108,111,116 117
Clayton 61,113,118
Cleaver 109
Clemonds, Clemons 87,98
Cling 77
Clino 102
Cloe 92
Cloud 64,66,68,76,89,95
Cockran 102,104,108,109
Cody 101
Cole 72,110,118,119
Colegate 108
Coleman 115
Colesbury 91,93,94,95
Colhoon, Colhoun 108,121
Colhulohoon 103
Collins 78,105,111,121
Conling 119
Connan 99
Conn 67,103
Connelly 110
Conner 103,118,121
Conroe, Conrow 63,120
Conaroe 94
Cowan 90,96,97
Conway 89
Cooch 93
Coock 101
Cook 73,103
Coon 88
Cooper, Couper 96,100
Corbit 108,78
Corbley 113
Cornwell 121
Corsey 115
Coulter 93,95
Covington 111
Cox 74,78,107,109,120,121
Craig 69,111
Cramer 75
Cranston 84
Cravan 107
Crawford 87,90,100,101,115
Creery 76
Creeson 114
Creighton 85
Crips 67,75,80
Criston 73
Cromtons 71
Cronlington 122
Cros 92
Crosan 84,87
Croxan 69
Crosley 69
Crouch 93,118
Crouth 115
Crow 71,91,92,107,112
Crozier 76,82
Cruse 104
Cryer 72
Culbertson 102,110
Culley 114
Cullington 111
Cunningham 117
Curlet 90,102
Currant 108
Currender 99
Currie 114
Curtis 95,106
Custoloe 82,87

-D-

Dale 76,108
Dane 79
Daniel 91
Darby 90

Darragh 91
Dauphin 70
Davey 116
Daviney 76
David 105,106,114,120
Davidson 77,95
Davis 61,63,64,66,74,80, 83,105,111,119
Dawson 73,76,102
Day 65,66
Deacon 120,121,122
Dean 112, 120
Deford 79, 120
Dehavan 74
Deintz 76
Delaplain 78,81
Dell 70
Denna 115,120
Dennison 64,65
Derickson, Deriekson 61,62,65,68,69,79,83 84,108, 110,120
DeVann 66
Devon 93,95
Dick 80,99
Dickenson 67,73
Diehl 112
Digney 74
Dilworth 109
Dingee 74
Dixon 68,74,78,80,89,95,97,86,88
Dobson 83
Dodds, Dodds 96,105
Doherty 82,96
Dohoney 98
Dolton 99
Donaldson 72
Dondall 113
Donnohow 117
Doras 89
Dorgan 97
D'Orbigney 67
Dorrall 111
Dorson 119
Dotton 83
Douns 111
Dowdele 90
Downey 119
Downing 95
D'Rant 68
Drummond 87,96
Duffee 105
Duncan 90
Dunlap, Dunlop 87,92,102
Dunn 90,108
Durham 107
Dushane 92
Dutton 61,64
Dyett 96

-E-

Earl 84
Ecclos 100
Edwards 114,117
Elbertson 73
Elliason 73
Elliot, Elliott 62,65,67,80,81,119
Ellis 100
Emory 121
England 90
English 87
Ennocks 63
Enos 64,94,117
Erwin 73
Evans 80,84,99,101,103,109,113,115
Everitt 118
Eves 94,95
Evilson 113

-F-

Fana 85
Farmer 110
Fauel 99
Ferguson 63,85,98,103
Ferris 67,70,101,102,104,105
Ferry 119
Fields 115,116
File 68,99
Findley 87
Finey, Finney 76,94
Firl 102,117
Fisher 79,102
Fitzgerald 107
Fitsommons 85
Fleming 67
Flintham 115
Floyd 108,119,120
Fluheart 115
Fobes 110
Folks 115
Foot 84,88
Ford (e) 63,64,67,71,82,84,85,87,88,95 106,116
Foreman 107,110

Forrester 96
Forsee 90
Fort 101
Forward 65
Foster 90,107
Foudray 77
Foulk 63,64,85,87
Fowler 118
Frame 63,64,70
Francis 114,115
Frazier 94,109,111
Fred 77
Freeman 64,113
French 74
Friar 110
Fries 80
Fusell 77

-G-

Gallaway 118
Gana 86
Garacher 74
Garball 115
Gardner 70
Garmon 87
Garner 79
Garret, Garrot 80,88,104
Garretson 78,79,106,110,113,118,119
Gears 90
Geinr 120
George 74,89
Gibbons 114,115
Gibbs 115
Gibson 65,67
Gilbreath 81
Giddes 78
Giffin 84,99
Gilbert 90,106
Giles 90,122
Gilland 97
Gillas 68,93
Gillaspie, Gillaspy 84,85,86,100
Gillgore 66
Gilmon 109
Gilmore, Gillmore 67,114,115
Gilpin 68,70,80
Ginn 122
Gittang 75
Givan 83
Glackson 111
Gladney 91
Glasgow 98
Glenn 96,100,104
Glennand 111
Glover 65
Goldberry 119
Golden 91
Gooden 111,115
Goodfellow 68
Gorby 64
Gordan, Gordon 91,102,109,118
Graham 74,114
Grahan 85
Grantham 94
Gray 64,82,91,115
Greatrater 82
Greave 81
Greaves 79
Greg 82
Green 83,108,112,122
Greenwood 117
Griffin 73,117,122
Griffith 101,103,119,121
Grigling 119
Grimes 86,93,98
Grobes 98
Gros 109
Groves 93,105
Grubb, Grubbs 63,64,65
Guest 64,66,75.82
Guir 94
Gunn 78
Guthria, Guthrie 85,100,104
Guy 108,120,122

-H-

Hacket 94,116,120
Haganey 105
Hailman 121
Haines 111,112
Hair 91,94
Hall 86,94,96,98,99,109,115,122
Hambly 96,111
Hamilton 67,69,73,81,88,89,93,97,101,107
Hammon 104
Hammond 71
Hanaway 61,84,89
Hanby 64
Handsley 66
Hannah 85,86,93,96,101
Hanson 69,106,109,110,113,115,120
Harbison 71
Harbit 116
Hardin, Hardon 77,118

Harlin 71,84,107
Harmon 104, 108,113
Harris 62,68,72,98,117,118
Harrison 82
Harp 84,96
Hart, Heart 69,118
Harvey 82,91,95
Haseley 88,93
Hasheton 65
Haslet 90,118
Hason 85,86,111
Hathorn 99
Haughey 112,113
Hawkins 114
Hawks 118
Haycock 62
Hayes 61,69,70,73,95
Headley 77,99
Heald 72,88
Heartup 117
Hedge 72
Hemphill 73,82
Henderson 65,67,75,102,104
Hendrickson 76,81,82,83,84
Henry 71,89,117
Hensey 94
Henton 110
Herdman 78,90,96
Herron 70
Herrord 116
Hersey 85,99,113,120
Heulet 88
Hewan 79
Hewford 82
Hewlin 107
Hewitt 85
Hews 69,70
Hickland 83
Hickling 66
Hickrory 106
Hicks 67
Hickson 69
Higgins 105,106,112
Highland 76,78,99
Hillings 71
Hill 96,102,103,109
Hillman 61
Hindman 68,75
Hinds 69
Hensey 94
Hinsey 106,107
Hirons 108
Hittrick 75
Hodgson 116,119,120
Hog, Hogg 70,78
Holland 94,98,101,103
Holley 78
Hollingsworth 68,69,81,83
Hollohon 89
Hollocay 117
Holmes 86,102
Holston 94
Holden 119
Holton 113
Homlos 75
Hood 122
Hook 112
Hoops 69,89
Hopkins 120
Horn 67
Horner 84
Hosinger 96,97
Housier 111
Howard 88
Howell 90,97,102,104,106
Hugan 109
Hugg 101
Huggins, Hugins 88,103,112,114,117
Hugill 104,114
Hullet, Heulet 88,119
Humphrey 108
Hunn 74
Hunter 71,83
Hurlick 121
Huron 61
Husbands 67
Huston 62,80,88,93
Hutchinson 80,110, 116
Hutton 61,93,108,110,119
Hyett 61,98,106,110,111,112,117
Hyshure 66

-I-

Ireland 108
Irwin 98
Israel 93,99

-J-

Jack 100,103
Jackson 65,66,72,89,119
James 75,102,105,106,112
Jamison 92,94,106,109
Janvier 71,92,96,108
Janviview 111
Jaquett 91,93,94,95,97

Jefferis 67,70,72,75,77,81,83
Jeffery 76
Jels 70
Jenett 68
Jester 110,114
Jetunn 109
John, Johns 87,91,104,107
Johnston 67,70,71,81,86,93,121,122
Johnson 112,115,117,119
Jones 62,70,71,72,91,102,103,108,112,117,118,122
Jordon 65
Joyce 77
Justis 78,79,84,89
Justison 65

-K-

Kaskill 78
Kean 71,78,112
Keely 101
Kellam 63,65
Kelley, Kelly 87,105,121
Kendall 67,69,73
Kendrick 120
Kengan 106
Kenkins 89
Kenna 94
Kerns 78
Kerr 93,100
Ketter 74
Kiad 82
Kibbler 88
Kimble 102
Kincaid 103
King 72,78,92,93,94,109,111,112,114,116
Kinney 73
Kinsey 115
Kirk 67,73,74,77,79,82
Kirkley 99
Kirkman 106
Kirkpatrick 70,102
Kitchen 81
Knight 108
Knox 102

-L-

Lackey 94
Lafferty 94
LaGrange 73
Lampley 64
Lancaster 114
Landers 61
Langley 79,83
Laram 115
Lattimer 67,78
Laurence 100,104,115
Laurenceson 108
Law 103,105
Lea 61,67,70,95
Leavis 67
Lecoff 64
Lefever 91
Lenderman 62,66,86
Letellier 88
Lewden 93,95
Lewis 89,94,96,97,116
Lightbody 83
Lindsey 116
Linkhorn 99,119
Little 66,87,88,91
Lilley 121
Littler 77,79,95
Livingston 89
Lobb 81
Lockerman 69,112
Lockhart, Lockheart 88,114
Lockyou 91
Lodge 63
Lollar 95
Long 65,66
Loper 78,119
Lord 107
Love 67,87
Lowhead 87
Lowns 73
Lucas 115
Lukerts 109
Lunnon 111
Lusk 97
Lutton 93
Lyna 95
Lynam 79,80
Lynch 107

-Mc-

McAlroy 74,85
McAlwain 82
McBay 110
McBeth 89,97
McBride 66
McCabe 111
McCaffety 103
McCalip 122

McCall 71,107
McCalley 72,74,115
McCallion 94,99
McCallister 82
McCallmont 78,92
McCan 68
McCanall 72
McCarter 97
McCartey 100
McClag 93
McCland 103
McClemonds 98
McClenachan 86
McClennen 97
McClincher 70
McClintock 62,65
McClung 75,114
McClure 76,87,89
McCollough 67,76,80,83,92
McCombs 99,101,102
McConkey 99
McConnal, McConnel 68,73,82,106
McConnough 111
McConnoughey 110
McCorrikill 111
McCoskey 65
McCoy 68,99,115,117,118,119
McCracken 96,97
McCracks 71
McCreery 98
McCrown 95
McCummings 103
McCurdall 71
McCurday 109
McDafe 99
McDonald 87,88
McDonall 110
McDonough 108,109
McDowell 91,92
McDowney 81
McElwee 85
McEntire, McAntire 69,72,87,99,104
McFadden 83
McFarlin 115
McGachey 93
McGlade 85
McGlinigin 84
McGlocken 64,97,105
McGlockey 72
McGregor 87,97,103
McGuffin 112
McGuinas 93
McHollam 100
McKee 62,65,75,85,100,101,119
McKeen 74
McKeighan 63
McKennan 85
McKever 62,63
McKinley 75,99,103
McKinney 78,122
McKinsey 101
McKnight 87,90
McLane 71,73,78,100
McMeehen 96
McMichael 70,87
McMinnime 81
McMullen 74,95,100,104,105,106,107,117,122
McMulligill 101
McMurphy 113
McMurrey 120
McNeemee 98
McNeil 73,102
McNemer 78
McSharraw 72
McWilliams 92
McWhorter 81,110

-M-

Mackey 68
Madill 99
Magee 98,100
Magill 108
Maginn 91,103
Mahon 87
Mahonon 104
Manley 69
Mann 93,95
Mannor 114
Mansfield 107,110,115,117
Marclom 88
Marks 66
Marr 113
Marshall 76,84,95,120
Marshback 122
Martin 65,72,85,95,118,121,122
Masdon 70
Masey 98,119
Masilla 105
Mason 89,95,96,109,118
Mathews, Matthews 82,110,117
Matthew 83
Maxwell 98,101,108
Mealey 77
Meekins, Mekins 116,117,122
Meldrow 109

Mellon 90,97
Melner 89
Mendenhall 75,77,83,88
Mercer 89,92
Merrit, Merritt 70,71,108
Merrott 116
Meters 90
Middlehoun 92
Middleton 68,100,117
Miles 91,103,107
Miller 75,76,78,79,80,88,91,101,103,106,/82
Milligan 105
Mills 62
Milner 70,71
Mingling 82
Minor 83
Minshall 71
Mitchell 71,87,119
Mitton 72
Molston 113
Monett 81
Monroe, Menroe 76,106
Montgomery 78,85,87,88,90,92,97
Mony 113
Moody 83,98,105,108
Moore 62,68,72,81,87,88,90,91,92,93,95,
98,100,101,102,105,106,109,120
Morgan 86,88,101
Morris 77,107,121
Morrison 92,99,103
Morrow 65
Mortimer 76
Morton 77,90,95,99,104
Mosely 104
Moses 94
Motherall 74
Mounex(y) 106
Mountain 108
Mouscley 65
Mowland 67
Mullen 89,97
Mullet 102
Mundale 91
Murch 107
Murdock 76
Murphy,Murphey 61,64,66,71,88,99,105,118
Murry, Murree 96,101
Musgroves 77,97

-N-

Nabb 117
Naff 71,82,94
Naudain 116,120
Nebweas 78,79,80
Negle 96
Nelson 74,82
Newland 68,75,77,108
Nichols 72,75,80,96
Niel 81
Nighey 97
Niles 69,72
Nivin 86,96
Nixon 66,67
Nobblet 64
Norman 119
Norris 113
Norton 62
Nowland 114,117
Noxon, Noxan 113,120
Nuginn 110

-O-

O' Conner 81
O' Daniel 71,75,98
Oflinn 75
Ogle 96,98
Ogletree 86,96
O' Gurney 92
O' Hana 100
O' Lee 120
Oliver 75
Orr 63,65
Osbern 76
Ottey 68
Owens 61
Oxley 116

-P-

Painter 77,115
Palmerton 121
Parker 87,109
Pasmore 92
Patterson 71,76,78,97,120
Patton 90,102,107
Paulson, Poulson 61,79,84,89
Peach 71,77,94
Peeker 116
Pember 62
Pennington 61,94,101,105,108,109,111,118
Penny 62
Pepper 77
Pernall 94
Perry, Perie 68,84,104,108,112

Perkins 63,64
Peterson 65,77,91,110
Pharise 72
Phemister 94
Phillips 64,81,82,86,89,99,100
Phips 120,121
Pierce, Peirce 61,62,63,64,65,66,78,80
84,106,111,115,116
Pierson, Pierceson 64,80,82,83,121
Pike 65
Plankenhorn 87
Plankenton 66
Plant 105
Platt 95,96
Plummer 89
Pollack 86
Pollard 114,117
Ponggow 67
Poole 68,94
Popham 98
Porter 79,90,92,101,106
Powell 101,105
Powers 95
Pratt 96
Preston 61,78,117,119
Price 76,94,99,104,105,110,112,113
115,122
Prime 76
Prior 69
Prince 64
Pritchard 97,98,100,101
Pusey 91
Pyle 64,88

-Q-

Quillan 85
Quinn 94

-R-

Rambo, Ramboo 62,65
Rankin 77,98
Raquett 91
Ratclif 117
Ravall 120
Ray, Rea 74,75,92,68
Rayhow 94,115,120
Reants 63
Reed, Read 62,72,74,80,91,107,111
112,121
Reading 108
Red 83
Redman 85,89,103,122
Reese 78,85,88,96,112
Register 75,122
Reir 87
Reiu 89
Reynolds 61,78,79,84,96,99,110,111,113
114,115,118,119
Rezoe 93
Rhodes 92,105
Rice 68,86,113
Richards 70
Richardson 69,74,79,114
Richey 66,77,80,110
Richmons 70
Rickets 61
Riddle 91
Ridgeway 122
Right 112,115,119
Riley, Reiley 84,103,106
Robb 87
Robblet 76
Robert, Roberts 110,118,121
Robertson 82
Robinson 61,64,65,73,74,77,79,80,84,85,89
90,94,96,98,101,104,116
Roche 75
Rock 66
Rodgers, Rogers 73,79,96
Rodney 67
Roebuck 81
Rolston 96
Roney 86
Ross, Ros 72,75,77
Rothwell 79,109,113,115,118
Rowan 92
Rowland, Rowlands 78,100
Rubb 121
Rucand 114
Ruland 116
Rumford 73,74
Rumsey 71,98
Rusell 83,97
Ruth 90,91,92,93
Ryan 104,105

-S-

Sagur 111
Sample 87
Sanders 86
Saranough 67
Sauer 107
Saunders 78,84,108,119

Savan, Savin 113,114
Saverson 121
Savoy 78
Sawer 72,111
Schmaltz 82
Scott 76,93,98,102,118,119,120
Scraden 70
Seabor 104
Seal 69,70,71,73,78
See 104,108,112,114
Seeds 83
Sellars 71
Sergeant 97
Shakespear 87,99,101
Shallcross 82
Shannon 93,96,100
Sharp 104,113
Sharples 81,89,113
Sharpley 65,66,67
Shelley 63,64
Shepard 68,82
Sherve 72
Shettering 74
Sheward 71,75
Shields 95
Shipley 68,69,70
Shoemaker 122
Short 93
Shownd 119
Silcocks 119
Siluston 121
Simmons 81,93,119
Simonton 100
Simpson 76,98,115
Sinkman 117Sinner 64
Sinnex 78,79,83
Sirall 73
Sivall 82
Skeer 110
Skees 114
Slack 101
Small 69,104
Smeltz 70
Smilee 86
Smith 61,62,63,64,65,66,67,68,70,73,74
75,76,77,78,85,90,91,95,96,98,101
102,104,105,110,111,114,120,122
Smithel 61
Snell 122
Snow 102
Snowdey 76
Sopper 106
Sparkman 75
Sparks 74,114
Speer 116
Spencer 68,103
Sperier 74
Sperman 116
Spotwood 92
Springer 71,73,77,78,82,83,84,86,89,91,96
Sprow 117
Sprowell 119
Squibb 69,74
Staats 117,119,120,121,122
Stalcop 73
Stamcast 79
Standish 87
Standley 120
Stanton 97,99,102
Stapler 84
Starr 61,68,70,84,109
Starrat, Starrot 85,92,93
Staw 108
Steel 76, 97,98,107
Sterling 113,121
Stern 83
Stevenson 63,65,67,68,82,84
Stewart 61,66,75,85,88,93,99,100,101,102
105,107,112
Stictham 79
Stiddough 82
Stidham 62,70,79,83,84,95,103,116
Stilley 77,81,82
Stockton 67
Stone 78,92
Stonemest 77
Stoops 94,95,101
Stow 73
Strawbridge 68
Street 108
Stricklin 88
Strope 99
Stroud 61,79,81,82,84,85
Sturgis 75,91
Subbler 66
Sueas 101
Sullivan 79,107
Sutton 76,94,105,112,116
Swainey 93

-T-

Talley 61,62,64,66
Tanner 70
Tatam 61
Tatlow 90

Tatnall 61
Taylor 68,69,72,76,79,83,89,97,100,111
113,120,121
Teebow 73
Teel 72
Terral 72,98
Tharp 112
Thatcher 103
Thewell 71,75 /98
Thomas 78,83,84,91,93,105,107,108,110,112
Thompson 68,76,82,86,87,88,98,99,100,101
105,108
Thrump 122
Tignor 114
Tilton 73
Titus 92
Tobin 63,93
Todd 98
Tolan, Toland 90,94,108
Tomkins 62
Toppin 106,107
Toppolas 94
Townsend, Townsands 69,100,103
Toy 107
Traner 76
Travan 65
Trimble 107
Trip 69
Tryan 77
Tuck 116,119
Tull 77
Turner 91,94,111,117
Tusey 62,79,80
Tweedy 96,103

-U-

Underwood 80,101

-V-

Vail 103,110
Vance 85,111,112
Vandegrift 110,111,112,118
Vandevier 61,62,63
Vandy 110
Vandyke 90,119
Vanhickle 106
Vanhorn 117,119
Vankirk 61
Vanluvan 112
Vannaman, Vanaman, Vinnaman 68,75,77,106
Varner 94,114
Vaughn 74
Veasey 120
Vicker 113
Vincent, Vinsant 87,101,114,116
Vining 68
Voys 111

-W-

Waden 96
Wager 63
Waggoner, Wagoner 61,69,102
Wahavan 73
Wailen 86
Walker 63,65,78,86,87,88,96,108,109,122
Wallace 70,72,76
Walravan 79,91,110
Walters 81,83
Ward 71,118,122
Warnek, Warnick 84,101
Warner 69,71,72
Washington 82
Wason 84
Watkins 118
Watson, Wattson 98,100,102,103,106,115
Watts 76
Waugh 97
Way 69,72,80,88
Weaver 108
Webb 74,75,121
Webber 61,80
Webster 62,65,71,73,117,120
Weehan 120
Weidberg 63
Welden 62,63,65,117,119
Wells 72,115
Welsh 61,74,93,96,98,99,106
West 71
Whann 101
Wheatherhead 68
Wheeler 107
White 64,72,73,75,82,85,97,109
Whitheson 72
Whitman 87
Whorrel 76
Whoryton 70
Wickersham 72
Wickward 95
Wicksars 78
Weir, Wier 63,66,86,92,99
Wigdon 83
Wilden 61
Wiley 91,103

Wilkins 84,85,108,111
Wilkinson 70,120
Wilkson 109
Williams 90,101,105,110,114,115
Williamson 63
Willis 66
Wills 75,88
Wilsell (?) 69
Wilson 61,70,75,77,79,80,81,82,83,89,94,98,99,100,104,106,107,108,109,111
112,114,118
Wing 107
Wirt 97,104
Wisure 88,Witsell 76,77
Wolf, Wolfe 62,68,70
Wood 61,70,73,80
Woods 109
Woodkeeper 121
Woodsides 72
Woodward 61
Woolason, Woolaston, Woolston 67,68,74,75,86
Wright 73

-Y-

Yarnall 69,71,85,89
Yates, Yeates 71,91
Yeatman 80
Yokam 110
Young 62,63,76,83,89,93,94

-Z-

Zane 77
Zellofroe 116
Zimmerman 90

S U S S E X

C O U N T Y

HUNDRED	PAGE	(CENSUS PAGE)
CEDAR NECK...........................	136	(289)
BROADKILN............................	143	(309)
NANTICOKE............................	151	(329)
NORTH WEST FORK......................	157	(344)
LITTLE CREEK.........................	164	(361)
BROAD CREEK..........................	170	(377)
BALTIMORE............................	176	(393)
LEWES and REHOBOTH...................	180	(403)
DAGSBOROUGH..........................	184	(415)
INDIAN RIVER.........................	188	(427)
INDEX................................	193	

NAME	MALE UNDER 10	MALE 10/16	MALE 16/26	MALE 26/45	MALE OVER 45	FEMALE UNDER 10	FEMALE 10/16	FEMALE 16/26	FEMALE 26/45	FEMALE OVER 45
CEDAR NECK HUNDRED										
Abbott, James	1	1		1		2			1	
Abbott, Curtis			2	1			1		1	
Athens, George	1	1	2		1		1		1	
Arnold, John	1		1	1			1		1	
Abbott, Nicholas	2	1	1	1					1	
Abbott, Baker	2	1		1		1	1	1		
Abbott, William	1	2	1	1		1		1	1	
Abbott, George	2	1		1			2		1	
Blochsom, Nice		1		1			2	2		1
Biddle, Jacob	2		1	1			1		1	
Black, George		1			1	2			2	
Beckworth, Thomas				1			1		1	
Burton, David				1		2	1	1		
Beaucham, Isaac		1	2		1			2		1
Brooks, James			1					1		
Black, Benjamin	2			1				1	1	
Black, Adam					1				1	1
Bennett, John		1	1			1		2		
Brown, Thomas					1					1
Boston, John			1			1	1	1		
Bennett, Joshua	1	1	1		1	1	1	2		1
Boston, Solomon			1	1				1		
Bryan, Shepherd		1		1				2		
Butlar, Thomas	2			1		1	1			1
Butlar, James	1		1					1		
Brown, Isreal				1		2		1		1
Bennett, Nephimiah		1			1	2	1	1		1
Cory, Nephimiah	1	1		1		2			1	1
Clifton, Thomas	1			1		1		2		
Collins, Warner	1	2		1		1		1	1	
Coverdill, Isreal	1			1		2			1	
Clifton, Mary	2	1				1				2
Collins, Poly			1			1				1
Cathel, John				1				2		
Clifton, Susana	1						1		1	1
Cole, Lyda	1		2						1	
Chandler, William		1			1		2	1		1
Cranor, John			1			1		1		
Clendaniel, John	1		1		1			1		
Clendanial, John	1		1	1				1		
Coverdill, Jesse	2		1					1		
Coverdill, Richard		1			2	1		1	1	
Coverdill, Joshua			1			2		2		
Chandler, Cliff	1			1				1		
Cary, Polly							1			1
Carlisle, Shadrack	1		1			1		1		1
Clendanial, George	2		1	1		1	1		1	
Clendaniel, Luke				1				1		
Clendanial, Jeremiah	2	1		1		2			1	

NAME	MALE UNDER 10	MALE 10/16	MALE 16/26	MALE 26/45	MALE OVER 45	FEMALE UNDER 10	FEMALE 10/16	FEMALE 16/26	FEMALE 26/45	FEMALE OVER 45
CEDAR NECK HUNDRED										
Clendaniel, Avory		1	1		1	2	1	2		1
Clendaniel, Nhab (?)		1			1					1
Clendaniel, John	1			1				1		
Collins, Samuel	1			1				1		
Carpenter, Mary	2					1			1	
Coffin, William		1			1		1	1		1
Cambell, John		1	2	1	1		1	1	1	1
Collins, John		1		1			2		1	
Carlisle, Daniel	1			1		1		1		
Carlisle, Charles	2	1		1			1	1	1	
Crumpton, William	1		2	1		1	1	1	1	
Coverdill, John	1	1	1	1		1		1	1	
Carlisle, Bowen	1	1		1					1	
Clifton, John	1		1			1	1	1		
Crafford, James	1		1					1		
Clifton, Luke	1		1		1		1	2		1
Corsey, Sarah	2							2		1
Coverdill, Israel	1			1		3		1	1	
Cowen, George	1	1			1	2	2	2		1
Davis, Sarah		2	2					2		1
Davis, Robert				1		2		1	1	
Davis, Manlove	2	1	1	1		1		1	1	
Daniel, Thomas		1		1		1			1	1
Depray, Selby	2	2			1	1		2		1
Deweal, Martin					1		1			1
Davis, William	1	1			1	1	1		1	
Deputy, John	2	1	1	1		1	1	1	1	
Deputy, Boaz	2			1		1	1		1	
Dryden, William, Sr.			2		1			1		1
Dryden, William, Jr.	1		1					1		
Draper, William	1	1		1		2			1	
Draper, John			1			1		1		
Daniel, William, Jr.	2			1		2			1	
Deputy, Charles					1					
Deputy, William, Sr.					1					
Davis, John				1		1		1	1	
Draper, Maud			1	1		1				
Draper, Avory	2	1		1		1	1		1	
Dutton, Isaac	3			1		3			1	
Davis, Nehemiah				1				1		
Davis, Thomas	1	1	1	1		2		1	1	
Draper, Charles			1		1	1		1		1
Deputy, James	2	1	1					1		1
Daniel, Abraham	2		2	1				1		
Draper, William, Jr.			1					1		
Delany, Castitia								1	1	
Deputy, Gabriel	1	1	1				1		1	
Deputy, Sylvester	1		1		1	2		2		1
Deputy, Sylvester, Sr.			2		1	1			1	1

NAME	MALE UNDER 10	MALE 10/16	MALE 16/26	MALE 26/45	MALE OVER 45	FEMALE UNDER 10	FEMALE 10/16	FEMALE 16/26	FEMALE 26/45	FEMALE OVER 45
CEDAR NECK HUNDRED										
Deputy, Solomon			1	1				1		1
Deputy, William, Jr.				1						1
Daniel, William, Sr.					1		1			1
Daniel, Thomas	1			1		1			1	
Evans, Thomas		1			1			1		1
Evans, Elisha				1		1			1	
Ellis, Job	1			1		1		1		
Fountain, Solomon H.			1			1		1		
Fisher, William			2							1
Fisher, Curtis	2			1		2		1	1	
Fleetwood, Thomas	1		1		1		1		1	
Fowler, William	3			1					1	
Godwin, Daniel, Sr.			2		1			2		1
Gray, Sandrous				1						
Hand, Thomas	1	1		1		4		1	1	
Hudson, Benjamin	1	1			1		1		1	1
Hudson, Purnell				1		1			1	
Hudson, Joseph		1	2	2		1		1	1	
Hudson, John			1			1	1		1	
Hudson, New--(?)	3			2				1	1	
Harrington, Neoma							1	1		1
Holston, Joseph				2			1			1
Hudson, Samuel	1		1					1		
Hickman, John, Jr.	1	1	1			1		2		
Heavolo, Reuben		2			1				1	1
Holleger, Phillip	1	1			1	1		1		1
Hill, Robert			1			2		1	1	
Holleger, George	1			1				1		
Horkins, Thomas	2	1		1		1			1	
Hays, Joshua	1	1	1	1	1		1	1	1	
Hudson, Jonathan	2			1					1	
Hatfield, William			1			1		1		
Hudson, William, Jr.				1		3			1	
Haslet, Joseph	2		1	1		1			1	
Hudson, Job	1	1	1		1	1	2			1
Heavolo, Reuben, Sr.		1			1			1		1
Hudson, Amos	1			1					1	
Hudson, William			1		1		1			1
Hall, John	2		1					2		
Hall, Thomas			1					1		
Hinds, William	2				1	1	1	1	1	
Hickman, John	1	1	1		1			2	1	
Hand, William, Sr.			1		1			2		
Hays, John		2	1	1		3	1	1		1
Hays, Luke	1		2	1		1		1	1	
Hand, William			1			1		1		
Hickman, Isaac			1		1	1	1		1	
Holleger, Besey						2	1		1	
Hickman, William	2	1	1	1		2	1		1	

NAME	MALE UNDER 10	MALE 10/16	MALE 16/26	MALE 26/45	MALE OVER 45	FEMALE UNDER 10	FEMALE 10/16	FEMALE 16/26	FEMALE 26/45	FEMALE OVER 45
CEDAR NECK HUNDRED										
Hickman, Jacob	2			1		1			1	
Hickman, Joseph				1		2		1		1
Hays, Curtis	3	1		1		1	2	1	1	
Hudson, Henry			1		1		1	2		1
Hays, Alexander			3							
Hamond, Isaac	1				1					1
Houston, Priscilla			1			1	1			1
Hays, Richard		2			1	1			1	1
Hays, Nathaniel					1					1
Jarvers, John	2	1	1	1				1		
Ingram, Jacob			1					1		1
Ireland, Samuel		2			1			2		1
Johnson, Peter				1	1			1	1	
Johnson, Henry	2			1		1			1	
Jones, Elias	2	1			1	2	1		1	
Jones, Betsey	3			1		1		1	1	1
Jones, Arnold		1			1	1	1		1	
Kendrick, William	1	1		1		1	1	1		1
Lofland, William		1	1		1	1		1		1
Lofland, Charles	3	1		1		3		1	1	
Lofland, James	2		1	1			1			1
Lofland, Cornelius	1		1	1		1	1		1	
Lofland, Heavolo		2	2				1	1		2
Heavolo, George	1		1		1	2	2	1	1	
Lofland, Luke	1	1		1		1		1	1	
Laws, Joshua	2	2	1	1		1		1	1	
Lewes, Polly	2		1			1		1		
Lofland, John	2		3		1	1	1			1
Lofland, William, Jr.			1			1		1		
Lofland, Boancen	2				1					
Lofland, Nuttor			1	1	1	2	2	1	1	
Lindle, Scophel		2		1		1	1		1	
Layton, Sandrous					1	1			1	1
Lane, John	1			1		1	2		1	
Lane, Isaac				1				1		1
Morris, Noah	1		1	1			1	1	1	
Morris, Jacob	1		1					1		
Morris, Dennis	3	1		1		2	1		1	
Morris, Jeremiah			1			1		1		
Morris, Holly			1					1		1
Machlin, Elizabeth		1						1		1
Morgan, Nancy	2					1	2		1	
Mills, Margaret	1	1	2				1		2	
Mumphard, Turval	1		1	1		2			1	
Milman, Peter	2	1		1		1		1		
May, Jonathan	2			1		1		1	1	
May, Philip				1		2	1	1		1
Mc Key, George		1		3	1	1			2	
Mc Dowel, Elias	2			1		1	1		1	

NAME	MALE UNDER 10	MALE 10/16	MALE 16/26	MALE 26/45	MALE OVER 45	FEMALE UNDER 10	FEMALE 10/16	FEMALE 16/26	FEMALE 26/45	FEMALE OVER 45
CEDAR NECK HUNDRED										
Mesick, John	1	1			1		2	1	1	
Macklin, Nuttor	1		1					1		
Mesick, Obediah			1			2		1	1	
Mesick, James	1	1	1	1		1			1	
Mesick, Sarah	1							2		
Metcalf, John		2	1		1	2		1	1	
Mah, Rachel								1		1
Mc Loyd, Thomas	1	1		1		1		1		
Murrow, Nancy										1
Mason, Charles	2			1		1	2		1	
Murphey, Isaac			2		1	3	1		1	
Mulinix, Nelly	1		1			2			1	
Morris, Elihu	1	1		1		1			1	
Norman, Thomas	1		1					1		
Nuttor, Sarah		1				1		2		1
Owens, Robert		1	2	1			2		1	
Owens, Hester								3		1
Oliver, Ginna										1
Oliver, Abigal						1		1		1
Osburn, Lean										1
Paremore, Sarah	1						2	1		
Paremore, Charles	1			1				1		
Pointer, Ratcliff					1		1	1		1
Pointer, William	1		1	1		2	1	2		
Papwater, John			1					2		
Pointer, Nathaniel		1	1		1	1	1			1
Pointer, John		1	1	1				1		
Pointer, Levin	1	1			1			1	1	
P[illegible], John	1	1	1	1		1			1	1
Purnell, John	1	1		2		1	1	1	1	
Pierce, Thomas			2			2		1		
Polk, Edward		1			1	2	1		1	1
Polk, William			1	1				1	1	1
Polk, Joab					1				1	
Prittyman, Perry	2	1		1		1			1	
Paremore, Mary		1					1		1	
Postles, Thomas			3		1			2		1
Postles, Shadrack	2	1	2		1		1	1		1
Plummer, William	2			1					1	
Pride, Luke	1	2			1	4			1	
Richards, Zadoc		1		1		2			1	
Richards, George		1		1		5	1		1	
Richards, Manlove	1		1				1			
Richards, Elizabeth								1		1
Richards, Maton		2		1			1		2	1
Redden, Charles			2	1		1		2		1
Redden, John	1			1		2			1	
Rogers, Daniel	3	2	1	1	1	1		2	1	
Richards, John	3			2		1			1	

NAME	MALE					FEMALE				
	UNDER 10	10/16	16/26	26/45	OVER 45	UNDER 10	10/16	16/26	26/45	OVER 45
CEDAR NECK HUNDRED										
Richards, William		1		1		3			1	
Richards, Thomas	2			1		1	1		1	
Richards, Luke				1				1		
Richardson, Elrey	2			1		1	2		1	
Reed, Joshua	1		1	1		1	1		1	
Riley, Larence			1					1		
Riley, Thomas	1		1	1			1		1	
Riley, Benjamin	2			1		1	1		1	
Robinson, Burton			1		1					1
Robinson, John	2			1		2			1	
Robinson, John, Sr.		1			1		1	1		1
Ros, Thomas	1			1		2		2	1	
Ros, James	1			1		1			1	
Riggs, Isaac, Sr.	2			1		1	1		1	
Riggs, Isaac		2	3					1		1
Stockley, Nehemiah	1	1	1			2			1	
Shepard, Polly	3			1		1		1		
Sturgus, Daniel		1		1			1	1	1	
Shavor, John			1	1				1		
Stahaford, Edward	1		1		1	1	1		1	
Spencer, Luke		1	1		1			1		
Spencer, John		2		1		3			1	
Spencer, Joseph	2			1				2		
Spencer, Rachel			1				1			1
Spencer, Samuel	1	1		1		1			1	
Smith, Sapphire								2		1
Smith, David	2		1	1		3			1	
Smith, Thomas		1	1		1		1	1		
Smith, William	1	1		1		2			1	
Smith, Jesse				1			1		1	
Shockley, Eli	1	2		1		3			1	1
Shockley, William	2	1		1		3	2		1	
Shockley, Rhods	1	1		1		2		1	1	
Shockley, Curtis	1	1	2	1		3	2		1	
Shockley, James	3			1			1		1	
Shockley, Joshua	1			1		1			1	
Smith, Holmes	1		1				1	2		
Sharp, Selby	1			1		1		1	1	
Sharp, Spencer				1		1			1	
Stockley, Woodman	1		1	1		1		2		
Stockley, Joseph	3			1		2	2		1	
Smith, Joseph			1		1			2		
Smith, John	1			1				1		
Truitt, Joseph	1		1	2		2		2		
Truitt, Elizabeth	1								2	1
Truitt, John	2		2		1	5	1	3		1
Truitt, Sarah						2	1		1	
Truitt, Bashaba	1									1
Truitt, Joseph, Sr.				1		1			1	

NAME	MALE UNDER 10	MALE 10/16	MALE 16/26	MALE 26/45	MALE OVER 45	FEMALE UNDER 10	FEMALE 10/16	FEMALE 16/26	FEMALE 26/45	FEMALE OVER 45
CEDAR NECK HUNDRED										
Truitt, Polly	2								1	
Townsend, Jeremiah	1	1		1		1		1	1	
Townsend, David		1	1				1	1		
Townsend, Benjamin	2		2		1	1		1	1	
Townsend, Jacob	2		2		1		2	1		1
Townsend, John		1		1		1	1		1	
Townsend, William, Jr.			1			1		1		
Townsend, Lias	2	1			1	3	1	1	1	
Townsend, James		1		1		1			1	
Turner, Joshua	3		1	1		1		1	1	
Turner, Levi		2			1	1			1	
Truitt, David			2	1				2		
Taylor, -----?---			1			1		1		
Townsend, William, Sr.			2		1		1	1		1
Vinkirk, Molly		1		1				1		1
Vinkirk, Barnet				1		1			1	
Veach, Lias			1		1	1				1
Veach, John			1					2		
Veach, Purnell	3	1		1		1	1		1	
Veach, Thomas		1			1					1
Veach, William, Sr.	1	1			1	1		1		1
Veach, Sylvester	1				1		1			1
Watson, Robert, Sr.	2		1		1		1	2	1	
Watson, Ann	1		2	1				1		1
Watson, Jesse			1		1			2		1
Watson, David		1		1		1			1	
Watson, Watson	2			1		1			1	
Watson, Jeremiah				1		3			1	
Watson, William, Jr.	3			1		1		1		
Webb, Joshua	2	1		1	1	1		1	1	
Warren, Boaz			2			1		1		
Watts, Peggy	1					1	1		1	
Webb, Jacob					1	1	1			1
Walton, George	1	1	1		1		1		1	
Walton, Jane	1					1	1			1
Walton, George, Sr.			1		1			1		1
Walton, Jonathan	2			1		2			2	
Walton, Joseph	3	1	1	1			1	1	1	
Wheelar, Noah	3			1		2			1	
Watson, Joseph	1	1			1	2			1	
Watson, Bethuel		1	1	1		2	1		1	
Watson, Isaac	1	2	1	1		1	2	1	1	
Webb, Sylvester			1	1	1		1			1
White, Ansley			1			1		1		
White, Millaway			1			1		1		
Williams, Nathan	1		1				1		1	
Warren, Alexander		1	1		1	2			1	
Warren, Absolom			1		1		1			1
Warren, Parker	2			1		1	1		1	

NAME	MALE UNDER 10	MALE 10/16	MALE 16/26	MALE 26/45	MALE OVER 45	FEMALE UNDER 10	FEMALE 10/16	FEMALE 16/26	FEMALE 26/45	FEMALE OVER 45
CEDAR NECK HUNDRED										
Warren, Rhoda			1				1			1
Warren, Rachel	2	1	1					1		1
Warren, Sarah		1								1
Webb, Jesse	1	1		1		3			1	
Williams, Eli			2	1				1	1	1
Williams, Joseph	2	2	1				1	1		
Williams, Lemuel	2	2	1		1		1	1	1	
Whorton, Nebe	1		1		1		2		1	
Walker, Lydia								1		1
Wilson, Thomas			2		1	1	5	1		1
Whorton, Eli					1	1	1	1		
Wilcox				1		2		2		
Webb, Charles				1				1		
Wickers, Jinna										1
Willey, Levin		1		1			1	1	1	
Willey, Nathan			1	1						1
Wheatley, John	1	1	1			1	2	1	1	
Webb, John			1			1		1		
Webb, Dormand	1	1	1		1		1	2		1
Webb, Jacob		1	2		1	1	1			1
Webb, Thomas, Sr.	1		1	1			1	1	1	
Webb, Joshua	3			1		1			1	
Young, Nathan		1	1							
Young, Nathaniel	1	1	1		1	1	1	1		1
BROADKILN HUNDRED										
Anderson, James	4				1				1	
Abbott, Nicholas		1			1			4		1
Abbott, George			2					1		
Abbott, William	1		1					1		
Abbott, William, Sr.	1			2		2		1	1	
Atkins, Isaac	5	2	2		1	1			1	
Batson, Kendle	1		1	1		2		2		
Blocksom, David	1		1			1		1	1	
Beavans, John	1		2					1		
Brooks, Elizabeth	1	1						1		
Baker, John	2	1			1	1	1	1		
Baker, Elias	1	2		1			1		1	
Baker, William	1		1					1		
Bainam, Joseph			2					1	1	
Blizzard, Stephen	4	1		1		1		1	1	
Bainam, Henry				1		3			1	
Black, Elizabeth							1			1
Brumley, Rachel	1					2			1	
Blocksom, William			1	1			1			
Blocksom, William, Sr.	1	2	2		1		2	1	1	1
Black, Joseph	1		1	1		1	1	1		
Burton, John				1			1	1		

NAME	MALE					FEMALE				
	UNDER 10	10/ 16	16/ 26	26/ 45	OVER 45	UNDER 10	10/ 16	16/ 26	26/ 45	OVER 45
BROADKILN HUNDRED										
Burton, Elisabeth								2		
Bagwell, William		2	1					1		
Bell, Abigal							1		1	
Bolsom, Clement	1				1	1			1	
Bailey, Bagwell		1		1		3			1	
Bennett, Purnell	1				1			1	1	
Butlar, John	1		1	1					1	
Butlar, Benjamin			1		2	3			2	
Conwell, John, Sr.		1	1		1			2		1
Conwell, John, Jr.	2			1		2			1	
Carpenter, William		1	1		1			1	1	
Cary, Wingate	2			1			1	1		
Campbell, Hester	2	1		1					1	1
Cordery, James	1	2	1	1					1	1
Colony, Charles		2	2		1	4	1		2	
Coultoe, Andrew	1			1			1		1	
Coverdill, William	2			1		2			1	
Coverdill, Samuel	1	1		1				1		2
Clifton, Elias	1	1		1		2		1		
Clifton, Joseph			1	1				1		
Cade, Richardson	3	1		1		2			1	1
Cade, Priscilla			1				1			1
Cade, Samuel			1	1				1		
Colhoon, Jonathan	3				1	1			1	
Colhoon, Thomas	2			1		1		2		
Chaise, Polly	1	1				?			1	
Coston, Stephen	3	1		1		1		1	1	
Coultor, Eli		1		1				1	1	
Coultor, Neomi			1					1	1	
Coultor, Thomas	2			1		2			1	
Coultor, James	2	2		1					1	
Cord, William				2			2	1		
Cord, Jane								1	2	1
Clark, Lott	1	1		1	1				1	
Clark, Miers				1		4	2		1	
Clowes, Isaac	1	1	1	3		2		2		1
Conwell, William (of Geo.)	3	2		1		1	1	1	1	
Cary, Joseph	1		3	1		2			1	
Cane, Susannah	2	1				1			2	
Collins, Thomas	2	1	1		1	2	1	1		1
Coverdill, Isaac	1				1	2		1	1	1
Conwell, George (of Jon.)	1		1	1				2		
Conwell, George	1	1		1			1		1	
Carpenter, Herick	1	2		1		1		1	1	
Carpenter, Albert		1	1		1			1	1	
Cornwell, Avory	2	1		1		2	1		1	
Dutton, Baker	2	1	1	1		1	1	1	1	
Deputy, Nuzner		1			1			2	1	
Dodd, Aaron			2		1	1	1	1		

NAME	MALE					FEMALE				
	UNDER 10	10/16	16/26	26/45	OVER 45	UNDER 10	10/16	16/26	26/45	OVER 45
BROADKILN HUNDRED										
Dodd, Sarah			3							1
Donovan, Woolman					1			1		
Donovan, Job	1		1					1		
Donovan, John	2	1	1		1	1		1		1
Dutton, Thomas					1					1
Dutton, Jesse	2		1	1		2	1		1	
Dutton, Abel	2		2	1		3	2		1	1
Dutton, John	1		1		1		1	1		1
Dutton, James	2			1		1		1		
Dodd, Mary		1	1			1	2	3		1
Dodd, Adam			1					1		
Davis, Isaac			1							1
Dutton, Thomas, Jr.	2			1		2			1	
Derters, Hosea	1			1		1	1	1		1
Dodd, Sarah			1							1
Dodd, Aaron, Jr.			1		1		1	1		1
Dodd, Jonathan	1	1	1		1	3	1		1	
Dodd, Fowler			1					1		
Downing, William			1			1		2		
Downing, David			1					1		
Day, John					1		2			
Day, Prittyman	2		1	1		1		1		
Dickerson, Jonathan, Sr.	1	2	1		1					1
Dickerson, Edmond	1			1				1		
Dickerson, William		1	3	1			1	2	1	
Dickerson, Edmond	3			1				2		
Dickerson, Peter			1					1		
Donovan, Abraham	1		1	1		1		1		
Donovan, James	1		1	1					1	
Donovan, Zekiel	1		1	2					3	
Dean, Jesse	1	1	2		1		1	2		1
Dutton, James	2			1		1		1		
Dutton, John	1		1		1		1	2		1
Dutton, Thomas, Jr.	1			1		1		1		
Donovan, Zachariah			1					1		1
Dutton, John, Sr.	3			1		1			1	
Dodd, Joseph	1	1			1			2	1	
Dorerty, John			1			1		1		
Dorman, John	1		1		1		1		1	
Dorman, Nehemiah	2		1					1		
Drapor, Henry	2			1		1	1	1		
Drapor, Benjamin	1			1					1	
Darby, Ephriam	3		1	1		1		1	1	
Evans, John	1		1		1			1	1	1
Ennes, Samuel				1		1		1		
English, Ruth	1					1				1
Emberson, Gova				1		1				1
Edgen, Jesse	1		1					1		
Fowler, James	2			1		1		1		

NAME	MALE UNDER 10	MALE 10/16	MALE 16/26	MALE 26/45	MALE OVER 45	FEMALE UNDER 10	FEMALE 10/16	FEMALE 16/26	FEMALE 26/45	FEMALE OVER 45
BROADKILN HUNDRED										
Fowler, Archibald	1	2			1	1	1	2		1
Fowler, Job	2		1					2		1
Fitchett, William		2	3		1	3			2	
Fleming, Archibald		2	1	1			1	1	2	
Fleetwood, Cornelius	1		1	1		1	1	1	1	
Fisher, John	2	1	1	1		1	1	1	1	
Fowler, Samuel		1		1						1
Fisher, Joshua	1			1		1	1		1	
Fleetwood, Abigal										1
Fleetwood, Joseph	1			1		1	1		1	
Furgus, Mary			1				2		1	1
Frances, Joseph				1		3			1	
Fisher, Thomas	1		1	1		3	2		1	
Gray, Tilman	2	1		1		1		1	1	
Gray, Mariam				1			2	2		1
Griffith, Joram			1	1		1			1	
Green, Ezekiel				1	1	1			1	
Green, David	2			1		1			1	
Glover, Joshua	2	1		1			1	1		1
Gorden, James	3	1		1		4	1		1	
Green, Samuel		1	1		1	1		1		1
Hazzard, George	3	1	2	1		1	1		1	
Horsey, Puterbridge	1		3							
Harris, Benton	3		2	2		1		2		
Hall, Parker	2			1		3			2	
Heavolo, Anthony, Jr.	1	1			1	1			1	
Heavolo, Edward	1		1						1	
Heavolo, Andrew	1			1		1	1		1	
Heavolo, Anthony					1		1			1
Heavolo, Jesse				1		1		1		
Hall, Jacob	1	1		2				1		1
Hall, Joseph				1		1	1		1	
Hudson, Anderson	2	2		2		1	1	1	1	
Holland, William			2							
Harris, Parker	1			1		3			1	
Hencock, Henry	1			1		1			1	
Holston, John	2			1			2	1	1	
Hall, Joshua	1			1		2			1	
Hall, Joseph				1		2		1		
Hart, Zachariah	2	1		1		2	2	1	1	
Hall, John	1	3	1		1			2	1	1
Hall, Jacob	2		1	1				1	1	
Hunter, Robert	2	2	1	1				1	1	
Henman, Zekiel	2			1		1	1		1	
Hall, Levi	1	2		1		1	2		1	
Hall, Joseph, Jr.	1		1					1		1
Hall, Moses	1		1						1	
Hart, Richard	1	1		2		3			1	
Hudson, Absolom				1		2		1		1

NAME	MALE UNDER 10	MALE 10/16	MALE 16/26	MALE 26/45	MALE OVER 45	FEMALE UNDER 10	FEMALE 10/16	FEMALE 16/26	FEMALE 26/45	FEMALE OVER 45
BROADKILN HUNDRED										
Hall, Joseph, Sr.		2			1			1		
Hudson, John				1		2		1		
Hazzard, David			1	1						
Hazzard, Jacob	2	2		1	1	2	1		1	1
Hazzard, Elizabeth	1					1		1		
Holland, John	3	1			1		1	1	1	
Hood, Robert		1	1	1	1			1		1
Hall, Eli	1			1				1		
Houston, Robert	1		1					1		
Hopkins, David	1		1	1		1		1	1	
Hazzard, Lewes			2							
Heavolo, Edward		1		1					1	
Heavolo, Polly			2					2		
Hall, Betsey		1	1				1		1	
Hazle, John					1					
Hazzard, Cord	2	1	1	1	2	1		2	1	
Hazzard, John			1		1		1	1		1
Hall, William	1	1			1	2		1	1	
Hall, James	1			1				1		
Harris, Abraham	1	1	1	1		1		1	1	1
Jones, Thomas	2		1	1		2			1	
Jester, Daniel	2		1	1		1	2	2		1
Jefferson, Warren	1	1	2		1			1		1
Ingram, Anthony			1	1			1			
Ingram, John			1			1		2		
Johnson, Benjamin	1		1		1		2	1		1
Jones, James		1			1	1				1
Jones, Sarah										1
Jones, Bruffet	1		1	1		1		1		
Jones, John	1			1		3			1	
Jefferis, Nathan	4			1		1			1	
Johnson, Simon			1			2		1		
Kollock, Philip		1	2		1	1	1	2		1
Kollock, Elizabeth	1		1	1			1			1
Kollock, Simon			1					2		
King, James	3		1		1	1	1		1	
King, John		1		1		2		1	1	
King, Charles		1	3						2	1
King, Sarah							1			1
Kelly, Joseph	2	1	1		1			2		1
Lindle, Thomas	2			1		1	1		1	1
Lank, Levin	2		1	1		1	1		1	
Loles, James	1		1			2		1		
Lank, Mitchell		1	1	2				1	1	
Lank, Thomas	2	1		1		2		1	1	
Lofland, Nehemiah			1					1		
Lewes, Adam			1		1	3		1	1	
Lindle, Zadoc	2		1		1	2		1	1	
Mitten, William, Sr.			1		2			2		1

NAME	MALE UNDER 10	MALE 10/16	MALE 16/26	MALE 26/45	MALE OVER 45	FEMALE UNDER 10	FEMALE 10/16	FEMALE 16/26	FEMALE 26/45	FEMALE OVER 45
BROADKILN HUNDRED										
Mitten, Joshua	1	1	2					1		
Martin, John	4			1		1		2		
Martin, David	1			1		2	1		2	
Mitchell, Nathaniel	3				1	2			1	
Moore, Edward		1			1		1	1		1
Moore, James	1			1		2			1	
Morris, Joseph			1		1		1	1		1
Mesick, Levi	2	1	2		1	1	1	2	1	
Morris, Joshua	1	1		1		4	1		1	
Morris, William		1	2	1	1		1			2
Morris, Comfort	1	1	1			3		1	1	
Mitten, William			1		1			2		1
Mc Cracken, Elihu	1		1	1				1		1
Marval, Thomas	2	3		1		1	1	1	1	
Mitchell, Stephen		1		1	1				1	
Martin, John, Jr.	2		2			1		1		
Marval, William			1	1		3			1	
Martin, John	2		1		1			1		1
Martin, William	2	1		1		1	1		1	
Morgan, Joshua	2			1		2			1	
Morgan, Parker	2		1	1		1			1	
Mumps, Patty								1	1	
Miller, Polly	1	1	1				1	1		1
Mason, Joseph	1			1				1		
Mitten, William, Jr.	2	1	1	1		1			1	
Morris, Beavans	4		2		1	1	2		1	1
Macklin, Job	1	1			1		1	1	1	
Nailor, John	1		1					1		
Nottingim, Abel					1					1
Newcomb, John	1		1		1	1				1
Prittyman, John	1		1	1		3		1	1	
Parmore, William W.	1	1		1		4			1	
Pettijohn, Ebenezer	2			1		3	1		1	
Parmore, William	2			1		1	1		1	
Pettijohn, Richard	2	1		1			1	2		
Pettijohn, James, Jr.	1		1			1		1		
Pride, James	1	1		1		1		1		
Pepper, Joshua	2		1		1				1	1
Pepper, Levin		2		1			1		1	
Paremore, Stephen	1		1	1		1	1		1	
Paremore, John				1		1		2	2	1
Paremore, Ruben			1					1		
Paremore, Neomi									2	
Pettijohn, John	2			1		2			1	
Pettijohn, Thomas		2			1			2		1
Pettijohn, James, Sr.					1			1		
Pettijohn, Zacharia	1	1		1		1			1	
Paremore, William	2			1		1	1	1		
Pullett, James	2			1				1	1	

NAME	MALE UNDER 10	MALE 10/16	MALE 16/26	MALE 26/45	MALE OVER 45	FEMALE UNDER 10	FEMALE 10/16	FEMALE 16/26	FEMALE 26/45	FEMALE OVER 45
BROADKILN HUNDRED										
Paremore, Solomon	1	2		1		2			1	
Payntor, Samuel			1	1		2		2		
Payntor, John	1			1		1			1	
Payntor, Samuel (Carpenter)	2		2	1		1		1	1	
Pippen, John	2			1					1	
Peery, James			2					2		
Peery, William, Sr.					1				1	
Pondor, James	1	1		1	1	2	1	1		
Pettijohn, James, Jr.			1			2	1	1		
Russell, Levi	1		2		1		1	1	1	
Robins, William	1	1	2		1		1	1	1	
Reed, James, Jr.	1		2	1		1			1	
Redden, Easter	2	1	1					1		
Riley, John	2			1		2			1	
Riley, Ann			2				1			1
Riley, Jacob	2			1		1	2		1	
Riley, Grace		1	1			2		2		1
Russell, William			1			1		2		
Rowles, Solomon					1	2	1	1	1	
Reed, Mary			1					1	1	2
Reed, Abraham	3			1				1		
Reed, Job	2			1		2	2		1	
Reed, John	1	1	1					1		
Reed, William				1					1	
Reed, John, Sr.	1	2		1		1			1	
Reed, Zadoc		1	2				1	2		
Reynolds, Sarah	2				1	1	3			1
Russell, John	1				1				1	1
Runnels, Zachariah	1	2	1	1		2			1	
Reed, Nathan	2	1	1	1		1		1		
Reed, James	1	1	1		1	2	1	1		1
Reed, Samuel	1		1					1		
Roach, James	1			1				1		
Roach, Lyda						3			1	
Roach, Daniel	1	1		1		2			1	
Rowland, John	1			1		2			1	
Rowland, Sarah	1				1	1			1	
Redden, Reval	1			1		3			1	
Runnels, Job	1			1		2		1	1	
Runnels, Henry	1			1		1			1	
Runnels, Margaret		1	1				1			1
Russell, Thomas	1	1	1	1		1			1	
Richards, John	1		1	2		3	1		1	
Ratcliff, Samuel	2	1		1		1		1	1	
Russell, William, Jr.		1	2						1	
Russell, Manlove		1	2		1		1	2		1
Reed, Nehemiah, Jr.	2			1		2			1	
Reed, Nehemiah, Sr.	1	1	2		1	1				1
Riley, John, Sr.	2			1		2	1		1	

NAME	MALE UNDER 10	10/16	16/26	26/45	OVER 45	FEMALE UNDER 10	10/16	16/26	26/45	OVER 45
BROADKILN HUNDRED										
Speive, William	1		1			1			1	
Samons, Frances			1					1		
Scott, Mitchell	2				1	3	1		1	
Shockley, Nathan				1		2			1	
Sharp, Jacob	1			1		1		1	1	
Smith, William	1			1		1			1	
Steel, Ismeal	1		1	1				1		
Steel, William	1	1	1	1		2	1		1	
Steel, Prisgrave		1	1			1	1	1	1	
Simpler, Aaron	1			1		2			1	
Stafford, Gina		1						1		1
Stencen, John	2			1					1	
Stencen, James	2	1		1		2			1	
Stewart, Thomas			1	1				1		
Stewart, David				1					1	
Starr, Richard	1	1		2		3			1	
Starr, James	3	1	1		1		1		1	
Sammons, Thomas	1	1		1		2	1		1	
Smith, David				2		1	1		2	
Stencen, Rhoda			2				1			1
Simpler, Milby	2			1		1			1	
Stansborough, Adomijah	1	1			2	1	1	1		1
Traver, Henry				1					1	1
Tull, John	2				1	1			1	
Sharp, Molly			2						1	
Tolbert, John	1	2		1		1		1		
Tolbert, Robert	1				1			1		1
Thomas, Nancy		1								1
Teague, Comfort										1
Townsend, Isaac	1		1					1		
Tam, Sarah										1
Tam, Joseph	5	2	1	1		1			1	
Tull, John, Jr.				1			1		2	
Thist, Jim	2			1		1	1		1	
Turner, Levi	1	1	1	1		3	2		1	
Tingley, John		1		1		1			1	
Tingley, Stinger			1	1		2		1		
Tatman, Obediah	1			1		2			1	
Thorton, William				1			1	1		
Vesels, Jabes	2			1				1		
Verden, William		1	1		1			2	1	
Verden, Elrey			2					1		
Vesels, Priscilla	1					1			1	
Vent, Peggy		1								1
Verden, Marnix	1	1	1		1	1	2			1
Wilson, Isaac		1	4		1	1	1			2
Wilson, Thomas	1		1		1					1
Wilson, William, Jr.	2			1			1		1	
Wilson, Reuben			1		1			1	1	1

NAME	MALE					FEMALE				
	UNDER 10	10/ 16	16/ 26	26/ 45	OVER 45	UNDER 10	10/ 16	16/ 26	26/ 45	OVER 45
BROADKILN HUNDRED										
Wilson, William, Sr.			1		1				1	
Wilson, Avory	1		1					1		
Wilson, Joseph	1			1		1		1		
Wilson, Ebe	1		1					1		
Warren, Ebenezer	1	1			1	1	1		1	
Warren, Major			1	1		2			2	
Warren, Charles	3		1	1			1		1	
Warren, Isaac				1		1	1		1	
Warren, Molly	1						1		1	1
Warren, Kendle		1		1		4		1	1	
Warren, Wrixan				1				1	1	
Wine, Nottingam			1					1		
Wilson, James	2	1	1	1		2	2	1	1	
Wilson, William	1	1	1					1		
Wilson, John	2			1					1	
Waples, William	1		1		1	1		1		
West, Luke				1				1		
West, Thomas		1	1		1	2	2	1		
Wyatt, William		2			1	2		2		1
Warrington, Stephen	2	1		2		1	1		1	
Willis, Betsy	1					2	1		1	
Wright, Elizabeth	1		3	1		1		2		1
Wright, Samuel	1		1	1		1		1	1	
Willbank, Cornelius		2	1		1			2		1
Willbank, Samuel	2	2		1		3	1		2	
Wright, John			1			2		2		
Young, John			1			2		2		
NANTICOKE HUNDRED										
Adams, Jacob			1		1	1		1	1	
Ales, James	1			1		1			1	
Anderson, Jonathan	2			1		2			1	
Anderson, Thomas		1	1	1				2	1	
Adams, Isaac	3			1		1			1	
Adams, Isaac, Sr.	3			1		1	1	1		
Adams, John	1			1		1			1	
Adams, William	1	1		1		1		1	1	
Adams, William, Sr.		2		1					1	
Adams, Elijah		1			1		2		1	
Argo, Joseph	1	2		1		4	1	1		1
Argo, Alexander	2	2		1					1	
Allen, William	1	1		1				1	1	
Allen, Jacob				1		1		1	1	
Adams, Isaacs	3			1		1			1	
Bozman, Reval	3			1		2			1	
Bozman, Daniel	1		1	1		3			1	
Boice, John			1					1		
Boice, Sanford				1		1		1	1	1

NAME	MALE					FEMALE				
	UNDER 10	10/16	16/26	26/45	OVER 45	UNDER 10	10/16	16/26	26/45	OVER 45
NANTICOKE HUNDRED										
Barr, Robert	1	1	1					1		
Bryan, Felix				1				1		
Beavans, Jonah		1		1		1		1		
Beavans, Hezekiah					1		1	1		1
Bowlen, Thomas	3	1		1				1		
Bainam, William			1			1		1		1
Boice, William, Sr.			2		1			2		1
Boice, Prittyman	2			1		2	1		1	
Besines (?), Lewes	2			1		1	1			1
Boice, Joshua	2	1	1	1			1	1	1	
Boice, John			1					1		
Baker, Daniel	1	1		1			1		1	
Baker, Lemuel	2		1			1	1		1	
Beavans, Jonah, Jr.	1		1					1		
Beavans, Thomas		1	2	1		1		1		
Carlisle, John, Jr.				1		2		1		
Crockett, Joseph V.	2			1		1		1		
Connoway, Noble	1		1					1		
Connoway, Loda	1	1		1		1			1	
Callahan, Sarah			2			1			1	1
Coverdill, Richard			2			1		1		
Connoway, Jacob		1			1		1	1		1
Connoway, John				1		3	1		1	
Collins, John, Sr.	1	2	4		1	1	1	3	1	
Carr, John	1		1			1		1		
Carr, Henry	1			1		1			1	
Coverdill, Jacob	2		2		1			2		1
Coverdill, Levin	1	1	1		1	1	1			1
Carr, Nathan			1			1		1		
Carlisle, John, Sr.					1		1	1		1
Cavender, David	2		3		1	2		1	2	
Carlisle, William	1	2		1		3	1	3	1	
Cox, Isaac	1	1		1		1	1		1	
Clifton, Pemberton	1				1	4	2	1	1	
Coverdill, Williams		1	2	1		1		1	1	
Coverdill, Eli			1							
Coverdill, Mathew					1					1
Carrell, Clement	1	2		1		1			1	
Corsey, Joseph	1		1					1		
Carlisle, Thomas		1		1		2	2		1	
Collins, Jonathan			1	2		1		2		1
Connoway, Sarah	2	1	1				1		1	
Connoway, Peter	1			1		2		1		
Donovan, Zachariah			1					1		
Dickerson, Jonathan	2			1			1		1	
Dickerson, Samuel			1					1		
Dickerson, Jonathan	1			1				1		
Dickerson, Samuel, Sr.	2				1	1			1	
Dickerson, Jacob				1		2			1	

NAME	MALE UNDER 10	MALE 10/16	MALE 16/26	MALE 26/45	MALE OVER 45	FEMALE UNDER 10	FEMALE 10/16	FEMALE 16/26	FEMALE 26/45	FEMALE OVER 45
NANTICOKE HUNDRED										
Dickerson, John			1			1		1		
Dickerson, Brigett	3	2	1				1		1	
Deputy, Jeremiah			1			1		1		
Durham, Richard			1		1		1			1
Durham, John	2		1					1		
Donoho, Major		1		1		2			1	
Dawson, Jonathan	2		3	1		1	1	1		
Dukes, Isaac	1			1		1			1	
Dail, Cata	1				1	2	1	1		1
Davis, Brinkley		1	1					1		
Evans, Elisha				1	1	2			1	
Evans, Thomas		1		1					1	
Eliott, John	2	1	2		1			5		2
Eliott, John, Jr.	1	2		1		2		1		
Fowler, Ate (?)		1	1	1				1		
Fleetwood, Nehemiah		1	1		1		2	1		1
Firman, Elizabeth			1				2	1	1	
Fowler, Jesse		1			1	1			2	
Fowler, John	1		1			2		1		
Fisher, William	1				1	1				1
Fisher, Daniel		2	1	1				1		1
Fisher, Isaac	3	3	1		1	2	1			1
Fisher, Henry				1		1		1	1	
Fleetwood, Luke	2				1		2		1	
Fleetwood, William	1		1	1		2			1	1
Fletcher, James	1			1		3		1	1	
Griffith, Samuel	2			1		1			1	
Griffith, Moses	2	1		1		5		2	1	
Griffith, Joseph, Sr.	3	2	1		1	1		1	1	
Griffith, Ivory		1		1				2		
Griffith, Isaac	3			1	1	1			1	
Griffith, Selathiel		1			1	3	1		1	
Griffith, John	4	1		1		1		1	1	
Grayham, William				1		4		1	1	
Harris, Dixon	1		1				1	1		
Hust, William	2		1	2		1			2	
Hurley, Pharoh	4			1		1	1	1	1	
Hurley, Edward	1		3		1		1	1		1
Hitch, Elijah	2	1			1	2	1	1	1	
Hatfield, Jonathan		1			1	3				1
Hemmons, John			2		1	1			1	
Hinson, John		1			1		1			1
Hurley, William			1	1				1		1
Hudson, Richard	1	1	3		1	2			2	
Hovonton, Molly		1				1	1			1
Hustion, John	2			1		1		1	1	
Johnson, Jacob		1			1		1	2		
Johnson, Jacob, Jr.	1		1					1		
Johnson, Snod	2				1	1			1	

NAME	MALE UNDER 10	MALE 10/16	MALE 16/26	MALE 26/45	MALE OVER 45	FEMALE UNDER 10	FEMALE 10/16	FEMALE 16/26	FEMALE 26/45	FEMALE OVER 45
NANTICOKE HUNDRED										
Johnson, Whittington		1			1					1
Johnson, Whittington, Jr.			2						1	
Jones, Ezekiel	2		1					1		
Jones, William	2	1		1		1	1		1	
Jefferson, John	2	1	1			1		1	1	
Jackson, Peter	2	2		1	1	2			2	
Ingram, Samuel	1	1	1			1		1		
Ingram, Isaac	1		1					1		
Johnson, John		1			1			1		2
Johnson, Jacob		1	1		1			3		1
Jones, Mary						1		1		
Isaacs, Comfort						1		1		1
Kimmey, Aaron	2	1	1		1		2		1	
Linch, Abraham (M)				1			2		1	
Linch, Abraham		2		1				1		1
Linch, Ede	1	1	2			1	1		1	
Linch, Henry			1			2		1		
Linch, Hannah		1	1	1		1		1	1	1
Linch, Eli		1		1		1		1		
Linch, Elizabeth	2							1		1
Linch, John (of Et?)			1					1		
Long, Daniel	3		1	1			1		1	
Lecatt, Elijah	1	1			1	2		1		1
Lecatt, Job	1	1		1				1		1
Lane, John, Sr.			1		1					1
Lindle, Joseph			1					1		
Lofland, James	2		1	1				2		
Lafity, William			2					1	1	
Lafity, Samuel			1					2		
Linch, Abraham, Sr.	4			1				1		
Layton, Solomon	2			1		1	1		1	
Lines, William	2			1		2			1	
Langvill, James			2			1		1		
Langvill, John	1			1	1	2			1	
Lamden, Robert	2	1	1		1	1			1	
Marval, Robert, Jr.			1			1		1		
Marval, Eli	1			1		1		1	1	
Marval, Phillip	2			1				2		
Morgan, Elijah	2	1	1		1	2			1	
Masey, Elisha				1		2			1	
Masey, Mary		1					1		1	
Mesick, Lewes	2			1		1			1	
Mesick, Sarah			1				1		1	1
Murphy, Polly	2	1				1	1	1	1	
Maxfield, Robert	2	1		1		1		1	1	
Murphy, Daniel	1				1	4	1		1	
Munlix, John	1	2		1		1	2		1	
Marine, Charles				1			1	1	1	
Marine, Charles, Sr.		2		1				2	1	

NAME	MALE UNDER 10	MALE 10/16	MALE 16/26	MALE 26/45	MALE OVER 45	FEMALE UNDER 10	FEMALE 10/16	FEMALE 16/26	FEMALE 26/45	FEMALE OVER 45
NANTICOKE HUNDRED										
Morgan, Benjamin				1		1		1		
Mc Caulley, Robert W.		2	2		1			1		1
Mc Caulley, Eli	2	1		1		1	1		1	
Marine, Mathew					1					1
Megee, Nelly	2					2			1	
Martinno, Mary	2								1	
Needom, Noah			1	1		1				1
Needom, Michal				1		2			1	
Nox, Gilman	2		1					1		
Nowel, Sidney		1	1					1		2
O' Day, Philip	3			1		1			1	
O' Day, Leah	1	1	1						1	
Owens, John		1			1		1	3		1
Owens, Jonathan	2			1		2			1	
Owens, Jane		1					2	1		1
Owens, David	2		1	1		1	1	1	1	
O' Day, John	1		1					1		
Papwater, Jonas	1	1	2	1				1		1
Penwell, Samuel	1	1		1		2	2		1	
Polk, Mary				1						1
Pride, Job	2		1		1	1	1	1		
Paremore, Curtis	2			1		1		1	1	
Papwater, Isaac	1	2	1		1	2	1		1	
Papwater, James	1			1	1	2	1			1
Papwater, Eli			1					1		
Papwater, Richard	1			1		1			1	
Papwater, Rosannah	1								1	1
Papwater, William	3			1		1		1		
Papwater, Purnell			1					1		
Polk, Charles		1	1			1		1		
Polk, Mary (of Jas.)		1			1	1				1
Polk, John	2	1	2		1			2		1
Polk, Isaac		2			1					1
Polk, David		1		1			1			1
Plummer, Philip		1	1					1		2
Pepper, Bethey							2			1
Ratcliff, Mines	1			1		4			2	
Ratcliff, Charles	2			1				1		
Ratcliff, Reuben				1		3		1		
Rowles, Levi	1		2				1	1		1
Smith, Levi			1			1		1		
Smith, Charlton			1		1				1	1
Smith, Stouton		1		1	1		1	1		1
Smith, Job	1		1	2					1	
Smith, John	1		1					1		
Smith, Sarah						1			1	
Smith, Stephen			1		1		1			1
Spicer, Elsey	2				1					
Spicer, William			1				3		1	

NAME	MALE UNDER 10	MALE 10/16	MALE 16/26	MALE 26/45	MALE OVER 45	FEMALE UNDER 10	FEMALE 10/16	FEMALE 16/26	FEMALE 26/45	FEMALE OVER 45
NANTICOKE HUNDRED										
Swain, Robert				1		1			1	
Stewart, Jonathan		1		1		2	1			
Short, James		1	3		1	1	1	1	1	
Short, Isaac	2	1		1		2		1	1	
Short, Adam			1	2				1	1	
Scott, Jesse	2		1	1		1		1		
Stayton, James	1		1			1		2		
Sammons, Maunt			2		1			1		1
Sammons, Frank			1					1		
Sammons, William	2			1		2			1	
Sammons, Peter			1		1		1			1
Story, Asia			1			1		1		
Smith, Watson		1			1	1			1	
Short, John	1	1	1		1	1				1
Short, Elizabeth	2	1	1			2				1
Short, James, Sr.		3	1		1	1	2			1
Short, Dennard			1	1		2			1	
Short, John, Sr.	2		1	1		3		1	1	
Story, Duke	1		1			1		1		
Stayton, Jehu	2		1	1		3		1	1	
Spicer, John	1	1	1	1		2	1		1	
Spicer, Phillip	2	1		1			1		1	
Speare, Sarah	1	1	1			1		1		1
Swain, Joseph			1					1		
Stevens, Samuel	1		1			2			1	1
Townsend, William				1				1		
Truitt, William		1		1		1	1	1		
Truitt, Thomas, Sr.		1		1		1	2		1	
Truitt, William		1		1			1	1	1	
Tatman, William			1			2		2		
Tatman, William, Sr.	1			1		2		1		1
Tatman, Purnell	3	1		1		1	1	1	1	
Tatman, Collins	2			1		1			1	
Teague, William	1				1	1	1		1	
Tindel, Samuel	1			1	1					1
Tindel, Purnell	1	1	1	1		2		1	1	
Tindel, Charles		1			1	1	1	1		1
Veach, Purnell	2	1		1		1	1	1		
Veach, Obediah	2			1		1			1	
Veach, Zadoc				1		2		1	1	
Vinkirk, William	2			1		2		1		
Wyatt, Joseph					1	2			1	
Wyatt, Elijah	1	1			1		1	1		1
White, Joseph				1		2		1		
White, George	1			1		1	1			
White, Mary			2					2		1
White, Smith		1		1		1	1		1	
Walls, William	2	1		1		2		1	1	
Wilkins, Ruth		1								1

NAME	MALE					FEMALE				
	UNDER 10	10/ 16	16/ 26	26/ 45	OVER 45	UNDER 10	10/ 16	16/ 26	26/ 45	OVER 45
NANTICOKE HUNDRED										
Wilkins, John	1		1						1	
Williams, John	1	1	1	1		1	2	1	1	
Welch, John	1	1		1		2			1	
Warren, Clouds B.	2	1	1	1		2	1	1	2	
Webb, Benjamin, Sr.					1			3		1
Webb, Benjamin, Jr.	3			1		2			1	
Williams, Elsey		1		1					1	
Webb, Jonas	2			1		2		1		
Willey, Boid				1		1		1		
Walker, William		3	1	1				2	1	
Wooten, Sarah		1					1	1		1
Willis, John, Sr.		1	1		1		1			1
Willis, John, Jr.			1	1		2		1	1	
Williams, Charles	3	2	1		1	2	2			1
Watts, Joseph				1		2		1		
Yates, William			1			1	1	1		
NORTH WEST FORK HUNDRED										
Adams, Peter	2			1				2		
Adams, Peter, Sr.				1		1		1		
Adams, James					1					1
Adams, Arnold				1			1		1	1
Adams, Roger	1		1		1					
Adams, Manlove	1			1		2		2	1	
Adams, Absolom	1	1		1		2			1	
Adams, Thomas	1	1			1		1	2	1	
Adams, Bat	2	1		1		2		1	1	
Allen, Reuben	2		1	1		1			1	
Allen, John	3			1		3	2		1	
Allen, John, Sr.	3		1	1		2			1	
Allen, John, Sr.	1	1		1		1	1		2	
Adkison, John	2		1	1				1		1
Abbott, Jesse	2				1				1	
Alexander, Thomas		2		1				1		
Axfield, Elizabeth			1						1	
Benson, Henry	1	1	1	1		1	1		1	
Brown, Charles	1	1		1		3	1		1	
Brown, William	1	1	1	1				2	1	
Brown, Frances		1		2		1	2	2		
Brown, Anderton	2		1	1		2	2		1	
Brown, John	5	1	1		1			2		1
Brown, Leah	2		1				1			1
Brown, White	1	1			1	1	2	3	1	
Brown, Rebecca		1						2		1
Brown, Rachal		1	2			1	1	1		1
Brown, Polly			1				1			1
Brown, Peter	1			1						1
Baker, William	2			1		1	1		1	

NAME	MALE UNDER 10	MALE 10/16	MALE 16/26	MALE 26/45	MALE OVER 45	FEMALE UNDER 10	FEMALE 10/16	FEMALE 16/26	FEMALE 26/45	FEMALE OVER 45
NORTH WEST FORK HUNDRED										
Bradley, William		1			1	1		1		1
Bradley, Elizabeth	3	1		1				1		1
Bradley, Rebecca			1				1	1		
Beckett, Butlar	2	1		1		1		1		
Burroughs, William	2				1	1	1		1	
Bennon, John				1		1			1	
Beaucham, John	1		3			1		1		
Brown, William, Sr.				1	1		1			1
Brown, Saphire			1			2		1		1
Brown, Levin					1					1
Bozman, Philip			1	1		3			1	
Blocksom, John	1	1		1		3	1		1	
Butlar, William				1		1		2	1	
Bannon, James	1	1		1		3	1	1	1	
Bishop, William		2		1				1		
Bradish, John		1			1				1	
Barney, Jacob	1	1			1			2		
Collins, John			2		1		1			1
Cannon, Banjamin			1			1		1		1
Curry, Thomas			2		1			3		1
Cannon, William N.	2		1		2		2	1	1	
Cannon, Hughlett	1	1	1		1		1			1
Cannon, Abraham	2			1		1		1		
Cannon, Jacob	4			1				2	1	
Cannon, Stephen				1						
Cannon, Levi		1		1	1		1	1	1	
Cannon, Lowder	2	2		1		2			1	
Corbine, Margaret			1					2		1
Cannon, Joseph				1				2		
Cannon, Frances			1					1		1
Cannon, John	1	2		1		1		1		
Cannon, Elijah			1	1				2		1
Cannon, Thomas	1			1				1		
Cannon, Jesse	1	2		1		1	2		1	
Cannon, Edward	2	1		1		1	3		1	
Cannon, Josiah			1					1		
Cannon, Richard		1		1			2		1	
Cannon, Hudson	2	1	2		1		1	1		1
Cannon, Isaac			1	1						
Cannon, Constantine	1			1				1	1	
Cannon, Elizabeth								3		1
Coulburn, Joseph	2		1			1			1	
Coulburn, Thomas	2	3			1	1	2			1
Coulburn, Cata	1							2		1
Corbine, John			1			1		1		
Clifton, Nathaniel	1			1			2	1	1	
Coats, Major	1	1				2		2		1
Colony, John	3	2		1		1			1	
Camper, Quinton	3			1		1	1		1	

NAME	MALE UNDER 10	MALE 10/16	MALE 16/26	MALE 26/45	MALE OVER 45	FEMALE UNDER 10	FEMALE 10/16	FEMALE 16/26	FEMALE 26/45	FEMALE OVER 45
NORTH WEST FORK HUNDRED										
Cardiff, Milly						3		1		
Cardiff, Nelly	1	1				2			1	
Craft, Jonathan			1			1		1		
Cannon, Nuttor	1			1				1		
Cannon, Whittington			2							
Collinson, John				1			2	2		
Cannon, Burton	3	1	1	3		2		1	1	
Cannon, Isaac	1			1		3		2	1	
Cannon, Howard	1	2	3		1	4	2			1
Carrel, Clement	2	1		1		1			1	
Causey, Peter	2		2	1		3	1		4	
Clifton, Edward	2			1		1			1	
Clifton, David	1			1		1		1		1
Chipman, John			1					1		1
Downs, John	1			1		1			1	
Downs, Abraham	2	1	1	1	1	1	1		1	1
Downs, Jesse	1		1	1		2	1		1	
Downs, Zekiah	1			1		1			1	
Dill, Frederick		1			1		1	2		
Dukes, Andrew				1		4	1		1	
Dunken, Bartholomew	2		2	1		1		2	1	
Dines, John		1		1		2		1	1	
Dawson, Thomas				1		1		2		
Dawson, Jeremiah			1			1	1		1	
Dawson, Betsey	2						1		1	
Dawson, Zebedial			2		1				1	
Dawson, Zebedial, Jr.			1			1		1		
Dawson, Elisha	1	2		1		1		1	1	
Derickson, Caleb				1						1
Dunken, Bat	3	1		1		1		1	1	
Ellison, William	1		1			1		1		
Evans, Jehu	2	1	4		1		2	1		
Ensley, John	1			1		1		1		
Frantom, Levi	3	1		1		1		1	1	
Fowler, Asa	1	1		1		1	1		1	
Grayham, John	1		1		1			3		1
Grayham, William			1					1		
Gray, Joseph				1		1			1	
Gray, Mathew	2		1	1		1			1	
Griffith, Henry	1	1	1	1	1	2		2	1	1
Griffith, Polly		2					1		1	
Griffith, Elijah	1		2		1	3	1		1	
Greentree, Mathew					1			1		1
Gibson, John				1		1			1	
Gibson, Thomas	2			1		1			1	
Goflin, Waitman	1	2	1	1		1		1	2	
Handy, Smart	1			1					1	
Handy, Samuel	1				1	2	1		1	
Handy, John		2		1				1		1

NAME	MALE UNDER 10	MALE 10/16	MALE 16/26	MALE 26/45	MALE OVER 45	FEMALE UNDER 10	FEMALE 10/16	FEMALE 16/26	FEMALE 26/45	FEMALE OVER 45
NORTH WEST FORK HUNDRED										
Handy, John, Jr.			2				1		2	
Hughes, Philip	3	1			1	1	2	1	1	
Hall, Robert		1	1	1	1	2		1		
Hurley, Charles	2		1			1			1	
Hitch, Whittington					1	2		1		2
Hitch, Saphire	2	1						2		1
Hobs, Thomas			1					1		
Higman, Peggy	2	1				1	2		1	
Hooper, Thomas				1		3			1	
Hasty, Nehemiah	2	1	2		1		1			1
Hammond, Purnell	1	1	1			1		2		
Higman, Nicholas	2	1	2		1	2	1			1
Hollas, William	2		1	1			1	1	1	
Hopkins, William	2	2	1			1		2		
Harper, Rebecca						1	1	1	1	
Higman, Manuel	2			1		1			1	
Hurt, Brinkley			1					1		
Horsey, Jane						1			1	
Horsey, Thomas			1	1						
Hood, Clement		1		1		2			1	
Higman, Robert	2		1	1		3	2		1	
Hust, Daniel	2	1			1	1		1	1	
Hooper, John	1	1	2		1	1	2	1	1	
Hellen, Alexander	1		1	1				2		
Holt, John					1	1		1		
Holt, John, Jr.			1			1		1		
Hopkins, Robert	3		1	1		1		1	1	
Jones, John	1	1	1				1	1		
Jones, Stephen	1	1		1		1			1	
Jones, Benjamin			1			2		1		
Jones, Thomas			1		1		1	1		1
Jacobs, Hays			2					2		
Jacobs, Jonathan	2		1		1			1		
Jacobs, William					1			1		1
Jacobs, Curtis	1	2	1		1	2		2	1	
Jester, Debery	1		1					1		1
Jester, Daniel	1		1					1		
Jump, Oliver	1	1			1	3	2		1	
James, Archibald	2			1		1			1	
Jackson, Julias A.		1	1		1			1	1	
Jackson, Jeremiah	1				1	3		2		1
Jackson, Clement	1	3		1		3	1	1	1	
Jump, Peggy						1			1	
James, John	1	1		1		3			1	
Kinder, Jacob	1	1		1		3		1		
Kinder, Isaac	1			1		1		1		1
Kelley, Joseph				1		2		1	2	
King, Henry	2	1		1		2	1	1	1	
Layton, Pernel	3		1			1			1	

NAME	MALE UNDER 10	MALE 10/16	MALE 16/26	MALE 26/45	MALE OVER 45	FEMALE UNDER 10	FEMALE 10/16	FEMALE 16/26	FEMALE 26/45	FEMALE OVER 45
NORTH WEST FORK HUNDRED										
Layton, Hughlett			1		1	1			2	
Layton, Tilman	1	1	2		1	1	1		1	1
Layton, Levin	2	2			1	1			1	
Layton, David	2		1					1		
Laws, Thomas	3	1	1		1	2	1	3		1
Littleton, Charles	3	1	1		1	2	1	3		1
Leaverton, Richard			2		1			2		1
Leadenham, Eben	2	1	1	1		2	1	1	1	
Leadenham, Thomas			1		1			1		1
Light, Thomas	1	1			1					1
Locott, Mitchell	1	1		1	1				1	
Listor, Nimrod	2			1				1	1	
Listor, Levi	1			1		2			1	
Melong, William	2		4		1		2	2		1
Mesick, Lewes	2			1		2				1
Mesick, Cannon	1			1				1		
Meliken, Thomas	1			1		2		1	1	
Mason, William		2		2					1	
Morris, John	2	2			1	1		2		1
Morris, Morton	1		2		1	1	1	1		1
Morris, Curtis	2				1	2	2		2	
Morris, Hezekiah	1	1	1		1			2		1
Milvan, Isaac	3	2		1		1	1		1	
Mills, Sarah	1	1					1		1	1
More, John				1		1			1	
Mc Macklin, Charles					1	1			1	
Means, Henry			1		1	3		2		
Moore, Grace			1			2		1		1
Moore, Molly			2				1		1	
Megee, Bernard					1					
Neal, William			1	1	2	1	1	1		
Neal, John	1	2	3		1	1			1	
Neal, Arthur	1			1		1			1	
Neal, Joseph	2			1				1		1
Noble, William	2		1	1		3			1	
Noble, Joshua	2		1	1		1		1	1	
Noble, Elizabeth	2		1				1	1	1	1
Nicholason, Elijah				1				1		
Neal, Charles			1					1		
Nichols, Jeremiah		1	1			2	1	2		1
Nichols, Comfort		2				1	1		1	
Nichols, William				1		1			1	
Nutter, Charles	2			1		2			1	
Newcomb, John			1			2		1		
Nichols, Jonathan		1	1					1		
O' Bear, Perry				1		1			1	
O' Bear, Joshua			1		1			1		
Penwell, Elijah	1	1		1		1		1		1
Purden, John	1	2	1				1			1

NAME	MALE					FEMALE				
	UNDER 10	10/ 16	16/ 26	26/ 45	OVER 45	UNDER 10	10/ 16	16/ 26	26/ 45	OVER 45
NORTH WEST FORK HUNDRED										
Parsons, John	1		2	1		1		1		
Price, William		1			1		2	1		1
Peters, Andrew			1					1		
Powel, James				1		1			1	
Robinson, John	1	3	1	1		1	1	1	1	
Richards, Joseph			1		1	1	1	2		
Richards, Thomas			2							1
Richards, Joseph, Jr.	2		1	1		1		2		
Richards, Levin			1					1		
Richards, Loxley			1		1			2		
Richards, Ramsey			1				1	1		1
Ros, Robert	1	1	1	1			1		1	
Ros, Asheal	1		2					2		1
Ros, Archibald	2	1		1		1	2		1	
Ros, Clement	1			1		2	3	1	1	
Ros, Unice	2					1	1		1	
Ros, Gibson	1	2	2	1		2		2	1	
Ros, Hughlett	4		1	1		1			1	
Richardson, Thomas				1		1			1	
Rogers, John	1			3		2		4		1
Rotton, Shadrack	3			1		1	2		1	
Rust, Satah	4	2	2					1	1	
Robinson, Ralph	4	2		1		2			1	
Reed, Ebe	1	1	2						1	1
Reed, Jacob	1			1		1			1	
Rotton, Thomas	1		1	1		1	1		1	
Rotton, Job	2			1				1	1	
Ros, William, Jr.			1			1			1	
Robinson, John C.	2			4		3	1	1	1	
Ros, William, Sr.	1		1		1		1			1
Smith, Allen	3	1	1	1		1	1	1	1	
Smith, Sarah	3					1		1		
Smith, Robert	1		3	1		4		1		
Smith, Curtis	1	1	1	1		3	2	1		1
Smith, Charles	2			1		1		1		
Smith, Jesse	1	1		1		2	1		1	
Smith, Robert, Jr.		2		1		1	1	2	1	
Stayton, William		2	1		1	1		2		
Sorden, Thomas	2	1		1		2		1	1	
Shilehorn, Clifford	1	2		1		2		1		
Shearwood, Elizabeth	1					1			1	
Snow, Thomas	2	3	1	1		1		1	1	
Snow, Obediah	1		1	1			3		1	
Stevans, John	2		2		1	1	1		1	
Spence, James	3			1			2		1	
Spence, Nancy		1	1					2		1
Spence, Abel	1			1		1			1	
Spence, Alexander	1	2		1		1		1		
Stocks, Nancy						2	1		1	

NAME	MALE					FEMALE				
	UNDER 10	10/ 16	16/ 26	26/ 45	OVER 45	UNDER 10	10/ 16	16/ 26	26/ 45	OVER 45
NORTH WEST FORK HUNDRED										
Sedgwich, Joseph	3			1			1		1	
Stevans, John, Jr.	1		1			2	1		1	
Smith, Nancy	1							1	1	
Smith, Curtis	1		5	2		1	2	3		1
Smith, Constantine		1	1					2		
Smith, Tamer	2	2				1				1
Shiles, Alexander	1			1		1		1		
Todd, Levin	1	1	1	1		2	2		1	
Todd, William	1		1	1			1		1	
Todd, Stephen	2			1		1		1	1	
Tull, Elijah, Sr.		1			1	3		2		1
Tull, Elijah	1			1		3	2		1	
Tull, James	1		1	1				2		1
Tull, Jesse				1	1	1	1		1	
Tull, Richard				1	1		1			1
Tull, Ephriam		2		1				2	1	1
Tull, William	1	1		1		1	2		1	
Tull, Wheally	1			1				1		
Tull, Chambers	1				1		1		1	
Tupine, Solomon			1							
Tennent, John	1	1			1		1	1		
Taylor, Stephen					1	3	2		1	
Tyford, Archibald	2				2	2	1		1	
Tyford, Elizabeth										1
Tyford, William			2			2		1	1	
Tyford, Charles	2	2			1	3	2		1	
Wright, Frances	1	2	1		1	1		1		1
Williams, Whittington	1		1		1		2	1		1
Williams, Benjamin				1					1	
Williams, Eastor		1								2
Williams, Isaac			1					1		
Williams, Elizabeth			3					3		1
Williams, William	1			1	1	1		1		
Williams, Thomas	1		2			1		1		
Williams, Job		1	1		1	3	1	1		1
Williams, Aaron	3			1		1	1		1	
Wickett, James	2	1		1		3	1		1	
Whorton, (None)	1	1				1			1	
Wilson, John, Sr. (?)	1	1		1		1		1	1	
Wilson, John, Jr. (?)	3	1		1		2	1	1	1	
Wilson, William		1	2	1		1		1	1	
Ward, Joseph			1	1			1			1
White, William	2	1	1	1				1		1
Williams, Thomas			1		1					1
Williams, Samuel			2		1			2		1
Williams, Charles		2		1			1		1	
Williams, Levin			1	1				1		
Wright, Joshua	2	2		1		2		2	1	
Wright, Daniel	1			1				1		

NAME	MALE UNDER 10	MALE 10/16	MALE 16/26	MALE 26/45	MALE OVER 45	FEMALE UNDER 10	FEMALE 10/16	FEMALE 16/26	FEMALE 26/45	FEMALE OVER 45
NORTH WEST FORK HUNDRED										
Wright, Joab			1					1		
Wright, Clement		1		1			1	1		1
Wright, William	2	1			1	1	1		1	
White, Peggy	2			1		1			1	
LITTLE CREEK HUNDRED										
Anderson, John G.	2		1				2	2		
Anderson, William	1		1				2	2		
Atkins, Hampton	1			1					1	
Adams, Isaac			2			2		1		
Adams, George	1		1		1			2		1
Adams, John	1			1		1			1	
Atkins, Stephen	1	2			1			2		
Beauchamp, Joseph		1		1		2			1	1
Bounds, John			3				1	1		
Bull, Mannan	1		2	2		1			1	
Betts, Abraham	2	1		1		1	2		2	
Bonwell, Soberighn	1		1	1		2	2		1	
Bakan, Chama	1							1		
Bradley, Samuel		3		1			2		1	
Bradley, Thomas	3		1		1	2	1		1	
Bradley, Sarah	1					1	1	1		1
Bailey, Samuel			1		1					
Bailey, Thomas	2	1		1		3	2		1	
Bailey, Stephen	2	2	1		1		1	1		1
Bailey, Lowder	2		1	1		1		2	1	
Bennett, Joshua	1		1	1		1			1	
Bennett, Joshua, Jr.	1				1			1		1
Blodworth, William				1			1	1		
B---tow, Anna	1					1			1	
Bradley, James	2	1	2	1		1		1		
Bradley, Richard	1			1		2		2		
Bradley, Gedion			1					1		
Bennett, Stephen	2		1	1					1	1
Bennett, John	1		1	1		1	3		1	
Bennett, William, Sr.	1				1	2	1	1	1	
Bennett, George	1	1		1		3			2	
Bennett, Edward			1	1		3			1	
Cooper, Abraham	2	1	2	1			2		1	
Cooper, William			1	1		3	2		1	
Cooper, Isaac					1					1
Culver, Ephriam	1	2		1		2	1	1	1	
Culver, Isaac	1	1		1		1	1	1	1	
Calloway, Nehemiah		1	1	1			1	4		
Carmean, Nathan	1	1		1		3	2		1	
Carmean, James	3	1		1		1	1		1	
Carmean, Lowder	1	1		1		1			1	
Carmean, William	1		1	1		2	1	1	1	

NAME	MALE UNDER 10	MALE 10/16	MALE 16/26	MALE 26/45	MALE OVER 45	FEMALE UNDER 10	FEMALE 10/16	FEMALE 16/26	FEMALE 26/45	FEMALE OVER 45
LITTLE CREEK HUNDRED										
Corsey, Benjamin	2	1		1		1	2		1	
Cohoon, William	1			1		1		1		
Cannon, James		1	3		1	3	1	1	1	
Coffin, Nehemiah	1			1				1		
Calloway, Wingate	1			1		1	1	1		
Calloway, Benjamin	1	1		1			1	1	1	
Calloway, Ann	1	1				1	1		1	1
Calloway, Peggy	1							1	1	
Calloway, Samuel			1			2		1		
Calloway, Unce		1	3					2		1
Calloway, Clement				1	1		1	2		1
Calloway, Levi	1	1	2				1	1		
Cary, John	1			1				1		
Collins, Alexander			1					1		
Collins, Oner (?)	2		2			3	1		1	
Culver, William	2			1		2		1		
Culver, Isaac	1	1		1		2	1		1	
Culver, Moses			1		1					1
Culver, Samuel	2		1	1				2	1	1
Corsey, Ezekiel	2			1		1			1	
Collins, Nelly						1		2		1
Covonton, Spencer	1			1					1	
Carter, Robert	1	1		1		1	2	1	1	
Carter, Isaac			1			1		1	1	
Coston, Ahab					1		1	2		1
Calloway, Agela	3			1		1			1	
Collins, Levin	3	1	1	1				1	1	
Collins, Anthony	1			1		1			1	
Collins, Joshua	1			1					1	
Collins, John, Jr.	2	1		1		1			1	
Collins, Joseph		2	5		1		1	1		2
Collins, John, Sr.			1		1		1			1
Collins, Isaac	1	2		1		2		1	1	
Collins, Aben	2			1			1	1		
Clifton, Tilman	1		1		1			1		
Cordery, John	2	1	3		1					1
Deshield, John	2		2	1		3		1	1	1
Denston, Isaac		1	1	1			1		1	
Dorman, Polly	3					1			1	
Drain, Reuben	1			1					1	
Drain, Joshua	1			1					1	
Dun, Richard	1			1		1		1		
English, James	1	2		1	1	2		1	1	
Ellis, Stephen		1	2		1	3	1	2	1	
Ellis, George	1			1		3	1		1	
Elliott, Jacob		1	1		1		1	2		1
Elliott, Joshua	2	1		1		1			1	1
Elliott, Daniel	1				1				1	1
Elliott, Samuel	2	1		1		1	2		1	

CEDAR NECK HUNDRED NAME	MALE UNDER 10	MALE 10/16	MALE 16/26	MALE 26/45	MALE OVER 45	FEMALE UNDER 10	FEMALE 10/16	FEMALE 16/26	FEMALE 26/45	FEMALE OVER 45
LITTLE CREEK HUNDRED										
English, Levin	1	1		1		2			1	
Elzoy, William	3		1	1			1	1	1	
Fintch, William					1	2		1	1	
Fooks, Benjamin			2					1		
Freeny, Thomas	2		2	1				1	1	
Figgs, Thomas	1		1				1	1		1
Figgs, Eli			1					1		
Goslin, Richard	1		1			2		1		
Griffith, Sanders			1			1		1		
Gordy, Aaron	3		1	1		1		1	1	
Gordy, John					1			1	1	
Gordy, Elijah			1					1		
Godard, John			1	1		2		1	1	1
Godard, Griffith	1	1		1				1		
Goslin, Lowder	2			1		3	1		1	
Goslin, Daniel				1		2		1		
Hearn, William	1			1		4			1	
Henry, George			3		1			1		1
Hearn, Samuel, Sr.			2		1					1
Hovonton, John			1	1		1	2	2		
Hobs, William		1		1		2			1	1
Holland, Bartholomew				1					1	
Hitchins, Charles	2		1			1		1		
Hitchins, Joshua			1			2		2		
Hall, Abigal		2					1			1
Hall, Given		1								1
Hilman, William	1			1		1		1		
Hearn, Samuel	1			2		1			1	
Hearn, Lowder	3	1		1		2		1	1	
Hearn, Jonathan	3	1		1		2			1	
Holder, William	1		1			1		1		
Holt, Samuel			1					1		
Horsey, Stephen			1		1			1		1
Horsey, Stephen	1		1	1				1		
Horsey, John	1			1		2		1		
Horsey, William	1			1				1		
Hastey, Elijah	2	3		1			2		1	
Hastey, Frederick	2		1	1		1			1	
Hastey, William	5	1		1				1	1	
Hastey, Daniel		1	2			1		1		1
Hastey, Solomon			1		1			3		1
Hastey, Colburn	1		2		1	1		2		1
Hastey, Milburn	3	2		1		2	1		1	
Hastey, Joseph	1			1				1		
Hastey, Joshua				1					1	
Hastey, Robert	2			1		1	2		1	
Hastey, Henry	3	1		1		1		1	1	
Hastey, George			1			1		1		
Hearn, Isaac	2			1		1		1	1	

NAME	MALE UNDER 10	MALE 10/16	MALE 16/26	MALE 26/45	MALE OVER 45	FEMALE UNDER 10	FEMALE 10/16	FEMALE 16/26	FEMALE 26/45	FEMALE OVER 45
LITTLE CREEK HUNDRED										
Hearn, Elijah	1		2	1		1			1	1
Hearn, Samuel (of J.)				1				1		
Hearn, William				1				1		
Henderson, John	1			1		2		1		
Hardy, Joseph	1			1		2		2	1	
Howard, David		1	2		1		1	1		1
Husk, John	1			1				1		
Henderson, Abraham		1	3		1			1		1
Jarman, George	3			1				1	1	
Jacobs, Constantine	3		1	1		2	1		1	
James, James R.					1				1	
Jones, Peggy		1					1	1	1	
James, Zebede	2		1	1			1	1	1	
James, Levin	1			1		1			1	
James, John	2	1		1		1		1	1	
James, Betsy		1					1	2		1
James, Sarah	1					1	1	1	1	
Johnson, Ebenezer	1			1		1			1	
Kinney, William	2		1	1					2	
Kinney, Elijah	4			1			1		1	
Kinney, Samuel	2			1		1			1	
Knowles, Robert	1			1		4		1		
Knowles, Zekiel	2	1		1		1	1		1	
Kinnakin, Matthew	3	1	3		1	2			1	
Kinnakin, Waitman	1	1		1		1	1		1	
Knowles, Ester	1					1			1	
Knowles, Ester, Sr.						1	1	2	1	
Knowles, Ephriam	4	3		1		1	1		1	
Lowe, Ralph	2			1		3		1	1	
Lowe, Nicey		1	2			1			1	
Lingo, Smith		1			1			3		1
Lord, Wooten	1			1		3	2	2		
Lecatt, Aban	2			1		2			1	
Lecatt, Nememiah	5	1		1					1	
Linch, Isaac			1	1				1		2
Lecatt, Shadrack	3		1	1		1	1		1	
Moore, William	4		1	1			2		1	1
Moore, John	2		1	1		2	2	1	1	
Moore, Charles	1	1	1	1		1	1	2		
Moore, Priscilla		1				1	1	1	1	
Moore, Isaac	1	1			1	2		3	1	
Morris, Isaac		2	1	1						
Morris, William	1			1		2			1	
Morris, John	2	1		1				1	1	
Morris, Mary			2				1	1	1	
Morris, Gehu			1	1				2		1
Morris, Dennis		1	1	1		1			1	
Middleton, Dickerson			2			2		1		
Middleton, William		1		1		3		1	1	

NAME	MALE					FEMALE				
	UNDER 10	10/16	16/26	26/45	OVER 45	UNDER 10	10/16	16/26	26/45	OVER 45
LITTLE CREEK HUNDRED										
Middleton, Ann			2			1				1
Masey, Betsy	1						1			1
Milson, Joseph				1				1		
Maston, James	2		1	1		1		2		
Megee, Joseph	1	2	1	1		1		1	1	1
Megee, Ephriam	1			1				1		
Marine, Jacob	3	1	1		1		2	1	1	
Marine, Charles			1		1			2		1
Moore, George, Sr.		2	1		1		1	1		2
Moore, George, Jr.	2		1	1		1		1	1	
Moore, Sarah	2	1				1	1		1	
Moore, Shiles					1					
Moore, Thomas	2	1		1		1		1	1	
McDowell, John					1	1		1		1
McDowell, Charity									1	1
McGee, Peter	2		1	1	1	3	1			1
Marval, Patience	2	1	1			1		1		1
McMical, Nancy	2		1						1	
Nichols, Hovonton	1	1	2		1	1	1	3		1
Owens, Isaac, Jr.	3	2	1	1		1			1	
Owens, Isaac, Sr.	2	1		1	1	2	1		1	
Piles, Samuel	3	2		1		1	2	1	1	
Packs, Sarah			2					2		1
Prichard, John	1		2		1	1		1		
Prichard, David					1					1
Paremore, Prichett			1			1		1		
Phigs, Philip	3			1		1		1		
Pepper, Henry	1		1			1		2		
Paremore, Joseph	2	1		1		1	1		1	
Polk, Robert			1					1		
Polk, William			1			2		2		
Prichet, James		1		1		1	1		1	1
Prichet, William			1				1		1	
Philips, Daniel, Sr.			3		1	1		1		
Philips, Elijah		3		2		2			1	
Philips, Roger	1		1					1		
Philips, Isaac	1	1	1		1		1	1	1	
Philips, Daniel, Jr.	2	1		1		1			1	
Philips, Richard, Jr.	2			1		1		1		1
Philips, Richard	2	2	1		1	2		1	1	
Philips, Joshua			1		1			2		
Philips, James	1			1	1			2		
Pullett, David	1			1		2		1		
Ralph, James				1		3		1		
Ralph, George					1		2	1		1
Ralph, Charles				1				1		
Ralph, Mary			2					3		1
Ralph, James	1			1		2			1	
Riggen, Benjamin			2			4			1	

NAME	MALE UNDER 10	MALE 10/16	MALE 16/26	MALE 26/45	MALE OVER 45	FEMALE UNDER 10	FEMALE 10/16	FEMALE 16/26	FEMALE 26/45	FEMALE OVER 45
LITTLE CREEK HUNDRED										
Richards, Thomas	1	1	2					2		
Robinson, John			1			1		1		
Robinson, George			1					3		
Rainor, John				1		1			1	
Riggen, William		1	3		1	2	2	1	1	
Reed, Samuel				1		3			1	
Short, Ede	2					1			1	
Smith, Elijah					2	1			2	1
Smith, Gillis				1		3		1	1	
Smith, William				1		1		2		
Smith, Marshal					1	1	2	1		1
Smith, David	1		1		1	4	1		1	
Sirman, Job, Sr.		1			1	1	2		1	
Sirman, Job	2			1		3		2		
Syllavan, William	1	1	1	1					1	
Skinner, Thomas	1			1		1	1	1		
Townsend, Elizabeth						3		1	1	
Tyford, James				1			1	1		
Turner, Nancy	1			1					1	
Thompson, Zekiel	1	1		1		3			1	
Tull, Whittington		1		1				1	1	
Twilly, Robert			1			1		1		
Twilly, James				1						1
Thompson, Robert	2			1					1	
Townsend, Bartholomew			2		1			1	1	
Vinson, Isaac				1		3			1	
Vinson, George			1					1		
Vinson, Polly	1	1	1			2		1	1	
Vinson, Benjamin	2	2	2		1	3		1		1
Vinson, Robinson	1			1		1			1	
Vinson, Rachal			1	1						1
Vinson, Newbold	1			1				1	2	
Vinson, Isaac		2		1					1	
Vinson, Charles	2			1		2		1	1	
Veach, William	2		1	1			1		1	
Vaughn, Charles	2				1		3			
Vinson, Newbold, Jr.	3		1	1		2			1	1
Ward, Moses		1		1		3			1	
Ward, Joseph				1		2	1	1	1	
Ward, James	1			1		3		1	1	
Ward, John				1		1		1		
Ward, Thomas	2		1	1		1		1		
Ward, David	1			1		1			1	
Walston, Charles				1		2			1	
Watkins, George	3		1	1			1	1	1	
Waller, Jonathan		1	2		1	2	1	1	1	
Wootten, Elijah				1				1		
Windsor, James	2			1		2		1		
Wiley, Jaret		2			1			1		1

NAME	MALE UNDER 10	MALE 10/16	MALE 16/26	MALE 26/45	MALE OVER 45	FEMALE UNDER 10	FEMALE 10/16	FEMALE 16/26	FEMALE 26/45	FEMALE OVER 45
LITTLE CREEK HUNDRED										
Williams, David		1			1				1	
Williams, John	2		1		1			1	1	1
Williams, David, Sr.			2		1	1		3		1
Williams, Samuel, Sr.	1	3	1		1			1		1
Williams, Reason	1	1		1	1	2			1	
Windsor, Robert	1		1					1		
Wootten, Peter	1	1	2	2		3		1	1	
Wootten, John			1			1		1		
Wootten, Elijah	2	1	2		1		2	1		
Wootten, Elijah, Jr.			1					1		
Waller, Thomas		2	1		1		1	1		1
Waller, Joshua	1	1		1		1		1	1	
Waller, George	3	1	1	1		2	1	1	1	
Waller, George, Jr.	2			1				1		
Waller, William	1	1	1	1		1	2		1	
Waller, Jesse			1		1					1
West, Noble	1			1		1		1		
West, Isaac			1					1		
White, Frances	1			1		2			1	
Wright, William				1		3			1	
Walker, Emanuel			1		1			3		
Waller, John	2			1		2		1	1	
Wilson, Samuel			1	1		3	1		1	
Winright, Zacharias			1					1		
Walston, Levin	2			1		2			1	
Walston, Charles				1		2		1	1	
Wills, Obediah	1		1	1		2		1	1	
BROAD CREEK HUNDRED										
Anderson, Levin	1	1			1		1	1	1	
Anderson, William	1	2			1	2	1		1	
Anderson, Daniel		1			1	1	2		1	
Adams, Jesse	1		1		1			1		
Adams, Nancy						1			1	
Allegood, William			1	1		2		1	1	
Allegood, Thomas	1	1	1		1	1	1		1	
Allegood, Polly	1	2		1		1			1	
Admiral, Betsy										1
Allen, Sarah			1					1	1	1
Askrige, William	2		1	1				1		1
Askrige, George			1			1		1		
Askrige, Richard	1			1	2	2			1	
Benson, John	1	1	2		1	2				1
Boice, Asha	1			1						1
Boice, Thomas				1		1			1	
Benson, William, Sr.	1	2	2	1	1			2		1
Beathard, William	1		1					1		
Baker, Purnel	2	1		1		1		1	1	

NAME	MALE UNDER 10	10/16	16/26	26/45	OVER 45	FEMALE UNDER 10	10/16	16/26	26/45	OVER 45
BROAD CREEK HUNDRED										
Britell, Jane			1					2		
Boice, Robert	2			1		1			1	
Boice, John	2			1		2	1		1	
Baker, Clement	2	2			1			1		1
Baker, Handy			1					2		1
Baker, James		1			1			1		1
Baken, Davis	1				1	1		1	1	
Beauchamp, Charles	2			1			2	2		
Beauchamp, Edward					1		1			1
Beauchamp, John	1		2		1			2		
Benson, William W.	1			1		1			1	
Bryan, William			1		1					2
Bryan, William, Jr.			1					1		
Bryan, Cornelius	1			1		2			1	1
Bryan, Thomas	1		1					1		
Benson, William	1			1		1		1		
Bell, Nathaniel		1	4		1			1	1	1
Bell, Boaz	2		2							
Bell, Abigail			1							1
Blockson, Suthy	1			1		2	1		1	
Burton, Shadrack	2		1					1		
Betts, John	1	2			1		1	1	1	
Betts, Isaac	2			1				1	1	
Betts, Jonathan				1		4	2		1	
Betts, Joseph	2		1	1		2			1	
Betts, James	2	1		1			1		1	
Brittonmin, Solomon	1	2	1			2	2		1	
Cullender, John		2	1	1		2	1		1	
Chipman, John	1	2		1		1			1	
Chipman, James	1	2	1	1		2		1	1	
Collins, Joseph			1					1		
Calloway, Isaac, Sr.		1	2		1	1	2		2	
Calloway, Isaac, Jr.			1					1		
Calloway, Lowder	1	2			1	3	1		1	
Calloway, Edward			1		1	1	2	1		1
Coulburn, Elijah		1	1	1		1			1	
Carter, Jeremiah					1					1
Carman, Mitchel	1	1	1	1		1		1	1	
Clifton, Benjamin		2	2		1	1		1		1
Cardiff, Christopher		1	1			1	1			
Croford, Elizabeth								1		1
Clifton, Joshua	1				1					1
Camp, James				1		3		1		
Cary, Lyda		1					1		1	
Copes, Joseph	3	1	3	1		1		1	1	
Connoway, Levin			1	1	1		1	3	1	1
Craighton, Sarah	1	1						2		1
Cannon, Jacob	1			1		1			1	
Cannon, Elijah		2	2		1	1		1		1

NAME	MALE UNDER 10	MALE 10/16	MALE 16/26	MALE 26/45	MALE OVER 45	FEMALE UNDER 10	FEMALE 10/16	FEMALE 16/26	FEMALE 26/45	FEMALE OVER 45
BROAD CREEK HUNDRED										
Cannon, Joseph, Sr.	1		2		1			2		1
Cannon, Ebenezer	2	1		1		3			1	
Cannon, Sarah		2	2				1			1
Cannon, James	2		2		1	3		2		1
Coffin, William					1	2	2			1
Collins, Joseph (of Wm.)	3			1					2	
Collins, William	1				1	2				1
Daughters, Hudson		1		1			1		1	
Drain, Shepard			1					1		
Dolby, Benjamin	1			1					1	
Dolby, Peter	1			1		1			1	
Dorman, Mathew			4		1	1		2		1
Dorman, Joshua				1			1	1		
Dorman, Samuel			1			1		1		
Ellensworth, Leventon	1		1	1		2			1	
Ellensworth, William			1			1		1		
Fips, Betsy				1		1			1	1
Grace, John		1			1			1		1
Grace, John, Jr.				1		1			1	
Griffith, Jonathan	1	2		1		1			1	
Griffith, Seth	1		2	2				2		
Griffith, Oliver	2			1		2	1		1	
Greenleaves, James	1				1		2	1		1
Green, Jesse	2	1	1	2				1		
Green, John	2			1				1		
Gordy, John	2			1		1	2	1		
Gordy, Peter				1					1	
Gunby, Isaac	1		1	1		2	1		1	
Gunby, James					1			1	1	
Gunby, Betsy								1		1
Gunby, Stephen	1		1	1		2		1		
Hill, Elsey	2			1		2			1	
Hopkins, Thomas					1				1	1
Hopkins, Leonard				1		3			1	
Hopkins, Roger		1		1		3	1		1	
Hobs, William					1	1		1		1
Hitchens, Mark	1				1	1				1
Hitchens, Spencer			1					2		
Hitchens, John				1		1			1	
Hitchens, Edmond	1	1			1		1		1	1
Hitchens, Peter	3	1		1				2		
Hitchens, Edmond, Jr.	2	1		1		2	1	1	1	
Hovonton, John		1		1		1		1		
Hovonton, John, Sr.		1	1	1		2			1	
Hovonton, John	1		1	1		1		1		
Hovonton, William, Sr.		2			1	2		1		1
Hovonton, William	3		2			1		1		
Hovonton, Joshua				1		2	1		1	
Hughes, Eben			1					1		

NAME	MALE UNDER 10	MALE 10/16	MALE 16/26	MALE 26/45	MALE OVER 45	FEMALE UNDER 10	FEMALE 10/16	FEMALE 16/26	FEMALE 26/45	FEMALE OVER 45
BROAD CREEK HUNDRED										
Hughes, Betsy								2		1
Huston, Paris	3			1		1	1		1	
Hust, Tabitha		1	2				2	1		1
Hust, Catheril	1			1		2			1	
Hust, Joseph	1		1		1	2			1	
Holt, Elizabeth			2					2		1
Hurt, Mary								2		
Hurgus, Sovereighn			1			1		1		
Hitchins, Jarrett		1			1				1	
Hitch, Levin	1	2		1		2		1	1	
Hitchins, Shadrack	2	1		1			1		1	
Hudson, Elsey			1					1		
Hearn, Ebenezer				1		2			1	
Hearn, Thomas	2			1		2			1	
Insley, Jacob	2			1		1			1	
Jones, Nehemiah			1	1	1					1
Jones, Jacob	2		1			1			1	
James, Mary			1			2				1
James, Joshua					1		2	2		1
James, Elias		1		1		3			1	
James, Noah	1		1	1		2	1		1	
Johnson, Joseph			1		1			1	1	
Jarman, William	1	2		1		1	1		1	
Jarman, Henry	1			1		1		1		
Jarman, Maglin			1					1		1
Jarman, Joseph	2	1		1		2			1	
Knowles, William	2	2		1		1		1	1	
King, Peter				1		1			1	
Kershaw, Mitchel				1					1	
Kingdon, Joseph		1	1		1				1	
Lord, Windsor			1			4		1	1	
Lord, Adam		1			1		1		1	1
Lord, John, Sr.		1	3		1			1		1
Lord, John	1			1		2			1	
Lewes, Kendle	1		2					2		
Lewes, Job	4			1			3		1	
Lewes, Thomas	2		1	1		2			1	
Lewes, Levin	1			1		3			1	
Larmar, John				1					1	1
Merick, John		2	2		1	4	2	1		
Merick, Coventon	2	2		1		3	2		1	
Marval, Thomas	1	2	1	1					2	
Martinno, Jonathan	1			1		2			1	
Moore, Littleton	3		1	1		2	1	1	1	
Masey, Philip	1			1				1	1	
Moore, Samuel				1					1	
Moore, Mathew		1			1	4	1		1	
Moore, Charles	3			1			2		1	
Moore, Elsey	2			1		3			1	

NAME	MALE UNDER 10	MALE 10/16	MALE 16/26	MALE 26/45	MALE OVER 45	FEMALE UNDER 10	FEMALE 10/16	FEMALE 16/26	FEMALE 26/45	FEMALE OVER 45
BROAD CREEK HUNDRED										
Moore, Jesse	1	1		1			1	1		1
Moore, Gillis	3			1		2			1	
Moore, Ephrim	3	1	1		1	1	2		1	
Moore, Stephen				1		3			1	
Moore, William	4	1			1	1	1	1		1
Moore, Thomas, Sr.	1	1	2		1		1	1		1
Masey, Ginkins	1	1		1		1		1		
Mesop, William	1	1	1		1	1		2		1
Martinno, John			1		1					1
Nelson, Jesse		2		1		1			1	
Nelson, Joseph			1		1			1		1
Nelson, John	3	1		1		2	1	1	1	
Mathews, Philip	5	1		1		1		1	1	
Mathews, Mary		1	1				2			1
Mitchel, Alexander			1		1		2			1
Mitchel, Thomas	1	1		1		2	2		1	
Middleton, William		1	1	1		3		1	1	
Mitchel, John					1	?			1	
Nichols, Sarah		1	1							1
Nichols, Molly	1							1	1	
O' Neal, Samuel			1		1				1	
O' Neal, James	1		2	1	1			1	1	1
O' Neal, Thomas		1	2		1		1	2		1
O' Neal, William	1			1				1	1	
Outon, Abraham		3	1	1		2		1		
Outon, John	1	2		1		1	2		1	
Outon, Purnel	1			1				1		
Outon, Jesse			1		1					1
Owens, Thomas	1		1			1		1		
Phelps, Ashel	2	1	1	1				1		
Pollock, George		1	2							
Penwell, Philip	2			1		1			1	
Penton, James	1			1		1		1		
Polk, John	1		1		1	2			1	
Penwell, Solomon	3	1		1		1			1	
Penwell, Thomas	1			1				1		
Pusey, Stephen				1				1		
Pusey, Puah	3		1	1		1		1	1	
Quilla, Joseph			2	1			1		1	
Robinson, Robert					1				1	
Rollins, Charles	2	1	2		1	2			1	
Rose, Rhoda	1					1			2	1
Ryal, Elijah	2				1			1		
Ryal, John	4			1					1	
Short, Shadrack			1		1		1	1		1
Short, Isaac	1			1		2		1	1	
Short, John				1			1			
Short, Urias	1	2		1		2			1	
Short, Elizabeth	2		1			2			1	

NAME	MALE UNDER 10	MALE 10/16	MALE 16/26	MALE 26/45	MALE OVER 45	FEMALE UNDER 10	FEMALE 10/16	FEMALE 16/26	FEMALE 26/45	FEMALE OVER 45
BROAD CREEK HUNDRED										
Spicer, Hale		3	1		1	2	2		1	
Spicer, John	2	1	2	1		1	2		1	
Shiles, Jesse	1			1		2	1		1	
Shiles, Joshua					1					1
Smith, Thomas				1			1		1	
Smith, Henry	2			1		1	2			
Smith, Hezekiah	1	1	1		1		1			1
Smith, Job		1		1			1		1	
Smith, Andrew	2				1				1	
Suart (?), Michal			2	1				2		
Scovemount, Ann						2		1	1	
Sharp, John T.	2			1		1		1	1	
Sirman, William	2			1		2			1	
Sirman, Henry	1			1		1		1		
Saunders, Jesse				1		1			1	
Saunders, Nathan	1	1	1	1				1	1	
Taylor, Hugh	1	1	1	1		1		1	1	
Tulla, Samuel	1		3					1		
Thompson, John			1		1	2	2	1		1
Truitt, Thomas	1	1	2		1	1	1			1
Truitt, James	1	1	1	1		1	2	1	1	
Truitt, Jonah	2			1		2			1	
Truitt, Jarman		2	1		1			2		1
Timmons, John, Sr.	3	2	1	1				1	1	1
Timmons, William			2							
Timmons, Eli				1					1	
Timmons, James	2		1	1					1	
Timmons, John	1		1			1		1		
Timmons, Zekiel	1			1		3		1		1
Timmons, Matthews					1			1		1
Timmons, Noble				1				1		
Timmons, Smith			1			1		1		
Timmons, Gillis	3			1		2			1	
Timmons, Joshua	2			1		2			1	
Timmons, John, Jr.	2		1	1		2			1	
Vaughn, Levin	1	1			1		1		2	1
Vaughn, William	1			1		3			1	
Vinson, Solomon		1	4		1			3		1
Vinson, Joseph	2			1		2			1	
Winright, Levin	2			2						
Winright, Johnson	1		1					1	1	
Winright, Tave	2						2		1	
Winright, William		1	2	1		2			1	
Wooten, Isaac	1	1		1		2		2	1	
Windsor, Joseph				1		1			1	
Windsor, Cathinton	2	1		1		1	2		1	
Windsor, Colwell	1			1				1		
Willey, Nancy		1	1			1	1		1	
Wheatley, Abigal			1							1

NAME	MALE UNDER 10	MALE 10/16	MALE 16/26	MALE 26/45	MALE OVER 45	FEMALE UNDER 10	FEMALE 10/16	FEMALE 16/26	FEMALE 26/45	FEMALE OVER 45
BROAD CREEK HUNDRED										
Williams, Henry	1		1	1		1			1	
Williams, Samuel				1			1	1	1	
Wonnel, William	1			1			1		1	
Wallis, James	1		1					1		
Wright, Soberman			3				2		1	
Waples, Peter	1			1		2			1	
Walters, John	3		1			1	1	1		
Wingate, Henry	4	1	1	1		1		1	1	1
Wingate, Cannon			1							
Wills, Jesse	1			1		2			1	
Whaley, Jacob				1		4			1	
Whaley, Ebenezer			1		1			1		1
West, Philip	1			1		3			1	
West, Jehu	2			1				1		
BALTIMORE HUNDRED										
Aydlott, Tamer	2		2			2			1	
Aydlott, John		1		1		3			1	
Aydlott, Aaron	1	1		1		1			1	
Aydlott, Cornelius		1		1		1			1	
Aydlott, Zadoc	1		1				3		1	
Aydlott, Thomas	1		2			3			2	
Aydlott, Hanah		1							1	
Ay (?), Mathias				1						
Ake, William	1			1		2			1	1
Bucklor, John			2	1		2		1		
Bridle, Elihu	1		1		1			1		
Benson, Major	3			1					1	
Bennett, Jehu	2			1				1	1	
Banks, Lemuel				1		1		1		
Banks, Hezekiah	1		1			1			1	
Banks, Jacob		3			1	4		3	1	
Barns, Thomas	1			1					1	
Barns, Simeon	3			1					1	
Barnet, James	2			1					1	
Black, John C.	1	1		1					1	
Bishop, Edward	1	2		1		2	1	1	1	1
Beavans, Levin	3		2	2	3	2	1		2	3
Cord, Shebna				1		3		1		
Crapper, William	1			1	1			1		1
Crapper, James	1			1		3			1	
Crapper, Thomas		1	1	1		1		1		
Clark, Levin	1	1	2	1		1			1	
Collins, Noah	1	1		1				3	1	
Collins, Thomas				1	1			1		1
Cottingham, Joshua	4			1			1		1	
Campell, William	2	1		1		2	1		1	
Campell, Eli			1	1		2		1		

NAME	MALE UNDER 10	MALE 10/16	MALE 16/26	MALE 26/45	MALE OVER 45	FEMALE UNDER 10	FEMALE 10/16	FEMALE 16/26	FEMALE 26/45	FEMALE OVER 45
BALTIMORE HUNDRED										
Campell, Ann			1						1	
Campell, John	2	2		1					1	
Baker, John		1			1			1	1	
Brashur, William	1			1		1		1		
Brashur, Godfrey	1			1		3			1	
Bunton, Jonathan	1	1	3		1				1	
Derickson, John			1			1		1		
Derickson, Handy	1	1		1				1		
Dazy, Mary			2					2		
Dazey, John, Jr.			1			3		1		
Dazey, Jesse	1			1		2			1	
Dazey, Moses	1		1	1						1
Dazey, Joseph	2			1		2	1		1	
Dazey, Thomas	1			1		2			1	
Dazey, John, Sr.					1		1		1	
Dazey, George	1			1					1	
Deal, James	3		1	1		2		1	1	
Druley (?) Thomas	4			1		2			1	
Derickson, William			1	1		1	1		1	
Derickson, Benjamin	3			1			1	1	1	
Derickson, Samuel	1	1	1	1		1	1		1	
Derickson, Solomon	3	1		2		1		2		
Devenport, Daniel				1			1		1	
Evans, Annanias	1			1		2			1	
Evans, Daniel			2				2			1
Evans, Elijah	2	1		1			1			
Evans, Mary	2	1	1			3	1		2	
Evans, Thomas	2			1		2	1		1	
Evans, William, Sr.	1	2	1		1	1		3	1	
Evans, Elizabeth	2		1				2		1	
Evans, Comfort	3	2	2			1	1		1	
Evans, Cathrine		1								1
Evans, Lemuel				1		2			1	
Evans, Enoch		1		1		3		1		
Evans, William R.	1				1					1
Evans, William, Sr.		1	2		1	1		1	1	
Ellis, William		2	1		1		1		1	
Freeman, Mary							2	1		1
Freeman, Joseph					1			2		
Fosett, John				1		2		1		
Franklin, Lemuel		1			1	2	1		1	
Godwin, Daniel		1			1	1				
Godwin, Levi	1		1					1		
Godwin, William					1			1		1
Gray, William		1	1		1			1		1
Gray, Thomas				1		1		2		
Gibbins, Jonathan	2	1			1		1	3	1	
Godfry, James	1		1						1	
Gurman, James	1		1						1	

NAME	MALE UNDER 10	MALE 10/16	MALE 16/26	MALE 26/45	MALE OVER 45	FEMALE UNDER 10	FEMALE 10/16	FEMALE 16/26	FEMALE 26/45	FEMALE OVER 45
BALTIMORE HUNDRED										
Gray, George H.				1			1	2		2
Hall, William J.			1		1				1	
Hudson, McKinney	2	2			1		1			1
Howard, George	2			1		1			1	
Howard, William	1	1		1			1		1	
Howard, John	1			1		1		1	1	
Hazzard, Thomas	3	1		1		1	1		1	
Hazzard, Ebenezer		1		1						1
Hill, Levin	1	2		1		2			1	
Hill, Brittenham					1			1		
Hill, Purnel	1			1		3			1	
Hill, Zadoc			1					1		
Holland, Benjamin	3	2	2		1	1			1	
Hickman, Richard	1		2	1		2	1	1	1	
Hancock, Easter		2				1			1	
Hudson, James S.	1	2		1	1	1	1	1	2	
Hudson, Joseph S.	1	2		1	1	1	1	1	2	
Hudson, John A.	2				1	1	2		1	
Hancock, Frederick			1	1				3		1
Hamblen, Hannah		1	1			1	2			1
Howell, William		2	1	1		1	2	1	1	
Hudson, Belitha	2			1					1	1
Hudson, Richard	2			1		1			1	
Hudson, David	1			1		1			1	
Hudson, Benjamin	3			1					1	1
Hudson, Aydlott	1			1		1			1	
Hudson, Samuel				1		1			1	1
Hickman, Ananias		1		1		1	1		1	
Hickman, Nevah	3	2		1		1			1	
Hickman, Selby	1		1		1	3	1	1	1	1
Jacobs, John			1	1	1	1	1	1		1
Johnson, Sarah		1	2				1	1		2
Johnson, William				1				1		
Johnson, Rachael			2					1		1
Johnson, Luke			1	1				1		
Johnson, Leonard	1			1		2	1		1	
Ivans (?), Lemuel	3			1		2			1	
Knox, Solomon	2	1	2		1	2	2	1	1	
Kimmey, Mary				1						1
Megee, Bridle	2			1		3		1	1	
Lockwood, Armwell	1		1		1	3			1	
Legit, Hannah	1	1				1	1	1		1
Linch, Edward					1	2		1		
Linch, Levi	1	2	1		1			1		1
Lurençe, Henry			2		1	2	2			1
Laws, William			1	1		1		1		
Long, Ruth	1	1	2			1	1			1
Long, Zeno			1			1			1	
Layton, Henry			1		1					1

NAME	MALE UNDER 10	MALE 10/16	MALE 16/26	MALE 26/45	MALE OVER 45	FEMALE UNDER 10	FEMALE 10/16	FEMALE 16/26	FEMALE 26/45	FEMALE OVER 45
BALTIMORE HUNDRED										
Layton, William	1	1		1			1		1	
Morris, William		1			1		1	1		1
Masey, John			1		1	1		1	1	
Masey, John			1		1	1			1	
Miller, James				1		1	1		1	
McComrick (?), William				1		3			1	
Megee, Jesse	1			1				1		
Marshall, Isaac				1		1		1		
Murrey, David	2	2	1		1			1		1
Murrey, James	3	2	1		1	1			1	
McCabe, Arthur	1	2	1	1		4	1		1	
Moore, John		2	1	2			2		1	1
Morris, John		2		1		2			1	
Nicholson, Philip		1		1		1			2	
Powders, William					1					1
Powders, Ruell		1	1	1		1			1	
Powel, William		1		1		1			1	
Powel, Jacob			1			1		1		
Richards, James	1			1		1		1		
Richards, William	2	1	2		1	1	1	2		1
Richards, Eli	1			1		1	1		1	
Richards, Thomas				1		1		1	1	
Richards, George				1					2	
Roberts, John				1		1		1		
Roberts, John (C.W.)		1		1					1	
Roberts, Sanders	1	1	1		1	1		1	1	
Robins, John		1	1			1		2		1
Rogers, Isaac	1	2		1		1	1		1	
Rogers, Jacob			1	1				1	1	1
Rogers, Nathaniel	1	2		1		1			2	
Styer, Stephen					1					
Tunnell, John				1		1		2		1
Tunnel, Scarborough	2	1		1		2			2	
Taylor, Elias	1			1		2			2	
Townsend, Littleton	2		1	1	1	2	1		1	
Townsend, Tobias	1	1		1		1		1	1	
Tunnel, Washband	1			1		1			1	
Tingle, John		1		1				1		1
Turner, William		1		2						
Turner, Jabish				1		1		1		
Turner, Samuel		1			1		1	1		1
Taylor, Ann	2	2	1	1			1	2		1
Truitt, Collins		1			1			1		1
Truitt, Andrew	1			1		4	1		1	
Tire, Jacob	2			1					1	
Taylor, Thomas	1		2	1				2	1	
Wilkins, John		1	2	1		2	2			1
Waples, Ann	2					2		2	1	
Williams, Edward				1		2		1		

NAME	MALE UNDER 10	MALE 10/16	MALE 16/26	MALE 26/45	MALE OVER 45	FEMALE UNDER 10	FEMALE 10/16	FEMALE 16/26	FEMALE 26/45	FEMALE OVER 45
BALTIMORE HUNDRED										
West, William		2	1	1	1	1			1	
West, Caleb	3			1		3			1	
West, Hezekiah				1		1			1	
West, John			2			1	1	2		
Whorton, James	2		1	2		2			1	3
Whorton, Josiah	2	1	2	1		2			1	
Wildgoose, Robert	1		2	1		2	2		1	
Waples, James		1		1					2	
Walter, Eby			1	1				1		
Williams, Andrew	2	1	1	1			1	1		
Williams, Thomas		1		1		1			1	
Williams, Ezekiel	1		2	1	1		1			1
Williams, Arthur		2	2		1	2	1	1	1	
Wildgoose, Joseph		1	2	1		1		1		1
Warrington, Richard				1		1			1	
LEWES-REHOBOTH HUNDRED										
Arnold, William	1	1		1		2			1	
Allen, Moses	2				1			1		1
Allen, Andrew	1			1					1	
Brerton, Betsey	1							1		1
Brerton, Rebecca						1	1	1		1
Brerton, Robert	2	1		1		1	1		1	
Brerton, Thomas	1	2		1		1	1		1	
Beeby, Jhebet		1	2		1	4	3		1	
Briggs, Joseph				1		1			1	
Boid, Ede										1
Baker, Benjamin	2			1		1			1	
Bailey, Nathaniel	1	2	1					1		
Bailey, William	2				1	2			1	
Bennett, Christopher	1		1	1		2		1		
Ball, Joshua					1		2			
Burton, Daniel	2		2	1		1		2		
Bullock, Thomas										1
Barker, John	1	1		1		1	2		1	
Bruice, Neomi	1					2	1		1	
Burton, William	2	1		1		1	1		1	
Cooley, John	1	1		1	1	2		2		
Coleman, William	1	2			1	1		1	1	
Clifton, Daniel		1		1		1		1		
Clifton, Whittington	1	1	1	1		1	2	1	1	
Coulter, Joseph	4			1		1			1	
Carpenter, James				1		1			1	
Conwell, Jacob	2			1		2	1		1	1
Cannon, Elijah			1	1		3	3	1	1	
Caddy, James			1			1		1		
Cole, John	2	1		1		1		1	1	1
Davis, John	2	2		1		1		1	1	

NAME	MALE UNDER 10	MALE 10/16	MALE 16/26	MALE 26/45	MALE OVER 45	FEMALE UNDER 10	FEMALE 10/16	FEMALE 16/26	FEMALE 26/45	FEMALE OVER 45
LEWES-REHOBOTH HUNDRED										
Dodd, William				1		1			1	
Davidson, Richard			1	1		1			1	
Edwards, William	1	1		1		2	1		1	
Edenfield, William				1		3			1	
Elliott, James	1	1	1	2		1			1	
Edwards, Samuel			2		1		1			1
Ennes, Levin		1	2		1			3		1
Edwards, Joseph	2				1	1			1	
Futcher, William	1		1	1		2			1	1
Fisher, Samuel				1		1		2		
Field, Nehemiah					1			1		1
Gorden, George			1		1	1	1	1		1
Gorden, Nathaniel			2		1					1
Gorden, Jonathan	1			1		2		1		
Green, Richard	1	3	1	1	1	1	1	2		
Hebron, Lean	1					1		1		
Hargus, Abraham		2			1		1			1
Hall, Adam	1		2		1		1		1	1
Hart, Thomas				1				1		
Holland, James				1		2	1		2	
Hall, David, Jr.				1					1	
Hall, Joshua	1		1		1			1		
Hall, David		1			1	2	2	2		2
Howard, Richard		1	2	1		1				1
Hazzard, David	1		2	1			1	1		
Hart, B iley	1			1		1		1		1
Hewen, Brinkley		2			1			1		
Harris, William	3	1		1		1			1	1
Hargus, Martin	1		1					1		
Hill, George	1			1		2			1	
Hazzard, Molly			2					1		1
Hall, Isaac	2			1		1	1		1	
Holland, Isaac			2	1	1		2	1		1
Holland, David		1		1				1	1	
Holland, Betsey	1		1					2		1
Holland, John	3	1		1					1	
Holland, William	2	1		1		2			1	
Hemmons, Thomas	1			1		1		1		
Hudson, Walter	2	1		1		1		1		
Jefferis, William	1	1		1		3		1	1	
Killingsworth, William	2		2	1		2		1	1	
Kollock, Phillip				1		4	1		2	
Kollock, Shepard				1					1	
Kollock, Nancy	1		1			1		2		
King, John	2			1		1			1	
Little, John				1	1		1		1	1
Larmoth, John	2				1	1		1	1	
Lintner, Jacob	1		1				1		1	1
Lewes, Noble	3	1	1		1	1			1	

NAME	MALE UNDER 10	MALE 10/16	MALE 16/26	MALE 26/45	MALE OVER 45	FEMALE UNDER 10	FEMALE 10/16	FEMALE 16/26	FEMALE 26/45	FEMALE OVER 45
LEWES - REHOBOTH HUNDRED										
Johnson, David	2	2	1	1		2	1		1	
Lewes, Jesse	1	1		1		2			1	
Marsh, Thomas	3				1	2	3			1
Marsh, Susannah	1	1				1		1	1	
Mc Ham, Hester	1					3	1		1	
Marrinor, Simon	3	1	1	1		1	1		1	
Mc Cracklin, John					1					
Mc Caulester, Daniel		1		1					1	
Marshall, William	2		1					2		
Marshall, Elizabeth								1		1
Marshall, Aaron	2	1		1		1	1		1	
Martin, Hugh	2			1		1			1	
Millis, Simon	1	1		1		3			1	
Mc Cracken, Guilbert	1		2	1			1	1		
Miles, John		2		2		3		2		
Mc Ilvain, Mills			1			1		1		
Mall, Peter	1			1		2			1	
Mall, John, Sr.		1	3		1					
Mall, James				1		1			1	
Mall, John, Jr.	1		1			1			1	
Murphy, Daniel					1		1			1
Mustard, John			1	1	1			1	1	
Marsh, Peter		2	1		1	2	2		1	
Martin, Mary		1		1			2			1
Martin, John	2	1	1	1		1	1	1	1	
Nunes, Hannah										1
Newman, William		2			1					1
Nichols, Moses	2				1	1			1	
Newbold, James					1		1			1
Neal, Henry					1					1
O' Re,John	2	2	3	1	1	1	2	1	2	
Prittyman, Comfort			2				1		1	
Prittyman, Joseph			1					1		
Prittyman, William	2	1		1	1	2	1	1	1	
Parker, George		1	1	1						1
Paynter, Samuel			1		1			2		2
Paynter, William, Sr.	2			1	1			2		
Paynter, William	3	2		1		1		1	1	1
Paynter, Hester		1					1	1	1	
Paynter, Richard	3		1					1	1	
Parker, Pegg	1							1	1	
Parsons, John	1		1	1				1		1
Pullott, Levi	3			1		1			1	
Payter (?), Cornelius	1	1	2	1		1		1		
Polk, William			1	1		3		1	1	
Parker, John	4			1			1		1	
Prittyman, Thomas	2	3	1	1		1			1	
Prittyman, Shepard	2	1		1		2	1	2	1	
Richards, Hap		1	1			1	1			

NAME	MALE UNDER 10	MALE 10/16	MALE 16/26	MALE 26/45	MALE OVER 45	FEMALE UNDER 10	FEMALE 10/16	FEMALE 16/26	FEMALE 26/45	FEMALE OVER 45
LEWES - REHOBOTH HUNDRED										
Rodney, Thomas				1		1		1	1	
Rodney, Daniel	2			1		2			1	
Rodney, Caleb		1		1		2	1	1	1	
Rodney, John			1	1				1		1
Row, Frederick	1			1						1
Richards, James		1		1				1		
Richards, Thomas	4	1	1	1	1	1		1		
Richards, Philip				1		1		1		
Rowland, Philip			1			1		1		
Rowland, Thomas, Jr.	1	1		1		1		1		1
Rowland, Thomas					1		1			1
Rowland, Debery	2					2	1	2	1	
Rowland, John	1			1		1		1		
Roads, Henman	1	1		1		2		1	1	
Roach, Isaac			2					1		
Street, William, Sr.		2	1		1			2		1
Scott, William			1	1					1	
Shankland, Robert				1						
Spence, Polly				1		1			1	
Stradley, Levin	3	1		1		2			1	
Smith, Hugh			1		1		1			1
Sanders, William	2			1		1		2		
Shields, Luke					1			3		
Shankland, Rhoads	2				1	1	1	1	1	
Shankland, David		1	1		1			1		1
Stockley, Sarah	3	1				2		1	1	
Stockley, Jacob	1	1			1	1				1
Steel, John	1			1		4	1		1	
Truxton, William	1			1		1			1	
Turner, Isaac	1	1	1	1		1	1		1	
Thompson, James			1			1		1		1
Thompson, Samuel (P)	1	1		1		2	1		1	
Thompson, S muel	4			1		1		1		
Thompson, William			3		1					1
Trinder, Thomas	1	1	1		1		1			
Venden, Lyda		1	1				1			1
West, William	1	1		2	1	1		2	1	
West, William	3			1				2		
West, Wrixam	2	1		1		2	1		1	
Wittbank, James			1	2		1		2		
Wittbank, James, Jr.			1					1		
Westley, Ann										1
Westley, Richard	3			1		1	1		1	
Wane, John	2	1	1	1		2		1		
White, John	1		2			1			1	
White, Peter					1		1		1	
Wilson, James P.				1				1	1	
Wolfe, Jacob	1		2	1				2		
Wolfe, William	3	1		1		1	1		1	

NAME	MALE					FEMALE				
	UNDER 10	10/16	16/26	26/45	OVER 45	UNDER 10	10/16	16/26	26/45	OVER 45
LEWES - REHOBOTH HUNDRED										
Wolfe, David	1		2	1				1		
Wolfe, John			3	1	1	1	1	1		
Wolfe, Jonathan					1					
Wolfe, Daniel	2			1	1			1		
Wolfe, Henry	1		1			1		1		
Wittbank, Abraham					1			1		
Wittbank, Cona'l (?)	2	1		1		2	2		1	
Warrington, Thomas	1		1	1				1	1	
Wilson, John	1			1		1		1	1	
White, Ann						2				1
White, William	1	2		1		1	1		1	
White, Kitty	1		1			1			1	
Waples, Wallis		1	1			2				
DAGSBOROUGH HUNDRED										
Atkins, Stanton	2		1			2	1			
Ake, Jonathan	1		1			2		1		
Aydlott, Isaac				1						
Butlar, Samuel	1				1					1
Burton, Wolsey		2	2		1		1	1		1
Burton, Jacob		1	2		1		1			1
Burton, William			1		1		2	1		1
Betts, Jonathan		1		1			1		1	
Brown, John		1		1					1	
Busey, William				1		3			1	
Bostley, Jacob				1						1
Collins, Darby			1	1						
Carpenter, Job	1			1				1		
Carpenter, Nepthelem			1			1		1		
Cary, Zachariah	2			1				1	1	
Cary, Thomas		1	1		1	2	1			1
Cary, John, Jr.				1					1	
Cary, Elijah			1	1		1	2		1	
Carpenter, Jacob			2		1			1		1
Crafford, George	2			1		1		1	1	
Cary, John (of E.)	2			1		2			1	
Carry, Hannah			1							1
Cary, Purnel	2	1		1		1	2		1	
Crampfild, Purnel	2			1		2			1	
Carpenter, George	1		1			1		1		
Cottingham, Elisha			1			1		1	1	
Clayton, James	1		6	1		2		1		
Christopher, William				1				1		
Dingle, Selby				1						1
Dolman, George	1			1			2		1	
Dorrity, Rebecca		1								1
Derickson, John	2		2		1	2				1
Dingle, Edward	1		1		1		2	3		1

NAME	MALE UNDER 10	MALE 10/16	MALE 16/26	MALE 26/45	MALE OVER 45	FEMALE UNDER 10	FEMALE 10/16	FEMALE 16/26	FEMALE 26/45	FEMALE OVER 45
DAGSBOROUGH HUNDRED										
Drover, Molly		1							2	
Ennes, John	2	2	1		1			1		1
Ellensworth, Noble	1		1	1				1		
Evans, Bashaba									1	
Evans, Major	1		1	1		1		1	1	
Evans, Adam	2		1	1				1		
Evans, William		1	2		1	2			1	
Fosque, Mical					1					2
Fosque, John			1			1		1		
Freeman, Mical		1			1				1	1
Freeman, William	1			1		3	1		1	
Freeman, Mical, Sr.			2		1				1	1
Gosler, Job		1			1			1		1
Gandey, Samuel		1	1			1		1		
Green, David	1			1		1			1	
Hopkins, Robert	1		2		1	1	1	1		1
Hopkins, Robert, Sr.			1	2	1	1		1		1
Hall, Peter	1		1	1	1	2			2	
Houston, Robert	2	1	1		2	2			1	
Harris, Stephen				1			1		1	
Hellem, Jacob	1		1	1				1		
Hitchens, Viney								1		1
Houston, Joseph	2		3		1	1	1	2		1
Joseph, Purnel				1					1	
Johnson, Molly								1		1
Jones, James	2			1		1			1	
Jones, Miles	2	1	1	1	1	1	2		1	
Jefferson, Job	2	1			1	1	1	2		1
Jones, Wingate		1			1		1	1		
Jones, Charles	1				1	3			1	
Jones, James	2			1		1			1	
Johnes, Molly	2	1				1	1	1	1	
Johnson, John		1	1		1			1		1
Johnson, Daniel	3			1		4			1	
Johnson, Bartholomew	2	1	2	1			2		1	
Johnson, Isiah	1		1		1				1	
Jester, Solomon	2		1					1		
Jefferson, William	1		1					2		
Jacobs, Abraham		2	1		1			1	1	
Ingram, Robert	2			1		1			1	
Ingram, Job		1	1		1		1			1
Ingram, Joshua			2		1					
Kollock, Simon			1		1					1
Killem, Betsy	1								1	
Lott, Charles	3			2		1			1	
Lacey, Hezekiah	1	1		1		1			1	
Lacey, William	3			1						
Layton, Eli	1			1		2	1		1	
Lewes, Thomas	3		1			2		1		

NAME	MALE UNDER 10	MALE 10/16	MALE 16/26	MALE 26/45	MALE OVER 45	FEMALE UNDER 10	FEMALE 10/16	FEMALE 16/26	FEMALE 26/45	FEMALE OVER 45
DAGSBOROUGH HUNDRED										
Layton, Paul	2			1					1	
Layton, Henry				1					1	
Lockwood, Benjamin	1				1			1		
Lockwood, Samuel, Sr.		1	3		1				1	1
Lockwood, Benjamin				1		2		1	1	
Long, Armwell			3		1	1	2		1	
Long, David, Sr.	1		2	1	1		1	1	1	1
Lewes, John	1	2		1		2		1	1	
Morris, Stephen	2			1		1	1		1	
Morris, Isaih	2			1		1			2	
Morris, Joseph	1	2		1		1	1	2	1	
Morris, Burton	1	1		1		1			1	
Morris, John	1	1			1	2			1	
Marval, Robert			1	1			1	1	1	
Marval, Prudence	1					1	1		1	
Marval, Aaron	2		1	1			1		1	
Marval, Adam	1	1		1		1			1	
Marval, Comfort	1		1				1	1	1	1
Marval, Thomas, Sr.			1		1	2			1	
Marval, Philip	1		1			1		2		
Morris, Robert		1		1		1			1	1
Morris, Lacey		1	1		1	1		1		1
Morris, Joshua		1	2		1	1		2		1
Mesick, George					1	2			1	
Mesick, Nehemiah	2		1					1		
Mesick, Briget						1		1		1
Mesick, Benjamin	1		1		1			2		1
Mears, Robert	1			1		4			1	
Miller, Drake		1		1				1	1	
Moore, William	1	3		1		1	1		1	
Mitchel, William C.	1	1		1			2		1	
Mitchel, Thomas	2		1			3		1		
Mumphard, John	3	2		1					1	
Mills, Jonathan			3		1	2	2			1
Newton, William	1	1		1					1	
Newbold, George	2		1	1		1		1	1	
Prittyman, Burton	3			1		1			1	
Prittyman, William	4	2		1					1	
Prittyman, Robert	3		3		1	1		1		1
Prittyman, George, Jr.	1		1	1						
Powel, Nancy			1					2		1
Powel, Joshua	1			1				2		
Powel, Job	1			1				1		1
Prittyman, Zachariah	1			1		1			1	
Prittyman, Zachariah	2			1		2		1		
Prittyman, Joseph		2	1	1		2		1	1	
Phillips, Benjamin		1		1		5			1	
Phillips, Joseph	1	1		1		1	1		1	
Phillips, John (S)	1	1	1	1		1	1		1	

NAME	MALE UNDER 10	MALE 10/16	MALE 16/26	MALE 26/45	MALE OVER 45	FEMALE UNDER 10	FEMALE 10/16	FEMALE 16/26	FEMALE 26/45	FEMALE OVER 45
DAGSBOROUGH HUNDRED										
Phillips, Spencer	1			1				1		
Phillips, John	2	1		1		1	1		1	
Phillips, Elsey	2			1		1			1	
Phillips, Purnel			1					1		
Peper (?), Joseph	3	1		1		1			1	
Rowles, John	1			1		1		1		
Robinson, Joshua		2		1			1	1	1	
Robinson, Joshua		1		1				2		1
Rodney, William, Sr.			1		1		1	3		1
Rodney, Thomas				1				1	1	
Rodney, William	3			2				1	1	
Rusel, William		1	2		1		2		1	
Spicer, Curtis	1		1					1		
Simpler, Andrew	1			1			1	1		
Steel, Peggy						1	1		1	
Steel, Margaret						1	1		1	
Steel, Levin	2			1				1		
Short, Wingate				1		2			1	
Short, Edward		3	1		1	1				1
Short, Edward, Jr.	2			1		2			1	
Short, Elisha			1	1				1		
Short, Purnel	1		2	1		1			1	
Short, Neomi	2		1			1			1	
Short, Job				1						
Short, Shadrack, Jr.	1			1				1	1	
Spicer, Lemuel	1			1					1	
Sammons, Benjamin			2		1	1		1		
Schofield, William		1		1				1	1	
Truitt, John	1	1			1	2		2		1
Tindal, Samuel	1	1		1		1			1	
Thoroughgood, Newbold			2							
Thoroughgood, Miller	1			2					1	1
Thompson, Truitt	1			1		2		1		1
Thompson, Briget	1							1		1
Thomas, Mical		1			1			4		1
Tunnell, Isaac	1		1	1		3			1	
Tingle, William			1		1			2		
Tingle, Nathaniel				1				1		
Tingle, John	1			1			1	1		
Thomas, Isaih				1					1	1
Vickers, William		1		1		2			1	
Vickers, Obediah	3			1					1	
White, Jacob		1		1		2	1		1	
Warren, Richard	2			1		2		1	1	
Warren, Ama							1		1	
Waples, Levi				1					1	
Waples, Isaac	3			2					1	
Webb, James			1	1		2			1	
West, Jehu			2		1		2			1

NAME	MALE UNDER 10	MALE 10/16	MALE 16/26	MALE 26/45	MALE OVER 45	FEMALE UNDER 10	FEMALE 10/16	FEMALE 16/26	FEMALE 26/45	FEMALE OVER 45
DAGSBOROUGH HUNDRED										
West, Robert	2	1	3		1	1		2		1
West, Elias			1			1		1		
West, Thomas, Sr.			1		1					1
Wilby, Solomon		1	2		1			2		1
Watson, Peter			3		1		1	1		1
Watson, Holland			1	1		4		1		
Watson, William M.	1		1			3	1			
Watson, William, Sr.	2		2		1		2	1		1
Whaley, Eben	1	1		1			1		1	
Wells, William H.	3			1		1			1	
Wright, Sarah							1		1	
Warrington, William			1	1		1			1	
Watson, Jonathan	1			1		1			1	
Whorton, Burton		1		2		1		1	1	
Whorton, Isaih			1	1					2	
Waples, Paul			4					1	1	
Waples, Levi				1		1			1	
Waples, Eli	3	1		1					1	
Waples, William	1		1		1			2		1
West, Reuben	1		1	1		2		1		
West, Jacob	2			1		2			1	
White, William	1			1		3	1		1	
INDIAN RIVER HUNDRED										
Adel, William			3		1					1
Bryan, Henry	1	2			1					1
Barker, Bagwell	1		2	1		1		1	1	
Burton, William, Sr.		1	2		1		1	3		1
Burton, William (f)	1		1		1			3		1
Burton, James (of Wm.)			1					1		
Burton, Joseph		1			1				1	
Burton, John (C)			1			1		1		
Burton, Thomas	3	1		1		4	1	1	1	
Burton, Jacob	1	1			1		1		1	
Burton, James		1		1		1		2		
Burton, John, Jr.	4	1	3		1	1		2		1
Burton, Isaih	3			1		3		1	1	
Burbage, John				1				1		
Blizzard, William	1	2			1		1			
Blizzard, William, Jr.			1					2		
Bartlet, James	1			1					1	
Bainam, Levi	1	1	1		1			2		
Bailey, James F.	1			1				1	1	
Bagwell, Patience				1						1
Burton, Nancy										1
Burton, Robert	1			1		1			1	
Burton, Robert, Sr.		1			1			2		
Burton, William	2				1	2			1	

NAME	MALE UNDER 10	MALE 10/16	MALE 16/26	MALE 26/45	MALE OVER 45	FEMALE UNDER 10	FEMALE 10/16	FEMALE 16/26	FEMALE 26/45	FEMALE OVER 45
INDIAN RIVER HUNDRED										
Burton, Luke	1	1	2		1		1			1
Burton, James (An?)		1		1				1		
Burton, Aaron	1	1		1		1	2		1	
Burton, John, Sr.	1	1	1		1	2		1	1	
Barker, Job		1	1	1				1		
Bartley, Thomas			1		1					1
Bryan, Comfort	1			1			1	1		1
Bainam, Ezekiah	1	1	1	1				1	1	
Bowlin, Thomas	3	1		1				1		
Busey, John	1		1						1	
Busey, Zadoc	1	1	1	1		1	1	1		
Butcher, Polly	1					1	1		1	
Bensom (?), Benjamin	2	1		1		1	1		1	
Collins, George	1		2	1		1			1	
Cliff, Jonah	1		1			1			1	
Clark, William	1			1		1	2		1	
Cary, Comfort		1	3				1	2		1
Collins, Horatio	1	1		1		2			2	
Christopher, James	2			1		1			1	
Cary, Eli	2		2					1	1	
Collins, Asa	1	1		1		2			1	
Collins, John	1			1				1		1
Craig, William	1		1	1				1		
Cheser, Molly										1
Cornwell, Sarah								1		1
Craig, David	1	2		1					1	
Cullen, Charles M.	1	1	4	1		1	2	2	1	
Collins, James	1		1	1		1		1		
Dean, Caleb				1		1			1	
Davidson, Clapole			1	1			1	1		1
Davidson, William					1					1
Davidson, John	1			1		2	1		1	
Davidson, Mary			1						1	
Day, Bale										1
Ennes, William	1	1			1	2		1		
Evans, Biby				1					1	
Field, Nehemiah			1			2		1		
Fisher, Joseph	3		1	1				1	1	
Fisher, Thomas			1		1	1		2		1
Frame, John	1			1					1	
Frame, Robinson				1	1			1	1	
Frame, Robert	2	1		1		1	1		1	
Frame, Paynter			1	1				1	1	
Fosett, William					1			2		1
Futcher, John	2		1	1			1	2		
Grice, Thomas					1		1	1	1	
Gordy, Ephriam	1		1	1		4			1	
Green, George	2	1		1				1	1	
Hazzard, David	1		1	1				1		

NAME	MALE					FEMALE				
	UNDER 10	10/16	16/26	26/45	OVER 45	UNDER 10	10/16	16/26	26/45	OVER 45
INDIAN RIVER HUNDRED										
Hazzard, James			2	1				1		
Hazzard, Selick				1				1		1
Hill, Jehu	3			1				1		
Hall, Edward	1	1	1	1		2	1		1	
Harp, William	1		1					2		
Hargus, Jacob	2			1					1	
Hemmons, William				1		1			1	1
Hencock, William	1	1	2		1	1		2		
Hitch, Elijah	2	1			1	2	1	1	1	
Hill, Nehemiah				1		1		1		
Hopkins, Samuel	2	1		1		2	1	1	1	
Hopkins, Jonah			1	1		3	1		1	
Hopkins, William			2	1		1	2	1	1	
Houston, William	2	1		1		2		1	1	
Harris, William	2			1		2			1	
Hazzard, David S.	2		1	1		2			1	
Hencock, Micage					1	1			1	
Joseph, Elisha		1	1		1	1				1
Joseph, Jonathan				1				2		1
Joseph, Zachariah	2	1		1		1			1	
Joseph, Elihu	1			1			1		1	
Jones, James				1						
Jones, John				1				1		
Jones, Joshua	2			1		1			1	
Johnson, William, Jr.	2			1		2			1	
Johnson, William Sr.		1	2		1			1		1
Johnson, Staton	3			1		1		1		
Johnson, Edward	2	1			1		1		1	
Johnson, Samuel		1	1				1		1	
Joseph, Nathan	1	1		1		4	2		1	
King, Ephriam	1	1		1			1	1	1	
Lewes, John	1			1		3		1	1	
Long, Eli			1			1		1		
Lines, Ebenezer			1					1		
Lingo, Peter	4	1		1					1	
Lingo, Hester	3		1						1	
Lingo, Henry	1	1			1	1		2		
Lingo, William				1					1	
Lingo, John	1	2		1		1			1	
Lingo, Samuel	1	2	1	1			1	1	1	
Lacey, Spencer	1		1		1	1		1	1	
Loson, James	2	1		1			2		1	
Milby, Nancy		1	1	1						1
Morris, Endles	1		1			1			1	
McIlvain, David			2		1	3		1		1
Morris, Stephen				1		2		1		
Masey, Rhoda									1	
Mesick, Polly	1	2		1		2	1	3		
Mathews, Polly	1		1			1	1			1

NAME	MALE UNDER 10	MALE 10/16	MALE 16/26	MALE 26/45	MALE OVER 45	FEMALE UNDER 10	FEMALE 10/16	FEMALE 16/26	FEMALE 26/45	FEMALE OVER 45
INDIAN RIVER HUNDRED										
Megee, John	2		3		1		1	2		
McIlvain, Comfort			1				1			1
McIlvain, Alexander	1	2			1				1	
McIlvain, Leonard			1	1		2			1	
McIlvain, Benjamin		2		1		1	1		1	
McDowel, Moses	2	2		1		2			1	
McDowel, Neomi										1
Martin, Josiah	2	1	1		1	2	1		1	
Narrinor, Mary		1	2				1			1
Owens, Warrington	1			1		1				1
Oliver, James	3		1	1			1	1	2	
Okey, William			1	1					1	1
Paramore, John	4			1		1			1	
Pool, John, Sr.					1				1	
Pool, William	2			1					1	
Pool, Perry	2	1		1		1			1	
Pettitt, Edward	2		1	1		1			2	
Prittyman, Thomas	1				1			1		1
Prittyman, Benjamin	2	1		1		3	2	1		
Prittyman, William				1	1	1		1		1
Phoster, Thomas	2				1	1	1		1	
Parker, Peter			1			4		1	2	
Pride, Valentine				1			1		1	
Pool, John, Jr.	2	1		1		2		1		
Parsons, Robert, Jr.		1		1		1			1	
Parsons, Robert, Sr.					1	2			1	
Prittyman, George			2		1					1
Pointer, John				1		2		1		
Pointer, Thomas				1		3			1	
Richards, Jacob	1		2	1		1		1		
Richards, David				1		4	2		1	
Richards, Benjamin	1		1	1		3			1	
Richards, Levin				1		1				1
Robinson, Joseph	2	1	1		1	1		1	1	
Robinson, Benjamin	4	1		1		3	1		1	
Rust, Thomas	1			1		1		1		
Rust, Absolom				1		4	1	1		1
Sharp, John	2		1	1		1			1	
Short, Samuel	2		1		1	1	2	1		1
Simpler, Eli				1					1	
Simpler, William	1		2					1		
Stockley, Sarah	1	1					1		1	1
Simpler, Levi	2		1					1		
Simpler, Thomas		2	1		1	1	1			1
Shankland, William		1		1		1		1	1	
Shankland, David	1	2	1	1			2		1	
Stockley, Woodman		1		1		3			1	
Stockley, John, Sr.			1		1	1			2	1
Sammons, Isaac	1			1		2			1	

NAME	MALE UNDER 10	MALE 10/16	MALE 16/26	MALE 26/45	MALE OVER 45	FEMALE UNDER 10	FEMALE 10/16	FEMALE 16/26	FEMALE 26/45	FEMALE OVER 45
INDIAN RIVER HUNDRED										
Stephen, Kendle	2	1		1		1	2			1
Stencin, Jonathan		1	2		1		1			1
Townsend, Sarah								2		1
Sirman, Thomas	1			1		2		1	1	
Tingle, Samuel	2			1				1		
Tombe, Flitcher				1				1		
Tombe, John		1			1		2		1	
Tombe, Nehemiah		1		1		3	1		1	
Thompson, Adam	2	1			1	2			1	
Vaughn, Charles	3			1		2	1		1	
Williams, Jesse		1		2				2	1	
Wharton, Charles		1		1		1			1	
Walls, Samuel, Sr.	1			1	1	1		1		1
Walls, William, Jr.	2	1		1		1			1	
Walls, William, Sr.					1		1		1	1
Walls, Samuel	2			1		2			1	
Wilson, Joshua	1	1		1		1	1		1	
Wilson, James	2			1		1		1		
Wilson, Mary	2						1		1	
Waples, Joseph	1	3	2		1	2		6		1
Waples, William			2	1		1		1		
Waples, Benjamin	4	2	2	1				2		1
Wilkins, James					1					1
West, Avory	1			1		1		2		
Warrington, Thomas					1		1	1		1
Warrington, Sarah							1			1
Warrington, Robert			1		1			1		1
Warrington, Joseph	3	2		1		2		2	1	
Warrington, Luke	1	2		1		1	2		1	
Warrington, Levi	2		1			1	1		1	
White, Newcomb					1		3			1
Walker, George		1			1			1		1
Wolfe, William	2	1	1	1		1	2		1	

SUSSEX COUNTY INDEX

-A-

Abbott 136,143,157
Adams 151,157,164,170
Adel 188
Adkison 157
Admiral 170
Ake 176,184
Allegood 170
Allen 151,157,170,180
Ales 151
Alexander 157
Anderson 143,151,164,170
Argo 151
Arnold 136,180
Askrige 170
Athens 136
Atkins 143,164,184
Axfield 157
Aydlott 176,184
Ay (?) 176

-B-

Bailey 144,164,180,188
Bainam 143,152,188,189
Bagwell 144,188
Bakan, Baken 164,171
Baker 143,152,157,170,171,177,180
Ball 180
Banks 176
Bannon 158
Barnet 176
Barney 158
Barker 180,188,189
Barns 176
Barr 152
Bartlet 188
Bartley 189
Batson 143
Beathard 170
Beaucham, Beauchamp 136,158,164,171
Beavans 143,152,176
Beckett 158
Beckworth 136
Beeby 180
Bell 144,171
Bennett 136,144,164,176,180
Bennon 158
Benson 157,170,171,176,189
Besines 152
Betts 164,171,184
Biddle 136
Bishop 158,176
Black 136,143,176
Blizzard 143,188
Blochsom, Blocksom, Blockson 136,143,158,171
Blodworth 164
Boice 151,152,170,171
Boid 180
Bolsom 144
Bonwell 164
Boston 136
Bounds 164
Bowlen, Bowlin 152,189
Bozman 151,158
Bradish 158
Bradley 158,164
Brashur 177
Brerton 180
Bridle 176
Briggs 180
Britell 171
Brittonmin 171
Brooks 136,143
Brown 136,157,158,184
Bruice 180
Brumley 143
Bryan 136,152,171,188,189
Bucklor 176
Bull 164
Bullock 180
Bunton 177
Burbage 188
Burroughs 158
Burton 136,143,144,171,180,184
Busey 184,189
Butcher 189
Butlar 136,144,158,184

-C-

Caddy 180
Cade 144
Calloway 164,165,171
Cambell 137,144,176,177
Camp 171

(<u>NOTE</u>: Read the Foreword)

Camper 158
Cane 144
Cannon 158,159,165,171,172,180
Cardiff159,171
Carlisle 136,137,152
Carmean, Carman 164,171
Carpenter 137,144,180,184
Carr 152
Carroll 152,159
Carter 165,171
Cary 136,144,165,171,184,189
Cathel 136
Causey 159
Cavender 152
Chaise 144
Chandler 136
Christopher 184,189
Clark 144,176,189
Clayton 184
Clendaniel 136,137
Cheser 189
Cliff 189
Clifton 136,137,144,152,158,159,165,171 180
Chipman 159,171
Clowes 144
Coats 158
Coffin 137,165,172
Cole 136,180
Coleman 180
Colhoon, Cohoon 144,165
Collins 136,137,144,152,158,165,171,172 176,184,189
Collinson 159
Colony 144,158
Connoway 152,171
Conwell 144,180
Cooley 180
Cooper 164
Copes 171
Corbine 158
Cord 144,176
Cordery 144,165
Cornwell 144,189
Corsey 137,152,165
Cory 136
Coston 144,165
Cottingham 176,184
Coulburn 158,171
Coultoe 144
Coultor 144,180
Coverdill 136,137,144,152
Covonton 165
Cowen 137
Cox 152
Croford, Crafford 137,171,184
Craft 159
Craig 189
Craighton 171
Crampfield 184
Cranor 136
Crapper 176
Crockett 152
Crumpton 137
Cullen 189
Cullender 171
Culver 164,165
Curry 158

-D-

Dail 153
Daniel 137,138
Darby 145
Daughters 172
Davidson 181,189
Davis 137,145,153,180
Dawson 153,159
Day 145,189
Dazey 177
Deal 177
Dean 145,189
Delany 137
Denston 165
Depray 137
Deputy 137,138,144,153
Derickson 159, 177,184
Derters. 145
Deshield 165
Devenport 177
Deweal 137
Dickerson 145,152,153
Dill 159
Dines 159
Dingle 184
Dodd 144,145,181
Dolby 172
Dolman 184
Donoho 153
Donovan 145, 152
Dorerty, Dorrity 145,184
Dorman 145,165,172
Downing 145
Downs 159
Drain 165,172

Draper, Drapor 137,145
Drover 185
Druley 177
Dryden 137
Dukes 153,159
Dun 165
Dunken 159
Durham 153
Dutton 137,144,145

-E-

Edemfield 181
Edgen 145
Edwards 181
Eliott, Elliott 153,165,181
Ellensworth 172,185
Ellis 138,165,177
Ellison 159
Elzoy 166
Emberson 145
English 145,165,166
Ennes 145,181,185,189
Ensley 159
Evans 138,145,153,159,177,185,189

-F-

Field 181,189
Figgs 166
Fintch 166
Fips 172
Firman 153
Fisher 138,146,153,181,189
Fitchett 146
Fleetwood 138,146,153
Fleming 146
Fletcher 153
Fooks 166
Fosett 177,189
Fosque 185
Fountain 138
Fowler 138,145,146,153,159
Furgus 146
Frame 189
Frances 146
Franklin 177
Frantom 159
Freeman 177,185
Freeny 166
Futcher 181,189

-G-

Gandey 185
Gibbins 177
Gibson 159
Glover 146
Godard 166
Godfry 177
Godwin 177
Goflin 159
Gorden 146,181
Gordy 166,172,189
Gosler 185
Goslin 166
Grace 172
Gray 146,159,177,178
Grayham 153,159
Green 146,172,181,185,189
Greenleaves 172
Greentree 159
Grice 189
Griffith 146,153,159,166,172
Gunby 172
Gurman 177

-H-

Hall 138,146,147,160,166,178,181,185,190
Hamblen 178
Hamond, Hammond 139,160
Hand 138
Handy 159,160
Hardy 167
Hargus, Hurgus 173,181,190
Harp 190
Harper 160
Harrington 138
Harris 146,147,153,181,185,190
Hart 146,181
Haslet 138
Hasty, Hastey 160,166
Hatfield 138,153
Hays 138,139
Hazle 147
Hazzard 146,147,178,181,189,190
Hearn 166,167,173
Heavolo 138,146,147
Hebron 181
Hellem 185
Hellen 160
Hemmons 153,181,190

Hancock, Hencock 146,178,190
Henderson 167
Henman 146
Henry 166
Hewen 181
Hickman 138,139,178
Higman 160
Hilman 166
Hill 138,172,178,190
Hinds 138
Hinson 153
Hitch 153,160,173,190
Hitchins, Hitchens 166,172,173,185
Hobs 160,166,172
Holder 166
Holland 146,147,166,178,181
Hollas 160
Holleger 138
Holston 138,146
Holt 160,166,173
Hood 147,160
Hooper 160
Hopkins 160,172,185,190
Horkins 138
Horsey 146,160,166
Houston 139,147,185,190
Hovonton 153,166,172
Howard 167,178,181
Howell 178
Hudson 138,139,146,147,153,173,178,181
Hughes 160,172,173
Hunter 146
Hurley 153,160
Hurt 160
Husk 167
Hust 153,160,173
Huston 173

-I-

Ingram 139,147,154,185
Insley 173
Ireland 139
Isaacs 154
Ivans 178

-J-

Jackson 154,160
Jacobs 160,167,178,185
James 160,167,173
Jarman 167,173
Jarvers 139
Jefferis 147,181
Jefferson 147,154,185
Jester 147,160,185
Johnes 185
Johnson 139,147,153,154,167,173,178,182,185,190
Jones 139,147,154,160,167,173,185,190
Joseph 185,190
Jump 160

-K-

Kelly, Kelley 147,160
Kendrick 139
Kershaw 173
Killem 185
Killingsworth 181
Kimmey 154,178
Kinder 160
King 147,173,190
Kingdon 173
Kinnakin 167
Kinney 167
Knowles 167,173
Knox 178
Kollock 147,185

-L-

Lacey 185,190
Latity 154
Lamden 154
Langvill 154
Lane 139,154
Lank 147
Larmar 173
Larmoth 181
Laws 139,161,178
Layton 139,154,160,161,178,179,185,186
Leadenham 161
Leaverton 161
Lecatt 154,167
Legit 178
Lewes 139,147,173,181,182,185,186,190
Light 161
Linch 154,167,178
Lindle 139,147,154
Lines 154,190
Lingo 167,190

Linter 181
Listor 161
Little 181
Littleton 161
Lockwood 178,186
Locott 161
Lofland 139,147,154
Loles 147
Long 154,178,186,190
Lord 167,173
Loson 190
Lott 185
Lowe 167
Lurence 178

-Mc-

McCabe 179
McCaulester 182
McCaulley 155
McComrick 179
McCracken 148,182
McCracklin 182
McDowel, McDowell 139,168,191
McGee 168
McHam 182
McIlvain 182,190,191
McKey 139
McLoyd 140
McMacklin 161
McMical 168

-M-

Machlin 139,140,148
Mah 140
Mall 182
Marine 154,155,168
Marshall 179,182
Marsh 182
Martin 148,182,191
Martinno 155,173,174
Marval 148,154,168,173,186
Masey 154,168,173,174,179,190
Mason 140,148,161
Maston 168
Mathews 174,190
Maxfield 154
May 139
Means 161
Mears 186
Megee 155,161,168,179,191
Meliken 161
Melong 161
Merick 173
Mesick 140,148,154,161,186,190
Mesop 174
Metcalf 140
Middleton 167,168,174
Milby 190
Miles 182
Miller 148,179,186
Millis 182
Mills 139,161,186
Milman 139
Milson 168
Milvan 161
Mitchell, Mitchel 148,174,186
Mitten 147,148
Moore, More 148,161,167,168,173,174,179,186
Morgan 139,148,154,155
Morris 139,140,148,161,167,179,186,190
Mulinix 140
Mumphard 139,186
Mumps 148
Munlix 154
Murphey, Murphy 140,154,182
Murrey 179
Murrow 140
Mustard 182

-N-

Nailor 148
Neal 161,182
Needom 155
Newbold 182,186
Newcomb 148,161
Newman 182
Newton 186
Nichols 161,168,174,182
Nicholason, Nicholson 161,179
Noble 161
Norman 140
Nottingim 148
Nowel 155
Nox 155
Nunes 182
Nutter, Nuttor 140,161

-O-

O'Bear 161

O'Day 155
Okey 191
Oliver 140,191
O'Neal 174
O'Re 182
Osbern 140
Outon 174
Owens 140,155,168,174,191

-P-

Packs 168
Papwater 140,155
Paramore, Paremore, Parmore 140,148,149 155,168,191
Parker 182,191
Parsons 162,182,191
Payntor, Payter(?) 149,182
Peery 149
Penton 174
Penwell 155,161,174
Pepper, Peper 148,155,168,187
Peters 162
Pettijohn 148,149
Pettitt 191
Phelps 174
Phigs 168
Philips 168,186,187
Pierce 140
Phoster 191
Piles 168
Pippen 149
Plummer 140,155
Pointer 140,191
Polk 140,155,168,174,182
Pollock 174
Ponder 149
Pool 191
Postles 140
Potter 140
Powders 179
Powel 162,179,186
Price 162
Prichard 168
Prichet 168
Pride 140,148,155,191
Prittyman 140,148,182,186,191
Pullett 148,168,182
Purden 161
Purnell 140
Pusey 174

-Q-

Quilla 174

-R-

Rainor 169
Ralph 168
Ratcliff 149,155
Redden 140,149
Reed 141,149,162,169
Reynolds 149
Richards 140,141,149,162,169,179,182 183,191
Richardson 141,162
Riggen 168,169
Riggs 141
Riley 141,149
Roach 149,183
Roads 183
Roberts 179
Robins 149,179
Robinson 141,162,169,174,187,191
Rodney 183,187
Rogers 140,162,179
Rollins 174
Ros 141,162
Rose 174
Rotton 162
Row 183
Rowland 149,183
Rowles 149,155,187
Runnels 149
Russell, Rusell 149,187
Rust 162,191
Ryal 174

-S-

Sammons, Samons 150,156,187,191
Sanders 183
Saunders 175
Schofield 187
Scott 150,156,183
Scovemount 175
Sedgwich 163
Shankland 183,191
Sharp 141,150,175,191
Shavor 141
Shearwood 162
Shepard 141

Shields 183
Shilehorn 162
Shiles 163,175
Shockley 141,150
Short 156,168,174,187,191
Simpler 150,187,191
Sirman 169,175,192
Skinner 169
Smith 141,150,155,156,162,163,168,175 183
Snow 162
Sorden 162
Speare 156
Speive 150
Spencer 141
Spence 162,183
Spicer 155,156,175,187
Stahaford 141
Stafford 150
Stansborough 150
Starr 150
Stayton 156,162
Steel 150,183,187
Stencen, Stencin 150,192
Stevens, Stevans 156,162,163
Stewart 150,156
Stockley 141,183,191
Stocks 162
Story 156
Stradley 183
Street 183
Stephen 192
Sturgus 141
Styer 179
Suart 175
Swain 156
Syllavan 169

-T-

Tam 150
Tatman 150,156
Taylor 142,163,175,179
Teague 150,156
Tennent 163
Thist 150
Thomas 150,187
Thompson 169,175,183,187,192
Thoroughgood 187
Thorton 150
Timmons 175
Tindle, Tindal 156,187
Tingley, Tingle 150,179,187,192
Tire 179
Todd 163
Tolbert 150
Tombe 192
Townsend 142,150,156,169,179
Traver 150
Trinder 183
Truitt 141,156,175,179,187
Truxton 183
Tull 150,163,169
Tulla 175
Tunnel 179,187
Tupine 163
Turner 142,150,169,179,183
Twilley 169
Tyford 163,169

-U-

-V-

Vaughn 169,175,192
Veach 142,156,169
Venden 183
Vent 150
Verden 150
Vesels 150
Vickers 187
Vinkirk 142,156
Vinson 169,175

-W-

Walker 143,157,170,192
Waller 169,170
Wallis 176
Walls 156,192
Walston 169,170
Walton 142
Wane 183
Waples 151,176,179,180,184,187,188,192
Ward 163, 169
Warren 142,143,151,157,187
Warrington 151,180,184,188,192
Watkins 169
Watson 142,188
Watts 142,157
Webb 142,143,157,187
Welch 157
Wells 188
West 151,170,176,180,183,187,188,192

Westley 183
Whaley 176,188
Wheatley 143,175
Wheelar 142
White 142,156,163,164,170,183,184,187,188,192
Wharton, Whorton 143,163,180,188,192
Wickers 143
Wickett 163
Wilby 188
Wilcox 143
Wildgoose 180
Wilkins 156,157,179,192
Willbank 151
Wiley, Willey 143,157,169,175
Williams 142,143,157,163,170,176,179,180,192
Willis 151,157
Wills 170,176
Wilson 143,150,151,163,183,184,192
Windsor 169,170,175
Wine 151
Wingate 176
Winright 170,175
Wittbank 183,184
Wolfe 183,184,192
Wonnel 176
Wooten, Wootten 157,169,170,175
Wright 151,163,164,170,176,188
Wyatt 151,156

-Y-

Yates 157
Young 143,151

www.ingramcontent.com/pod-product-compliance
Lightning Source LLC
Chambersburg PA
CBHW051058230426
43667CB00013B/2353

* 9 7 8 0 8 0 6 3 0 2 3 2 4 *